新能源汽车
系统结构与关键技术

李兰友 刘振 杨爱喜◎著

NEV

NEW ENERGY VEHICLES
SYSTEM STRUCTURE
AND
KEY TECHNOLOGIES

化学工业出版社
·北京·

内容简介

《新能源汽车系统结构与关键技术》系统阐述了新能源汽车核心技术体系，涵盖整车构造、驱动系统、电子控制、电池管理、充电设施、底盘集成及热管理等七大核心模块，形成从基础原理到前沿技术的完整知识链。首先，本书技术架构全面，既包含纯电动 / 混合动力 / 燃料电池汽车的构造解析，又深入电机、电控、电池等核心部件的技术细节；其次，本书实践导向突出，通过双电机驱动案例、BMS 功能实现、充电桩系统设计等内容强化应用能力；最后，本书案例新颖前沿，引入 Model Y 等车型的热管理技术剖析，并融合多合一电驱动、分布式控制等前沿技术。

本书既适合新能源汽车研发工程师、售后技术人员阅读学习，也可作为车辆工程、电气工程等专业学生的教材，同时可满足技术爱好者对新能源汽车前沿科技的深度探索需求。

图书在版编目（CIP）数据

新能源汽车系统结构与关键技术 / 李兰友，刘振，杨爱喜著. -- 北京 : 化学工业出版社，2025. 6.
ISBN 978-7-122-48767-4

Ⅰ. U469. 7

中国国家版本馆CIP数据核字第2025T28P59号

责任编辑：雷桐辉
文字编辑：赵　越
责任校对：刘曦阳
装帧设计：王晓宇

出版发行：化学工业出版社
（北京市东城区青年湖南街 13 号　邮政编码 100011）
印　　装：高教社（天津）印务有限公司
787mm×1092mm　1/16　印张 11¾　字数 234 千字
2026 年 1 月北京第 1 版第 1 次印刷

购书咨询：010-64518888　售后服务：010-64518899
网　　址：http://www.cip.com.cn
凡购买本书，如有缺损质量问题，本社销售中心负责调换。

定　　价：79.80元

前言

PREFACE

NEV New Energy Vehicles

随着全球能源危机和环境问题的日益严峻，新能源汽车作为传统燃油车的替代品，正逐渐成为汽车工业发展的主流方向。新能源汽车不仅能够有效减少对化石燃料的依赖，还能显著降低温室气体排放，对实现可持续发展具有重要意义。近年来，随着技术的不断进步和政策的积极推动，新能源汽车产业在全球范围内迅速崛起，尤其是在中国，新能源汽车的市场规模和技术水平都取得了显著进展。

本书旨在全面系统地介绍新能源汽车的系统结构与关键技术，为读者提供一个深入了解新能源汽车技术原理和应用实践的窗口。全书共分为七章，涵盖了新能源汽车的构造与原理、电机驱动系统、电子控制系统、电池管理系统、充电系统、底盘控制系统以及热管理系统等方面的内容。每一章都从基础理论出发，结合实际案例，深入浅出地讲解相关技术的核心要点和发展趋势。

第 1 章主要介绍了新能源汽车的基本概念、分类及其与传统燃油车的区别，详细阐述了纯电动汽车（BEV）、混合动力电动汽车（HEV）和燃料电池电动汽车（FCEV）的构造与工作原理。通过对我国新能源汽车产业图谱和发展路径的分析，读者可以清晰地了解新能源汽车产业的现状和未来发展方向。

第 2 章重点讲解了新能源汽车电机驱动系统的类型、结构原理及其关键技术。从同步电机、异步电机、永磁同步电机到开关磁阻电机，本章详细介绍了各种驱动电机的结构和工作原理，并探讨了新型驱动电机技术、永磁电机散热技术以及多合一电驱动系统等前沿技术。此外，本章还介绍了双电机驱动技术的优势及其在实际应用中的案例。

第3章围绕新能源汽车的电子控制系统展开，详细介绍了汽车整车控制器（VCU）、电机控制器（MCU）和电子控制器（ECU）的结构、原理及其核心功能。通过对VCU的能量管理与控制策略、MCU的控制策略及HIL测试、ECU的常见故障及解决方案的深入分析，读者可以全面掌握新能源汽车电子控制系统的关键技术。

第4章聚焦于新能源汽车的电池管理系统（BMS），详细介绍了BMS的结构原理、核心功能及其关键技术。从能量控制技术、安全保护技术、电流控制技术到温度管理技术，本章全面探讨了BMS的关键技术与优化策略，并介绍了BMS的方案设计与整体测试方法。

第5章详细讲解了新能源汽车的充电系统，包括交流充电系统和直流充电系统的原理与控制策略，以及车载充电机的工作原理和充电策略。此外，本章还介绍了充电桩系统的基本原理、总体设计、硬件设计和软件设计，为读者提供了充电系统设计的全面指导。

第6章重点介绍了新能源汽车底盘控制系统的设计与优化，探讨了新材料和新工艺在底盘设计中的应用，以及底盘集成控制技术和动力学集成控制策略。通过对分布式驱动电动汽车集成控制策略的详细分析，读者可以深入了解底盘控制系统的最新发展动态。

第7章围绕新能源汽车的热管理系统展开，详细介绍了整车热管理系统、座舱热管理系统及其控制策略。通过对特斯拉Model Y、小鹏P7、威马EX5和理想ONE等车型热管理系统的案例分析，读者可以全面了解热管理系统在实际应用中的设计思路和技术要点。

本书依托“杭州职业技术学院文库”，研究内容依托于浙江省教育厅高职教育“十四五”第二批教学改革项目“科教融汇赋能‘大师育匠’拔尖式人才培养的策略与路径研究”课题（课题编号：jg20240113）；浙江省教育厅职业教育教师教学创新团队专项课题“新质生产力视角下职业院校技能大师型专家助力浙江高质量发展的对策研究”（课题编号：2024JCD017）；浙江省市场监督管理局2025年度科技计划项目重点项目“新能源汽车动力电池系统EIS时频全生命周期智能诊断域监测关键技术研究”（课题编号：ZD2025002，主持单位：浙江省质量科学研究院）；教育部高等学校科学研究发展中心中国高校产学研创新基金课题（课题编号：2022IT221）；浙江省首批职业院校技能大师工作室“杨爱喜技能大师工作室”（立项号：浙教办函（2023）119号）；2022年度浙江省“尖兵”“领雁”研发攻关项目（课题编号：2022C04023）；杭州职业技术学院高层次人才科研启动项目（编号：HZYGCC202109，HZYGCC202230，RCXY202349），全面阐述了新能源汽车的系统架构、关键技术与应用策略，旨在为从事新能源汽车研发、生产和管理的工程技术人员提供一本实用的参考书，同时也适合高等院校相关专业的师生作为教材使用。通过对新能源汽车系统结构与关键技术的全面介绍，本书希望能够为读者提供系统的理论知识和实践指导，助力新能源汽车产业的持续发展。

著者

目录 CONTENTS

第 1 章
新能源汽车构造与原理

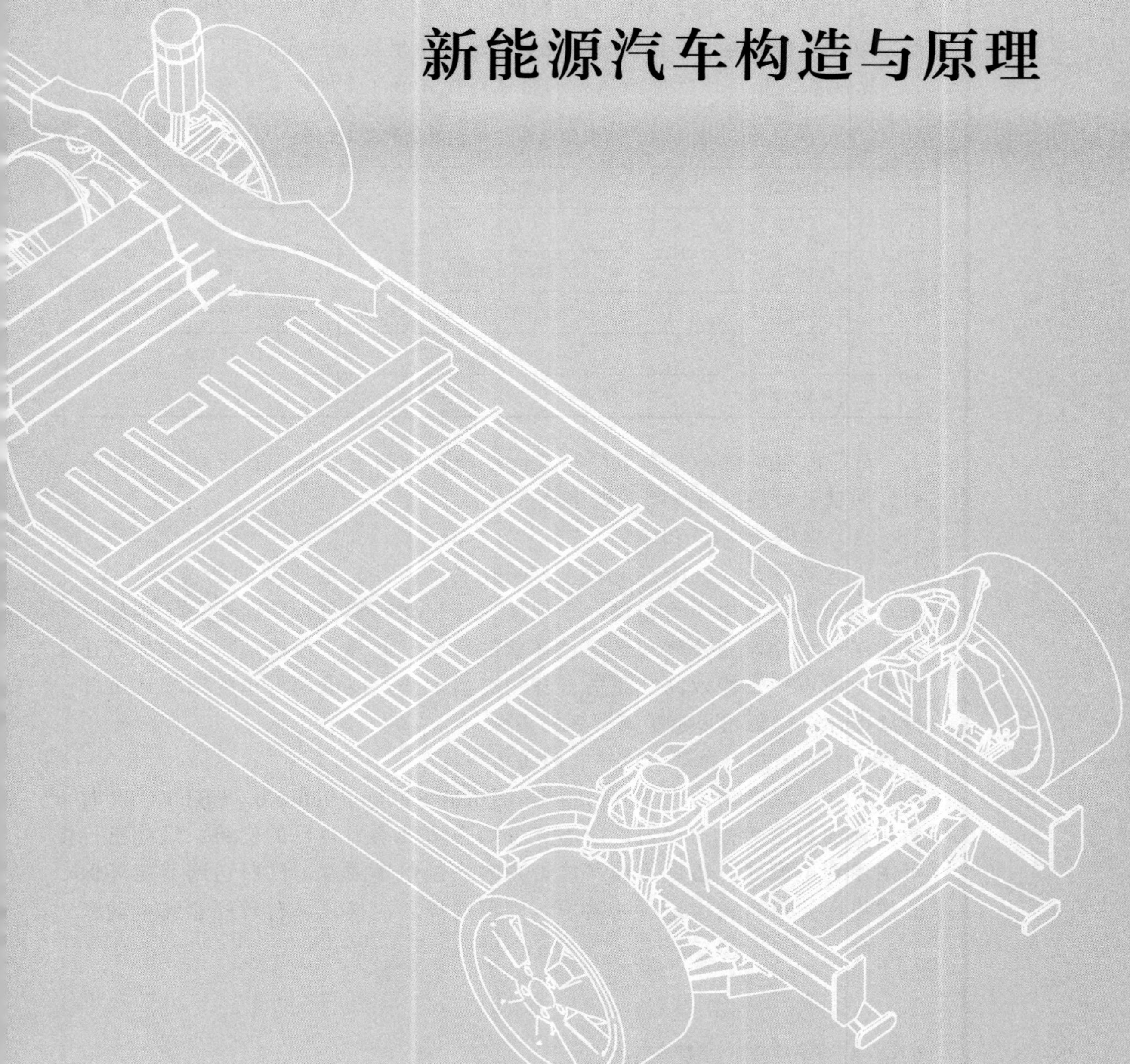

1.1 新能源电动汽车基本概述

1.1.1 新能源汽车的定义与分类

新能源电动汽车的出现与崛起是汽车领域具有革命性的事件，意味着汽车工业全新发展阶段的到来。新能源电动汽车是对汽车动力系统的全面改革，同时其对清洁能源的使用符合节能环保的要求，对于实现绿色可持续发展意义重大。

传统燃油汽车以内燃机为核心和动力源，与之相比，新能源汽车采用了全新的技术路线，依靠电力获取车辆行驶所需的动力。新能源汽车的核心部件包括电池组和电机，前者为电能的存储场所，后者则负责将电能转为驱动车辆的机械能。相较于传统燃油汽车，新能源电动汽车能够大幅降低二氧化碳排放量，在全球气候变暖的形势下展现出巨大的环保价值。

新能源汽车与传统燃油汽车的整体对比如表 1-1 所示。

表 1-1 新能源汽车与传统燃油汽车对比表

比较项目	新能源电动汽车	传统燃油汽车
动力源	电力	内燃机
核心部件	电池组、电机	内燃机
能源利用方式	电能转化为机械能	燃烧化石燃料产生机械能
二氧化碳排放	减少 80%	高排放
对环境的影响	缓解全球气候变暖，改善空气质量	加剧环境问题

新能源电动汽车分为多个种类，不同种类的主要区别在于动力类型不同，消费者可根据自身需求做出选择。

（1）纯电动汽车（BEV）

纯电动汽车（battery electric vehicle，BEV）是典型的新能源汽车，车辆的全部动力由电力提供，无须使用任何化石燃料，从而避免了排放造成的环境污染，充分体现了绿色环保的理念。此外，纯电动汽车的优点还体现为噪声低、能效高。凭借自身的突出优势，纯电动汽车的市场认可度持续上升，得到越来越多消费者的青睐。

（2）插电式混合动力汽车（PHEV）

插电式混合动力汽车（plug-in hybrid electric vehicle，PHEV）同时使用燃油和电力作为动力，能够充分结合两种动力各自的优势。短途出行可采用纯电模式，避免用油可能带来的高额用车成本，同时达到节能环保的效果；如果有长途出行的需求，则可选择燃油模式，有效规避纯电动汽车在续航方面的短板，打消行驶过程中的续航焦虑。插电式混合动力汽车可看作是燃油汽车和纯电动汽车之间的折中方案，在当前阶段显现出更强的实用性。

（3）燃料电池汽车（FCEV）

燃料电池汽车（fuel cell electric vehicle，FCEV）也是值得关注的一类新能源电动汽车，其采用清洁燃料作为能源，以燃料电池作为车辆的驱动装置。相较于纯电动汽车，燃料电池汽车在能量密度和续航里程方面拥有优势。此外，除水蒸气和少量热量外，燃料电池汽车不会产生其他排放物，能够大幅降低排放量，甚至可能做到零排放。凭借以上优势，燃料电池汽车展现出良好的发展前景，是新能源汽车领域不可忽视的一支力量。

技术的持续进步压低了新能源电动汽车的生产制造成本，使其不再是奢侈品，普通消费者也能负担得起各类性能出色的新能源汽车，这对于新能源汽车的普及推广意义重大。与此同时，各国政府从政策层面对新能源汽车的发展给予支持，比如扶持新能源汽车的技术研发，以及对购买新能源汽车的消费者发放补贴等。就目前而言，新能源电动汽车发展有着良好的上升势头。

总之，新能源电动汽车的出现标志着汽车动力系统的全面革新，对于资源节约和环境保护更是有着重要意义。未来，新能源电动汽车将继续迎来新的发展，用户群体将不断扩展，从而持续提升汽车产业的技术水平和经济效益，为生态环境带来持久的积极影响。

1.1.2 新能源汽车和传统燃油车

关于新能源汽车与传统燃油汽车的区分问题，我们可以从多个角度来看待，如表 1-2 所示。

表 1-2 新能源汽车与传统燃油汽车的区分

比较项目	新能源汽车	传统燃油汽车
动力系统	电力、氢能等清洁能源	汽油或柴油内燃机
环保性	尾气排放几乎为零，减少对环境的污染	排放大量二氧化碳、一氧化碳、氮氢化物等有害物质
车辆设计	车身结构、底盘布局等因新能源组件发生变化，外观设计灵活多样	受内燃机布局和重量限制，设计较为保守
使用体验	充电相对简单快捷，噪声小、振动小	需定期加油、保养，噪声和振动较大
环境影响	推广使用价值大，有助于改善空气质量，减少温室气体排放	面临严格排放标准和环保法规限制，发展前景堪忧

首先，新能源汽车与燃油汽车最主要的区别在于动力系统不同。石油等化石燃料属于不可再生资源，资源的消耗和枯竭是不得不面对的问题，同时这类燃料的使用会产生较大的污染；新能源汽车则用清洁能源替代化石燃料，包括电力、氢能等，在使用过程中只会产生很少的尾气排放，在节约资源和减少污染方面起到重要作用，对于改善生态环境、保障人类健康具有重要意义。而且传统燃油汽车以内燃机作为驱动装置，以汽油和柴油作为燃料，其尾气排放会产生大量的有害物质，致使环境日益恶化，并带来种种人体健康方面的问题。

新能源汽车与燃油汽车对环境影响的对比如表1-3所示。

表1-3 新能源汽车与传统燃油汽车对环境影响分析

类型	动力源	对环境的影响
新能源汽车	电力、氢能等清洁能源	尾气排放几乎为零，有效缓解城市空气污染，减少对石油等化石燃料的依赖，积极应对温室气体排放挑战，为居民创造清新、健康的生活环境
传统燃油汽车	汽油或柴油	排放大量二氧化碳、一氧化碳、氮氧化物等有害物质，加剧温室效应，对人类健康构成严重威胁

在车辆设计上，新能源汽车也提供了全新的可能性。电池是新能源汽车引入的新部件，为车辆的车身及底盘结构、整车重量带来了很大的变动，使车辆得以具备更为出色的操控性能和更高的安全性，并为新能源汽车的外观设计创造出更为自由灵活的空间。特斯拉Model S是新能源汽车在外观设计方面的典型代表，这款车型凭借其流线型车身设计和隐藏式门把手吸引了无数消费者的目光。相比之下，燃油汽车的外观设计则在很大程度上受到内燃机的束缚，即使出现新的设计理念也很难落地，其设计在大多数时候趋于保守。

新能源汽车与燃油汽车的车辆设计对比如表1-4所示。

表1-4 新能源汽车与燃油汽车车辆设计方面特点

汽车类型	优势	外观设计特点
新能源汽车	车身结构、底盘布局和整车重量变化带来操控性能和安全性提升；设计师发挥空间大，外观灵活多样	更加时尚、个性化
传统燃油汽车	无明显优势	受限于内燃机布局和重量，设计较为保守，外观难有大突破

就使用体验而言，新能源汽车的优势也很突出。电动汽车的充电十分方便，充电时只需要将车辆连接到充电桩上即可完成能源的补给，操作便捷且充电效率高，并且现如今充电基础设施的建设正在持续推进，使用户

在行驶途中也能够随时完成充电，从而有效解决过去困扰新能源汽车的充电难题。另外，新能源汽车的行驶更加平顺，不会产生太大的噪声和振动，能够为驾乘人员带来更加舒适的体验。而传统燃油汽车需定期前往加油站加油，并且噪声和振动较大，以上因素都会对用户的使用体验带来消极影响。

新能源汽车与燃油汽车的用户体验对比如表 1-5 所示。

表 1-5　新能源汽车与燃油汽车用户体验表

对比项目	新能源汽车（电动汽车）	传统燃油汽车
充电 / 加油	连接充电桩，过程相对简单快捷；充电基础设施不断完善，充电难的问题逐渐得到解决	需要定期加油
行驶噪声	噪声较小	噪声较大
行驶振动	振动较小	振动较大
保养	相对简单	较为复杂
乘坐环境	宁静、舒适	舒适度受到声音和振动的影响

新能源汽车应用的积极价值和意义在环境影响层面体现得尤为明显，由此决定了其与传统燃油汽车完全不同的发展前景。新能源汽车能够大幅降低温室气体排放量，起到提升空气质量的效果，因此出于节能减排和可持续发展的考虑，多个国家的政府大力支持新能源汽车的发展和推广。而在环保需求日益迫切的背景下，各国开始收紧传统燃油汽车的排放标准，针对环保问题出台愈益严格的法规，此局面下燃油汽车的发展受到很大的制约，在发展前景上与新能源汽车间呈现出此消彼长的态势。

以上从动力、设计、使用体验、环境影响等方面介绍了新能源汽车与传统燃油汽车的区别，可见新能源汽车相对于燃油汽车拥有全方位的优势。未来，新能源汽车有着更为广阔的发展空间，在今后的汽车产业发展中将长期居于主导地位，能够为生态环境形势和人类的生产生活方式带来积极显著的改变。

1.1.3　我国新能源汽车的产业图谱

新能源汽车的出现是对传统内燃机汽车技术的跃迁式突破。作为融合新型动力系统与自动化动力控制技术的新型交通工具，其正驱动着世界范围内汽车行业的转型升级。从产业图谱来看（如图 1-1 所示），新能源汽车产业链包括上游供应链、中游生产链和下游服务链，分别负责车辆的关键材料供应与核心部件开发、整车集成制造和为终端用户提供能源补给及智能运维服务，从而形成从技术与原料供应到车辆规模化生产再到终端消费的完整价值链条，在推动构建低碳、绿色、高效的智慧交通体系方面发挥着重要作用。

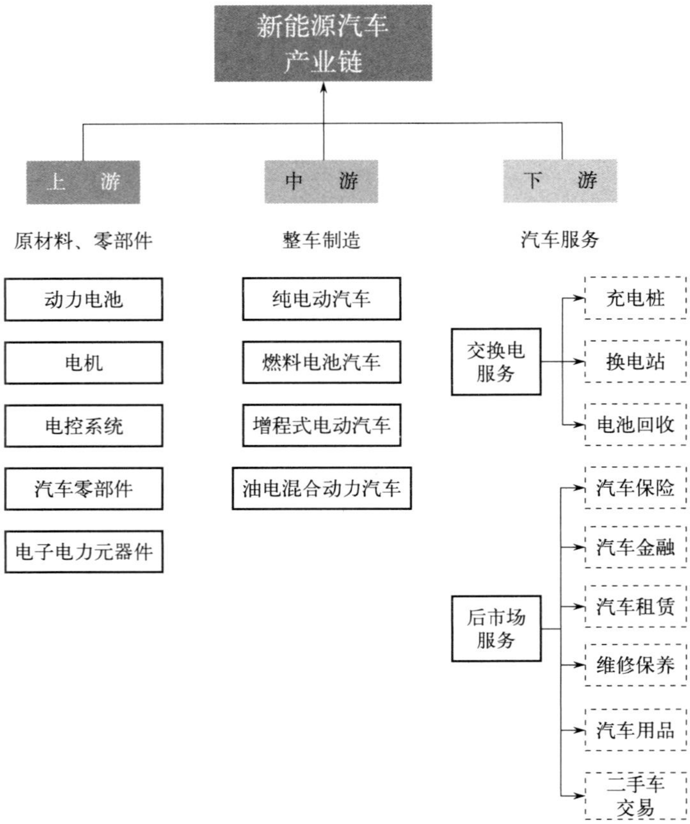

图 1–1　新能源汽车产业链

1.1.3.1　产业链上游

在新能源汽车产业链布局中，上游供应链体系是整个产业发展的底层支撑，主要负责为中游汽车制造商提供资源与技术。如图 1-2 所示，可进一步根据供应内容将其细分为锂、钴等关键资源的开采，动力总成关键组件（包括电机、电池和电控系统）的研发制造以及各类辅助材料的供应。该环节对原料的加工精度、零部件制造工艺的精细化程度，以及供应链的抗风险能力，直接决定着整车产品的性能表现、安全可靠性和市场竞争力。

如图 1-3 所示，核心零部件是新能源产业链上游的主要供给内容，具体包括动力电池、锂电池隔膜、氢燃料电池和电机及电控系统，此外与传统车辆所共用的基础传动装置、电子辅助系统、通用型底盘构件等也包含在内。

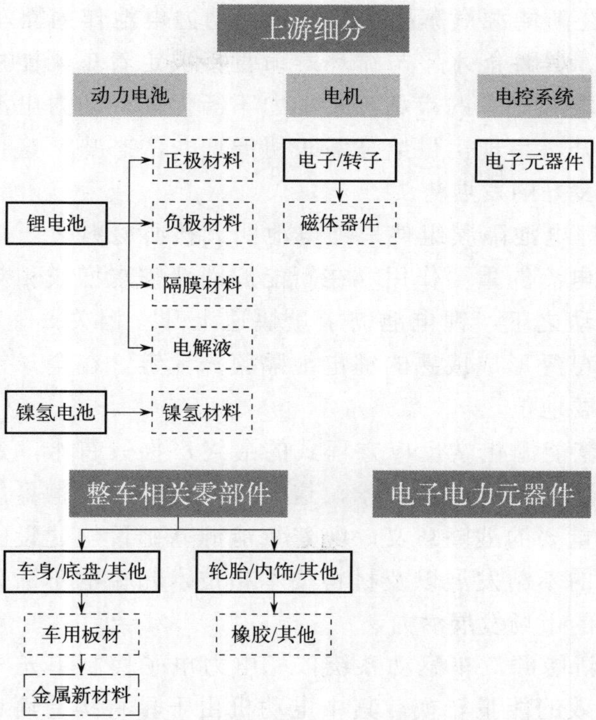

图 1-2　新能源汽车上游细分领域

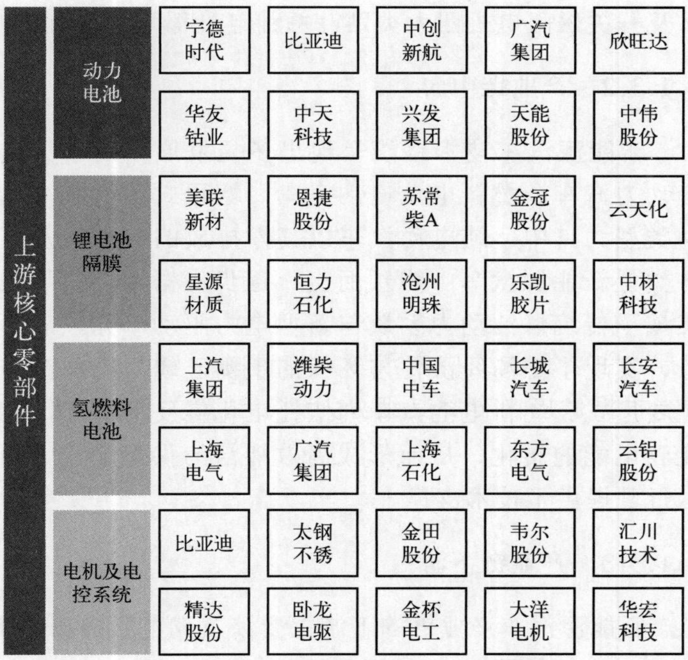

图 1-3　新能源上游核心零部件及厂商

在新能源汽车技术架构中，动力电池作为整车的核心储能单元与驱动装置，其性能水平与循环寿命直接决定着车辆能量转化率与服役时间。随着新能源汽车的市场渗透能力不断提高，动力电池的产出能力和装车量也在上升，呈现出供给与需求协同增长的态势，这也驱动着动力电池企业呈现出良好的发展势头。

锂电池隔膜组件是锂电池四大核心材料之一，承担着防止电极短路与调控电流的重要作用。在新能源消费需求增长和新能源汽车产业政策的双重拉动之下，锂电池需求量快速上升，相关产业规模进一步扩大。当前，国内已经形成成熟的锂电池隔膜产业链，在全球锂电池材料供应链中占据着重要地位。

氢能源化学反应方程式的最终产物只有水，是一种能够真正实现“零排放”的清洁能源技术，这一特性也使其在世界能源结构调整背景下被赋予了重要的战略意义。随着氢能源基础设施建设的不断完善、氢燃料电池产业的不断发展以及材料成本和技术门槛的不断降低，氢燃料电池展现出巨大的市场发展潜力。

新能源汽车驱动系统依托电力电子控制单元与电机本身的协同配合实现高效的能量转换，其中电动机由于具有构造简单、技术稳定性强、支持动态响应等特点，代替了传统燃油机，在动力技术中占据主导地位。当前，新能源电控系统主要可以细分为交流异步电机、直流电机、永磁同步电机以及开关磁阻电机四大类别，每种电机都有与之对应的电控方式。

1.1.3.2 产业链中游

新能源汽车技术路线呈现出多元发展格局，具体包括纯电动汽车、混合动力汽车、燃料电池电动汽车、增程式动力汽车以及氢发动机汽车等多种类型。其中，纯电动汽车以其零排放的特性以及不断优化的续航能力在各类型新能源汽车中脱颖而出，逐步占据市场主导地位。混合动力汽车则集成了传统燃油动力系统与新型电力驱动单元，兼具效能高与能耗低的优势，实现了燃油经济性与环保的平衡，成为燃油汽车向新能源汽车过渡的重要形式。燃料电池汽车则依托电化学反应原理，实现了电池组内部化学能到电能的转化，从而形成高效清洁的供能模式，为实现绿色、清洁、低碳行驶提供了技术支撑。

1.1.3.3 产业链下游

新能源汽车产业链的下游主要涉及充电服务和后市场服务两大领域。

（1）充电服务

该环节主要负责新能源汽车应用过程中的能源补给，具体涉及充电设备生产、换电设备供给和电池回收服务。其中，充电桩作为固定的能源补给设施，包括公共快充站、私人充电桩等多种部署形式。此外，随着新能源汽车对市场的加速渗透以及用户需求的不断拉动，换电模式解决了新能源汽车的能源补给效率问题，因此获得了越来越多的关注。换电站不仅提供日常的充电服务，同时还提供老化电池回收服务，这对实现报废资源的精细化管理意义重大。

（2）后市场服务

后市场服务将汽车服务链条延长到汽车的售后环节，从而实现汽车的全生命周期服务供给。这些服务具体包括金融保险、二手车流通、维修养护以及汽车用品等。从服务特点上看，这些服务与消费者的体验紧密关联，是构建良好的新能源汽车产业生态的关键，决定着新能源汽车在发展过程中的市场渗透能力。

1.1.4 我国新能源汽车的发展路径

在全球交通能源大变革的背景下，新能源汽车作为能源转型的重要实现载体已经被各界所关注，其战略影响已深度渗透我国能源、科技、经济、社会、环境等多个领域。一方面该产业的发展符合我国构建资源节约与环境友好型社会的战略发展方向，能够为我国实现“双碳”目标提供助力；另一方面该产业是驱动传统汽车行业实现高端化升级、驱动我国在全球汽车产业市场上获得先发优势的关键。尤其在能源安全维度，新能源汽车的普及能够降低交通运输领域对石油进口的依赖度，从而丰富我国能源体系，保障国家能源主权。

新能源汽车产业的战略性发展对我国的经济社会产生了多维影响，具体体现在能源结构优化、生态环境治理和产业竞争力提升三大领域。首先，在能源安全领域，新能源汽车的推广应用能够优化我国的能源结构，减少我国对进口原油的依赖度，推动国家能源结构走向多元化和清洁化。在生态环境保护方面，新能源汽车的推广能够降低碳排放量，助力我国更快实现“双碳”目标，降低城市交通场景中各种大气污染物的浓度，缓解雾霾等环境问题并提高城市环境的宜人性。在汽车产业升级方面，新能源汽车作为汽车行业的重要发展方向，符合汽车技术演进趋势，能够加快相关领域部署，有利于支撑我国快速抢占行业发展高地，提高产业竞争力。

新能源汽车的战略性发展已经成为我国实现汽车产业跃迁式升级的重要驱动引擎，在智能控制技术、5G 通信技术、AI 大模型的发展推动下，电动化、网联化和智能化成为汽车行业发展的重要方向。新能源汽车的技术关键在于其节能、无污染性能的实现，这不仅需要推进动力系统的清洁能源替代，同时要求在电机、电控和整车技术上予以革新，集成新型电子控制技术、能源管理技术、云端服务平台技术，推动传统汽车产业链向资源节约、环境友好与能效提升的方向发展。

1.1.4.1 明确整体战略定位

能源安全和生态保护是我国进行新能源汽车产业战略规划时所重点考虑的方面，基于此，我国应面向未来发展从顶层设计角度做好全面部署。在部署过程中应围绕动力技术革新，以未来汽车产业电动化趋势为导向，强化产业上下游的协同配合，形成产业比较优势。同时，还应牢牢把握住后端市场与海量需求，以需求推动场景创新，以场景倒推技术发展，为能源结构调整和汽车产业升级提供持续的解决方案。

1.1.4.2 确立关键技术发展路线

近年来，国家通过发布《新能源汽车产业发展规划（2021—2035年）》《“十四五”现代能源体系规划》等政策以应对化石能源安全挑战和低碳转型需求，通过延续“三纵三横”技术创新体系，以纯电动、插电式混合动力、燃料电池三大技术路径为纵向研究重点，以电池、电机、电控核心技术为横向发展支撑，形成多元化的技术矩阵，同时在实施过程中注重突出纯电驱动汽车的主导地位，推动汽车产业的高端化升级。同时，还应积极推进新能源汽车技术与分布式能源网络、智能交通控制系统的深度融合。

1.1.4.3 梳理并培育重点产业链

在新能源汽车产业生态体系建设过程中，需聚焦各垂直领域着力培育具有产业支撑能力的主干链条，具体涉及的行业包括新材料、电控系统、驱动电机、新储能技术等。同时，在这些行业中筛选出具有技术辐射能力的龙头企业，依托其良好的研发资源基础构建行业技术联盟，推动建设具有行业通用能力的数据共享平台，实现整个汽车制造体系升级。同时，还应促进汽车产业与智能交通、智能电网等领域的高效融合，以推动形成跨产业协同的智慧能源、智慧交通服务体系。

1.1.4.4 着力推进的重大工程

为了构建具有全球竞争力的新能源汽车产业体系，应进一步突破国际技术壁垒，并构建完善、高质量的应用服务体系。着眼于这一发展要求，国家应提出并推进一系列重大工程，在加快社会经济发展进步的同时进一步提高国家发展安全性。

（1）新能源汽车技术创新工程

该工程旨在推动国内新能源汽车技术实现跃迁式发展，以跻身世界一流技术掌握国家行列，突破国内企业在发展过程中面临的“卡脖子”难题，通过持续攻关高比能动力电池、高效电驱动总成及智能电控系统等关键技术领域，拉高国内新能源汽车的行业整体水平，从而提高市场占有率。

具体应在技术专利化、专利标准化的策略指导下，聚焦电池、电机、电控等核心技术，大力开展研发，同时联动电动化底盘、整车集成、轻量化车身设计、车联网技术形成完整的新能源汽车技术矩阵，为我国新能源汽车的市场规模扩大和质量效益提升提供技术支撑。

（2）新能源汽车应用服务工程

该工程致力于构建覆盖车辆全生命周期的服务生态体系，形成涵盖消费者购车到车辆售后服务再到车辆报废的全环节价值链条。借助该工程的实施，能够实现产业链条上的生产商、服务商、配套设施供给商等各个主体经济效益的提升，从而提高汽车后端产业链条各业务环节的附加值，赋予新能源汽车产业链更强的创收能力。

其核心建设内容包括加强充换电站等基础设施建设、构建金融支持网络、完善汽车售后服务保障网络，并推动形成动力电池的残值评估及梯度回收体系。在具体实施过程中，采用政企协同模式，以确保新能源汽车产业服务的持续性发展。

1.2 纯电动汽车（BEV）构造与原理

内燃机汽车即燃油汽车，整体包含四个部分，即发动机、底盘、车身、电气设备。相较于燃油车，纯电动汽车在结构上有了较大的改动，不配备发动机，基于具体驱动方式对部件进行简化，或是直接取消某些部件，同时新增电源系统、驱动电机等。

就工作原理而论，纯电动汽车包含车载电源模块、电力驱动模块、辅助系统模块三部分。动力电池提供车辆运行所需的电能，电机利用电能在控制器的作用下生成动力，而后驱动车轮经由减速机构获得动力，由此电动汽车得以完成行驶操作。电动汽车包含若干子系统，分别具备电力驱动、电源、辅助的功能。

加速踏板与电子控制器之间形成交互，前者向后者发送信号，并通过参数设置对电动机实施管理，具体的设置对象包括转矩和转速，借助控制功率变换器来完成操作。转矩是车轮转动所需的必要参数，而转动所依靠的装置为传动系统。蓄电池为纯电动汽车的能量源，通过充电器和充电接口为其充电。汽车行驶过程中，蓄电池为电动机供应电能，此操作需要用到功率变换器。在纯电动汽车通过电的形式执行制动操作时，驱动电动机处于发电状态，此时回收汽车的一部分动能用于蓄电池的充电，起到增加续航里程的效果。

以下将具体介绍纯电动汽车的三大模块。

1.2.1 车载电源模块

纯电动汽车的车载电源模块包含蓄电池电源、能源管理系统和充电控制器三部分，如图 1-4 所示。

图 1-4 纯电动汽车的车载电源模块

（1）蓄电池电源

蓄电池为纯电动汽车的能源供应装置，汽车从蓄电池处获取电能以供行驶之用，同时各辅助装置也将蓄电池作为工作电源。以串联或并联的方式对蓄电池进行组合，得到用于纯电动汽车的蓄电池电源，这里的电源多为低压电源，电压为 12V 或 24V，而电动机驱动通常需要用到高压电源，具体的电压等级要依电动机类型而定。

考虑到电动机驱动的需求，可针对 12V 或 24V 蓄电池采用串联的方式，由此得到 96 ～ 384V 的高压直流电池组，之后借助 DC / DC 转换器供应各个层级的电压。关于蓄电池的组合，还有另一种方式，就是根据电压等级要求进行蓄电池组合，得到多个电压等级的电池组，但是这种做法会对充电及能源管理造成不便。

此外，受制造工艺等因素的影响，同批次的蓄电池无法保证电解液浓度及性能的一致性，因此需在仔细分析检测各蓄电池性能的基础上确定蓄电池组合，将彼此性能相近者归为一组，由此可得到性能更加稳定、使用寿命更长的动力电池组。

（2）能源管理系统

能源管理系统负责汽车行驶过程中的能源分配，通过各单元间的合理能量调配使能源利用效率达到最高。电力驱动模块中配备有中央控制单元，能源管理系统通过与之协作对发电回馈实施控制，以在减速、制动等场景下回收能量，使能源得到更为充分的利用，延长汽车续航里程。

通过与充电控制器的配合，能源管理系统可对充电控制器实施控制。电源使用情况关系到蓄电池性能稳定性及使用寿命，因此需对其进行实时监测，获取蓄电池的各项参数，包括温度、内阻、电解液浓度、剩余电量、放电时间等。通过温度调节保证蓄电池在适宜的温度条件下工作，借助限流控制防止蓄电池出现过度充电、过度放电的情况，如果发现蓄电池参数存在异常，则及时发出报警信息。驾驶员可通过驾驶室显示操纵台看到蓄电池参数或报警信号，根据实际情况对蓄电池实施必要的操作。

（3）充电控制器

电网供电制式与蓄电池充电所需制式之间存在差别，充电控制器负责完成两者之间的转换，这意味着将交流电转换为直流电，并保持两种电流之间电压的对应关系，同时还要对充电电流加以适当的调节控制。充电器充电分为多个阶段。最初以恒定电流执行充电操作，此时电池电压持续增长，当其到达某一阈值时，再在保持电压不变的情况下进行充电，此时电流呈下降趋势，当其达到既定阈值时，转而采用涓流充电的方式，至此，充电过程先后经历了恒流充电、恒压充电、涓流充电三个阶段。另外，有的充电器使用快速充电的方式，需要用到脉冲式电流。

1.2.2 电力驱动模块

电力驱动模块的构成部件有中央控制单元、驱动控制器、电动机、机械传动装置，如图 1-5 所示。与传统燃油汽车一样，纯电动汽车也配备有加速踏板、制动踏板、操纵手柄等，此举主要是出于照顾驾驶员长期驾驶习惯的考虑。燃油汽车按照加速踏板和制动踏板的机械位移量实施车辆行驶控制，与之不同的是，纯电动汽车会将位移量转为电信号，中央控制单元接收到电信号后完成车辆的行驶控制。

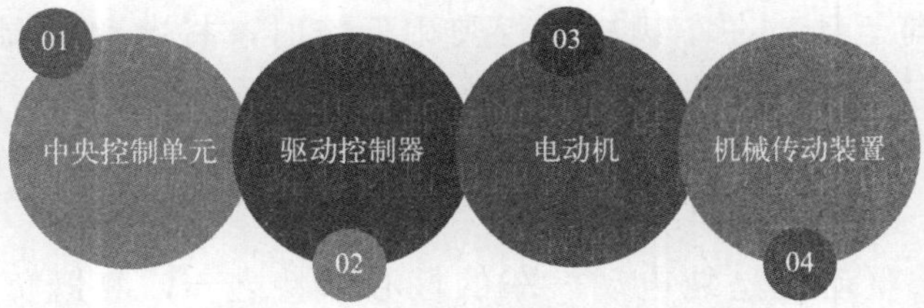

图 1–5　新能源汽车电力驱动模块

关于其他部件，只有传统驱动模式保留离合器，挡位变速杆则予以保留，这仍然是出于照顾驾驶员习惯的考虑，对应前进、停车、倒车三项控制操作，挡位变速杆分别设有前进、空挡、倒退挡位，具体由中央控制单元根据挡位信号实施控制。

（1）中央控制单元

在纯电动汽车的电力驱动模块中，中央控制单元扮演控制中心的重要角色，同时还负责协调整车的控制。从加速踏板和制动踏板接收到电信号后，中央控制单元根据信号向驱动控制器下达指令，执行各项控制操作。

前面提到过，中央控制单元会参与纯电动汽车降速过程中的能量回收，并且中央控制单元还负责报告汽车行驶过程中的各项参数以及故障诊断信息，将以上信息数据显示在驾驶室显示操纵台，显示方式可选择数字、模拟或液晶屏幕。

此外，如果纯电动汽车的驱动装置为轮毂电动机，而驱动方式为分散驱动，那么在执行车辆转弯操作时，出于增强稳定性的目的，中央控制单元需与其他部件形成有效协同，主要是辅助模块的动力装置。目前，计算机多 CPU 总线控制在汽车控制中的应用已经较为广泛，总线控制技术尤其适用于采取轮毂电动机 4WD 前后四轮驱动控制方案的纯电动汽车，能够使得车辆内部线路更为精简，增强车辆的可靠性，提高车辆检修的便利度。总线控制的优势还体现在其本身为模块化结构，当技术成熟度达到较高水平后，批量增大将使得成本显著降低。

（2）驱动控制器

驱动控制器接收中央控制单元发来的指令和信号，控制电动机速度、驱动的转矩和转向。驱动控制器与电动机是一对固定组合，根据驱动电动机的类型，通过调压、调频等方式进行电动机的调速。

在供应电能时，蓄电池采用的是直流电，对应直流电动机、交流电动机、磁阻电动机，分别采用调压调速控制、调频调压矢量控制、脉冲频率控制作为调速方式，其中在为直流电动机和交流电动机调速时，分别需要用到 DC/DC 转换器和 DC/AC 转换器。

如需倒车，则作为车辆驱动装置的电动机应反转，使车轮向着相反的方向运动。在车辆减速行驶和下坡时，将电动机调节至发电状态，使其凭借自身惯性发电，随后，此部分电能将会被供应至蓄电池处。上述场景中，电动机的状态调节以及供电操作均由驱动控制器完成。

（3）电动机

电动机是纯电动汽车的核心部件之一，其既负责发电，也负责利用电能驱动车辆运行，即扮演发电装置和电动装置的双重角色，前一种角色对应减速和下坡等场景，后一种角色则对应正常行驶场景。两类场景下，电动机都会进行能量转换，转换内容分别为车轮惯性动能到电能和电能到机械旋转能。

关于电动机的选型，负载特性是非常关键的一项指标。相较于正常行驶场景，起步和爬坡场景对车辆的性能提出了更高的要求，这种要求体现在启动转矩、短时过载能力、调速范围及特性多个方面，根据速度条件选择合适的输出方式，具体而言，低速和高速场景分别对应恒转矩和恒功率输出。

驱动控制器和电动机共同构成了纯电动汽车的驱动系统，驱动系统在纯电动汽车中发挥关键作用，其性能决定了汽车的整体运行性能，包括车辆的速度、加速度、能量转换效率等，因此选择合适的驱动系统类型对于纯电动汽车而言很重要。

（4）机械传动装置

在纯电动汽车中，机械传动装置负责为汽车传递电动机驱动转矩，以完成车辆的行驶。

1.2.3 辅助系统模块

相较于燃油汽车，纯电动汽车辅助系统模块的各部件在功能上没有明显不同，差异主要体现在结构原理上，这是由纯电动汽车本身的特性以及需求决定的。辅助系统模块主要由辅助动力源、动力转向单元、驾驶室显示操纵台、辅助装置等零部件构成，如图 1-6 所示。

图 1-6　新能源汽车辅助系统模块

（1）辅助动力源

辅助动力源负责为纯电动汽车的辅助装置提供动力，如动力转向系统、导航系统、照明装置、刮水器等，多数选用直流低压电源，电压为 12V 或 24V。

（2）动力转向单元

动力转向单元用于执行车辆的转弯操作。转向操作首先需要对方向盘施加控制力，而后转向器、转向机构、转向轮各部件将发生偏移，由此完成车辆转向。动力转向是现阶段汽车普遍采用的一种转向方式，能够有效增强驾驶员操控性，关于动力转向较好的方案为电子控制动力转向系统（electronic power steering，EPS）。

电子控制动力转向系统包含两类，分别是电控液力转向和电控电动转向，纯电动汽车多采用后者。两轮转向系统是传统的转向方案，应用较为广泛，大部分汽车采用前轮转向，而需要频繁向后行驶的车辆则更多地选用后轮转向，如电动叉车等。相较于两轮转向系统，四轮转向系统展现出显著优势，转向时操纵更加稳定，同时机动性也更好。纯电动汽车为轮毂电动机分散驱动，其电动机的控制和响应速度较快，这为四轮电子差速转向控制提供了有利条件。此外，在转弯过程中，车辆左右车轮需保持适当的速度差值，为此需发挥电子差速器的协调作用。

（3）驾驶室显示操纵台

在纯电动汽车中，驾驶室显示操纵台相当于燃油汽车的仪表盘，而纯电动汽车的控制特点使得两者在功能上存在一定差异。驾驶室显示操纵台与中央控制单元互相配合，使用的信息显示方式主要是数字和液晶屏幕，控制方式为计算机。

（4）辅助装置

纯电动汽车配备了多种类型的辅助装置，包括照明装置、空调、刮水器、收音机、除霜器等，以及各种电动电控装置，如门窗、玻璃升降器、座椅调节器等。不同的辅助装置各有其作用，有的是为了更好地保障车辆安全，有的则是为了提升整体的用车体验。辅助装置中有一部分为必装，其余装置用户可根据自身需要选装。

纯电动汽车的专用配件有较为完善的供应渠道，而在选择配件时要充分考虑纯电动汽车在能源方面的短板，对于空调这类能耗较高的部件，更要将节能作为一项重要指标。辅助装置的控制方式主要有液压和电动两种，部分辅助装置同时支持两种控制方式，如无特殊需求建议选择电动控制，此种方式便捷度更高。

1.2.4 底盘系统模块

底盘是汽车的基座，支撑起汽车几乎全部的部件。在纯电动汽车中，底盘的作用还体现为传输并调配电动机产生的动力，执行各项驾驶操作。汽车底盘的架构包含行驶系、转向系、制动系各部分，如图 1-7 所示。

图 1-7 新能源汽车底盘系统模块

（1）行驶系

底盘行驶系的部件有车桥、车架、悬架、车轮、轮胎。车桥为汽车的承重装置，使用轮毂电动机驱动的纯电动汽车无须安装车桥；车架为汽车的装配提供框架，负责承受车辆载荷；悬架指的是一系列传力连接装置，位于车架和车轮间，包含弹性元件、减振器、导向机构等部件，在车辆遇到道路崎岖的环境时，悬架能够与充气轮胎相配合起到减缓颠簸振动的效果；车轮的部件有轮辋、轮辐、内部制动器等，此外有的车轮还需配备轮毂电动机；汽车轮胎的主要作用是降低行驶过程中车轮遇到的阻力，从这一点出发较好的选型方案是子午线轮胎。

（2）转向系

转向系的组成部件有转向器、转向操纵机构、转向传动机构等，有机械转向系和动力转向系两类，两者的区别在于所使用的能源。纯电动汽车的机械转向系与燃油汽车并无差别，关于动力转向系可参阅前文相关内容。

（3）制动系

底盘制动系的构成单元有供能装置、控制装置、传动装置、制动器，对应各项功能，制动系又有行车制动系、驻车制动系、应急制动系和辅助制动系等多个种类。在制动方面，纯电动汽车相较于燃油汽车有新的发展，在电动机和电磁吸力的作用下，可分别实现再生制动和电磁制动，所以未来纯电动汽车的制动系将发生显著改变。

汽车车身的构成部分有车身本体、可供开启的部件（门窗、后备厢等）、座椅。由于纯电动汽车的能源并不充足，在设计车身造型时应当将减少空气阻力作为一项主要的设计目标，将迎风面积控制在最小。关于车身材料的选用，应当在保证车身强度的前提下选用轻型材料，通过以上措施可达到节能的效果。

对于纯电动汽车而言，车内部件的布局同样非常关键。纯电动汽车的动能传递方式为柔性电缆，与采用刚性机械件的动能传递相比，此种传递方式能够为部件布局提供更加灵活的空间，蓄电池组可以放置在车内的各个位置，以协调均衡车辆各处的重量。

在进行纯电动汽车的部件布局时，需要结合车辆动力学的相关知识，将汽车重心保持在适当的位置，同时最大限度地调低质心高度。与传统燃油汽车及普通的纯电动汽车相比，以轮毂电动机作为驱动方式的纯电动汽车可省去多个部件，包括发电机、油箱、冷却水系统、变速器以及全部传动链等，由此汽车重量大大降低，空间也变得更加充裕，针对车辆结构的显著变化，相应地需采取全新的结构布局策略。

蓄电池安装是纯电动汽车部件布局中很重要的一个环节，关系到车辆的安全。纯电动汽车需要安装多个蓄电池，为此需保证安装位置的车架强度。蓄电池需要定期充电和维护，电池寿命耗尽后还需进行更换，所以在选择蓄电池的安装方法和部位时，要尽可能为上述操作提供便利。有的蓄电池对于温度条件有一定要求，对于这类蓄电池要为其留出充足的散热空间，并实施适当的温度调节。车辆受到撞击很容易导致蓄电池电解液泄漏，对人身安全造成极大威胁，针对此类情况需采取有效的安全防护措施，包括电池密封及防火等。

1.3 混合动力汽车（HEV）构造与原理

1.3.1 混合动力汽车的关键部件

就定义而言，混合动力汽车是使用两种以上动力源的汽车，又称复合动力汽车。在运行过程中，它既可能使用一种动力源，也可能同时使用多种动力源，以获得所需的动力。而在现实中，混合动力汽车在多数情况下有着比较明确的指代，即使用内燃机和电动机这两种动力源的汽车，对应的动力系统分别为热能和电力。内燃机的类型包括柴油机和汽油机，使用的燃料为汽油或柴油。另外，还可以对发动机进行改造，使其能够使用其他类型的燃料，如压缩天然气、丙烷等。

1.3.1.1　混合动力汽车的动力系统

混合动力汽车的动力系统则由发动机、电动机、蓄电池组成，如图 1-8 所示。

图 1-8　混合动力汽车的动力系统

（1）发动机

现阶段，内燃机仍然是使用最为广泛的汽车动力装置，并且在未来一段时间内，这种现状仍会持续。内燃机同样是混合动力汽车动力源的首选，不过，相较于传统的燃油汽车，混合动力汽车对发动机有了新的要求，它需要发动机能够持续高功率运转，无须频繁调节功率输出。由于混合动力汽车出现的时间较晚，目前专门为其设计的发动机系统较少，还有待进一步的开发。

常用于混合动力汽车的发动机有四冲程内燃机、二冲程内燃机、转子发动机、燃气轮机等。其中，转子发动机和燃气轮机是较为理想的选择，它们燃烧效率高，且排放产生的污染较少。

（2）电动机

电动机是混合动力汽车的辅助动力装置，它能够减少燃料消耗，从而达到节能环保的效果。同时，混合动力汽车可选择纯电动模式，在这种模式下，车辆的动力全部由电力提供，无须消耗燃料。用于混合动力汽车的电动机有着特殊的工作条件和工作模式，因此无法将工业电动机直接挪用到混合动力汽车上。

最初的混合动力汽车较多采用直流电动机，但随着混合动力汽车的持续发展，直流电动机逐渐被交流感应电动机和永磁电动机所取代。开关磁阻电动机同样是值得关注的一种电动机方案，此外也可考虑特种电动机。

发动机和电动机是混合动力汽车的主要部件，两者的类型决定了混合动力汽车的类型。

（3）蓄电池

混合动力汽车配备两个蓄电池系统。12V 直流蓄电池系统负责供应车辆常规用电器所需电压。另一高压直流蓄电池系统借助 DC/DC 转换器执行直流的转换操作，电机由此可从系统处获取到交流电能。这一系统的储电量和电压取决于混合动力系统的具体要求。高压直流蓄电池系统也是直流电的存储场所，此直流电由电机发电得到，且由 DC/DC 转换器进行转换。通常情况下，用于混合动力汽车的高压直流蓄电池的电压最低为 36V，最高则超过 600V。为获得合适的直流电源电压，混合动力汽车所用蓄电池采用串联设计。

1.3.1.2 混合动力汽车控制系统

混合动力汽车的控制系统运用了计算机技术和自动控制技术，以实现智能控制，常用的控制系统有自适应控制系统、专家控制系统、神经网络控制系统等。总的来说，混合动力控制系统的作用是提升混合动力汽车的安全性和舒适性，并降低车辆的能耗和污染。

（1）混合动力汽车控制系统功能

① 提升动力性能：控制系统能够提升混合动力汽车的动力性能，使其在性能上与业已发展成熟的燃油汽车相比肩，从而加速混合动力汽车的推广应用。

② 降低油耗：控制系统有助于充分发挥电动机作为辅助动力装置的作用，降低混合动力汽车的油耗。当前的混合动力汽车在省油方面已有非常出色的表现，可将油耗控制在约 3 L/100km。

③ 减少污染：在控制系统的作用下，混合动力汽车得以将车辆污染控制在极低水平。

④ 优化驱动系统：在控制系统的支持下，混合动力汽车得以同时控制发动机和电动机的驱动系统，找到两者之间最优的组合方案，最大限度地提升驱动系统的利用效率，在续航和环保方面为混合动力汽车带来积极影响。

⑤ 降低操作难度：相比于内燃机汽车，混合动力汽车在操纵装置和方法上改动不大，驾驶员能够快速适应。在这种情况下，控制系统的作用能够得到更充分的发挥，降低操作难度，提高操作的规范性。

⑥ 增强可靠性与灵活性：借助全自动、机电一体化的控制系统，可提升混合动力汽车的可靠性，同时增强车辆控制的灵活性。

混合动力汽车可看作是在内燃机汽车基础上进行改造而得到的产物，内燃机汽车的很多传动系统和操纵装置在此得到了保留，如加速踏板、制动踏板、离合器等。操纵装置发送控制信号，而后中央控制器和控制模块根据信号向电动机或内燃机的驱动系统下达控制指令，以完成驱动模式的切换设置，驱动指令的形式可以是单独的或混合的。在驾驶过程中，驾驶员可根据实际的操作需求选择合适的驱动模式。

（2）混合动力汽车控制系统的组成部分

① 操纵装置、中央控制器以及各类控制模块。

② 发动机、电动机及其各自驱动系统的控制系统。

③ 信号反馈和检测装置，具体组成单元有电信号检测装置、显示装置等。

1.3.2 并联式混合动力汽车

并联式混合动力汽车的历史最早可以追溯至1905年，其提出者为德国工程师亨利·皮珀（Henry Piper），这一车型与传统燃油汽车的区别在于其驱动能量不再是纯粹的由燃油中的化学能转化为电能，而是在此基础上，通过加装电机使车辆能够同时利用汽油中的化学能和电机输送的电能。从原理上看，其本质是使用电机将汽车在发动机驱动下的部分过剩动能转化为电能，存储在蓄电池中，在耗能较高的工况下，电机与发动机共同承担车辆驱动功能。该技术于1909年以“汽车混合驱动”（Mixed Drive for Autovehicles）为名取得了技术专利，并联式混合动力汽车至此正式登上历史舞台。但以当下的标准来看，最初的并联式混合动力汽车属于节能汽车，其不可插电的特性使之与当前的并联式混动新能源汽车难以划归一类。

最早的混合动力汽车不支持模式的自动切换，仍需要驾驶员手动调节。1997年，丰田推出的普锐斯（Prius）是第一台具有模式自动切换功能的混合动力汽车。

从驱动系统构成来看，并联式混合动力汽车驱动系统包括发动机驱动系统和电机驱动系统，两者既能够独立运行又能够协同配合，这种灵活的驱动方式使得并联式混合汽车具有良好的环境适应性，可以克服部分复杂工况下的恶劣条件。此外，不同的并联式混合动力汽车在电机类别和数量、传动系统运行模式、部件数量和位置关系等方面有所不同，这也使得并联式混合动力电动汽车有多种类型。

1.3.2.1 并联式混合动力汽车的结构

如图1-9所示，并联式混合动力汽车系统包括彼此之间使用机械连接的动力耦合器、驱动电机和发动机以及彼此之间使用电气连接的电机控制器、动力电池系统和车载充电机，其中电机控制器和驱动电机之间使用电气连接。汽车内部各个模块的组合方式并不固定，可以根据车辆的使用定位进行定制化设计。

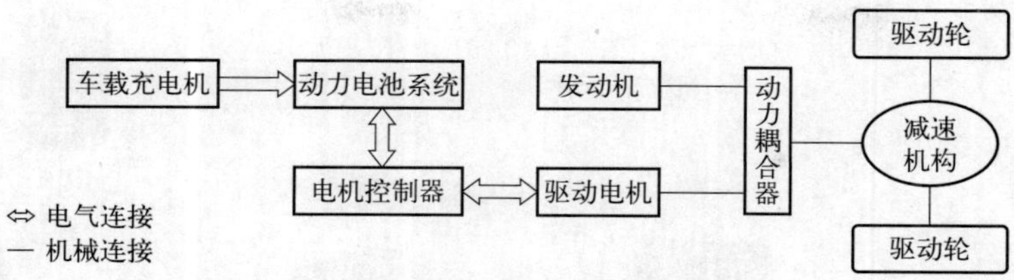

图 1-9　并联式混合动力汽车系统结构

由于并联式混合动力系统中的发动机驱动系统和驱动电机系统既彼此独立，又能够相互配合，因此在动力耦合器和减速机构的配合下，并联式混合动力汽车有发动机单独驱动、驱动电机单独驱动和发动机与驱动电机混合驱动三种工作模式。

从整车设计的角度看，由于电机发电依赖于发动机提供的过剩动能，因此当车辆处于制动状态或发动机提供功率和车辆所需驱动功率差为正时，电机发电并将电能储存至动力电池中。同时，混合驱动模式下发动机和电机叠加后的功率为车辆所需最大功率的 0.5 ～ 1 倍，所以基于整车经济性和轻量化设计原则，可以采用小功率的发动机或电机（发电机），节省造车成本。相较于串联式混动汽车，并联式混动汽车的续航能力更强，同时性能与内燃机汽车更相近，因此并联式混动系统在小型混合动力汽车上应用较广。

1.3.2.2　并联式混合动力汽车的驱动模式

并联式混合驱动系统的优点在于使车辆既具有纯电动汽车节能、低排放的特点，又使车辆在特殊情况下能够通过发动机提供的强大驱动力展现出内燃机汽车的性能。但需要注意的是，当车辆的排量较低时，其驱动力也相应下降；当车辆的动力能源上升时，排量也会随之增加。以参与功能的驱动系统来划分，并联式混合动力电动汽车的驱动模式可以分为纯电驱动模式、纯发动机驱动模式和混合驱动模式三种类型。

（1）纯电驱动模式

该模式主要适用于混合动力电动汽车低能耗工况下的供能，如车辆刚起步或处于轻载工况下时。但这一模式的运行需要蓄电池内电量充足，此时关闭发动机，使用电机为车辆提供驱动能量，可以有效避免低能耗工况下使用发动机驱动车辆导致的排放量过大、能量浪费的问题。若蓄电池电量较低，输出的功率不足以支撑车辆的行驶，则需要开启行车充电模式，以发动机驱动车辆并将多余的动能转化为电能回充电池。纯电驱动模式如图 1-10 所示。

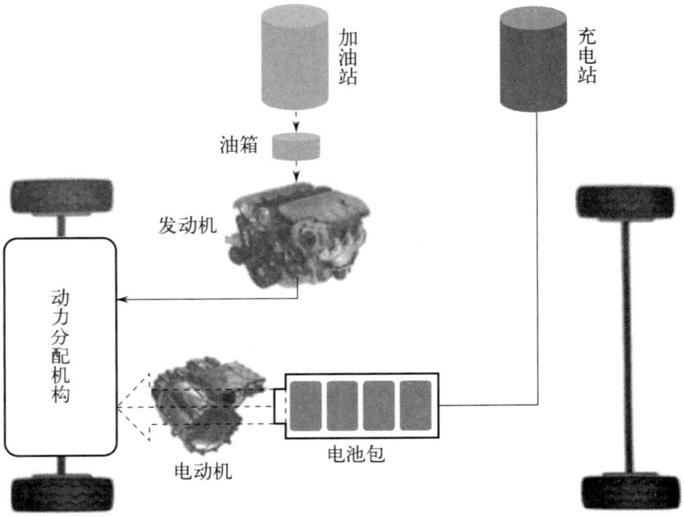

图 1-10　纯电驱动模式

（2）纯发动机驱动模式

纯发动机驱动模式下为车辆提供的驱动功率和排放量都处于较高水平，因此该模式主要用于混合动力电动汽车车速较快、所需驱动功率较大或者行驶环境没有严格的排放量限制时。此驱动模式下，发动机输出的功率全部用于车辆的驱动，能量损耗较小，燃料利用率较高。纯发动机驱动模式如图 1-11 所示。

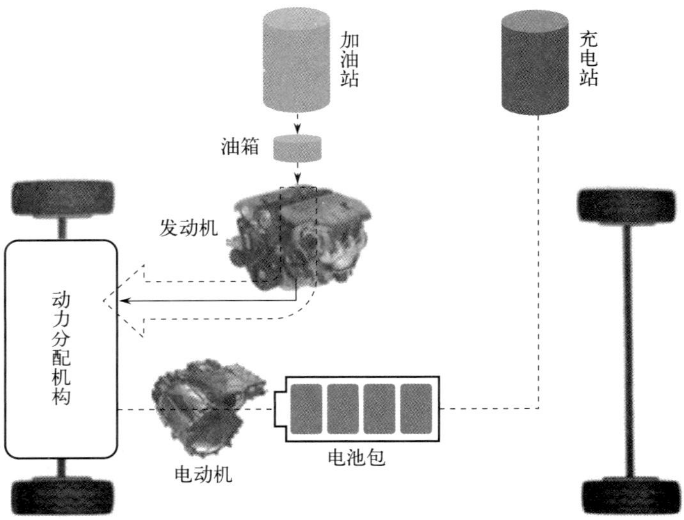

图 1-11　纯发动机驱动模式

（3）混合驱动模式

混合驱动模式下发动机和电机共同为车辆提供驱动能量，此时车辆获得的驱动功率最大，动力性能最佳，往往在车辆需要快速加速或爬坡时会开启这种驱动模式，此工作状态下发动机为主要动力源，电机起到辅助能量输出的作用。如图 1-12 所示。

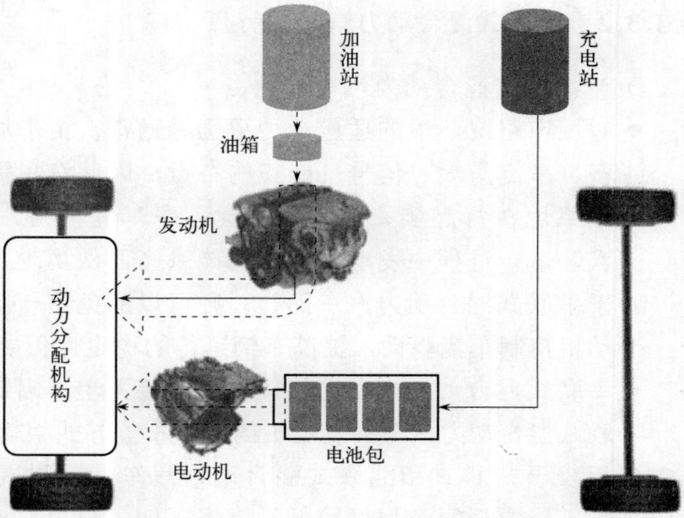

图 1-12　混合驱动模式

1.3.3　串联式混合动力汽车

1.3.3.1　串联式混合动力汽车的构成

串联式混合动力汽车系统主要包括负责将燃油中的化学能转化为电能的发动机、负责将发动机产生的机械能转化为动能的发电机、负责存储电能的电池和负责将电池中储存的电能用于车辆驱动的驱动电动机四部分。如图 1-13 所示是串联式混合动力汽车的系统结构图。

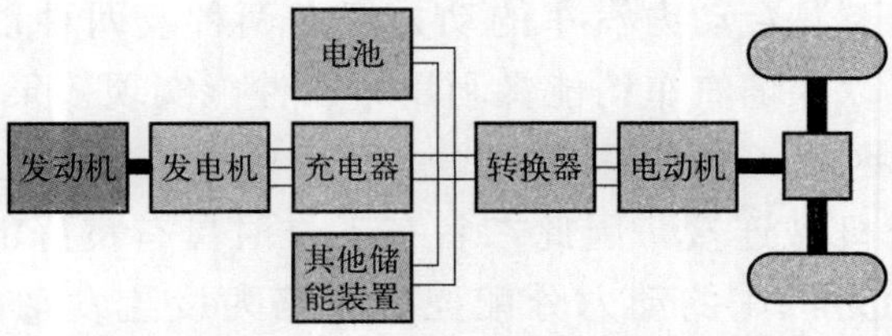

图 1-13　串联式混合动力汽车系统结构示意图

从工作原理上看，串联式混合动力汽车发动机所产生的机械能无法直接用于车辆的驱动，其能量输出需要经历一个转化的过程，即通过发电机将机械能转化为电能，随后传输至驱动电动机为车辆提供能量。当发电机产生的电能较富余时，多余的电能将被储存至蓄电池（电池组）内。从电动机运行状态下的能量来源来看，其所需的电能既可以分别由蓄电池或发电机供给，又可以由蓄电池和发电机共同供给，具体由车辆所处工况下的能耗水平决定。

1.3.3.2 串联式混合动力汽车的特点

（1）串联式混合动力汽车的优点

- 对城市路况环境的适应能力更强。通常，由于城市路况环境具有路口多、车流量大、信号灯密集的特点，因此汽车需要以低能耗的状态高频率地执行起步、制动、加速、停车等行为。对于一般的燃油车而言，这一过程中发动机输出的能量高而做功少，燃油经济性较低；对于串联式混合动力汽车而言，则可以避免这一问题，能够通过驱动电动机控制车辆驱动，提高车辆运行的稳定性和能量利用效率。
- 串联式混合动力汽车内部以电气连接为主，因此从设计层面来看，串联式混合动力汽车的发电机的组合布置方式相较于燃油车弹性更大。
- 相较于并联式和混联式混合动力汽车，串联式混合动力汽车的结构和工作原理复杂程度较低，方案落地较简单，成本较低。

（2）串联式混合动力汽车的缺点

与并联式、混联式混合动力汽车相比，串联式混合动力汽车存在以下缺点：

- 串联式混合动力汽车内部的能量输送环节多、路径长，这一过程中能量损耗较多。
- 串联式混合动力汽车所适配的电动机类型有一定限制，仅和那些额定功率、质量和体积较大的电动机有较高适配度。

1.3.3.3 串联式混合动力汽车的动力分配控制策略

由于混合动力汽车的动力源在两种及两种以上，因此需要管理其动力分配，以保证汽车的能量利用率和性能实现效果。

从内部工作原理来看，由于串联式混合动力汽车的发动机与驱动系统之间无机械连接，因此二者在工作时具有良好的独立性。基于此，串联式混合动力汽车的动力分配控制策略为设置发动机的最优效率和排放阈值，并在车辆运行过程中将发动机的效率和排量控制在阈值所形成的区间内。具体的控制策略包括以下三种。

（1）发动机开关式

① 发动机开关式的控制逻辑

- 设置电池剩余电量的最低阈值，当实际电量处于该阈值以上时，发动机不再工作，汽车单纯依靠电池供电。

- 当电池实际电量处于最低阈值以下时，发动机开始工作，其机械能由发电机转化为电能，用于车辆的行驶驱动和电池组充电。
- 保证发动机运行时处于能量利用率较高的功能区间。

② 发动机开关式的特点

- 发动机运行时能量转化程度高，排放少。
- 通过电池组的充放电实现动力传递，这一过程用时较长且存在较高的能量损耗，整体动力传动系统受此影响节能性较差。

（2）发动机功率跟随式

① 发动机功率跟随式的控制逻辑

- 发动机始终处于开启状态，其功率变化与电动机功率变化保持一致。
- 设定发动机功率阈值，当发动机实际功率处于该阈值以下时，发动机和发电机工作为电池组充电。
- 当发动机所输出的最大功率小于车辆运行所需要的驱动功率时，电池组输出电能与发动机一起为车辆供电。
- 当电池组电量较低，同时发动机输出有富余时，发动机通过发电机回充电池组。

② 发动机功率跟随式的特点

- 发动机长期开启，减少电池组充放电的频率，降低因电池组充放电循环而产生的能量损耗，提升整体动力传动系统的工作效率。
- 由于内部通过阈值设置形成了充电触发机制，当发动机功率处于较低水平时会开始为电池组充电，因此可以保证发动机在最佳效率区间和排区工作，达到节能和养护发动机的目的。
- 因为发动机工作时间较长且功率始终处于浮动状态，因此与发动机开关式相比排放更高。

（3）复合式

为了进一步集成上述两种模式的优点，使串联式混合动力汽车动力系统的供能模式能够适配电池的电量情况和车辆所处的工况，复合式策略实时监测电池的剩余电量和车辆所需要的驱动功率，以此为依据计算电池组充放电功率和发动机输出功率。该策略下汽车的油耗和排放都能得到有效控制。

1.3.4 混联式混合动力汽车

混合动力技术概念和专利授权最早可追溯到 20 世纪 90 年代末，当时我国正处于电动自行车应用开发的初期，电动汽车技术尚处于理论研究阶段，但二者都面临一个共同的难题，即受蓄电池电容量限制，车辆的功率和续航里程上限较低。1997 年 1 月 27 日，国家专利局受理了中国首个有关混合动力汽车的专利申请，但由于当时中国整体经济发展水平和制造业条件不足以支撑这一新概念的落地和相关技术的发展，因此这个新概念和技术经历了一段时间的搁置期。

2008年12月，比亚迪F3DM插电式混合动力汽车的上线标志着混合动力技术概念实现了真正落地，这也是世界上首款规模化生产的混合动力车型。从内部动力构造角度看，比亚迪F3DM内部动力系统分别包括一个50kW的主电机和一个25kW的副电机，搭配集成100个3.3V单体电池的磷酸铁锂电池，该电池的输出功率为16kW·h。从能量来源角度看，主电机运行时可驱动车轮和再生制动发电，副电机则与汽油发动机连接，内燃机系统驱动车辆后，将车辆的部分动能转化为电能，实现发电。

1.3.4.1 混联式混合动力汽车的结构

混联式驱动系统集成了串联式与并联式系统，其基本结构如图1-14所示。

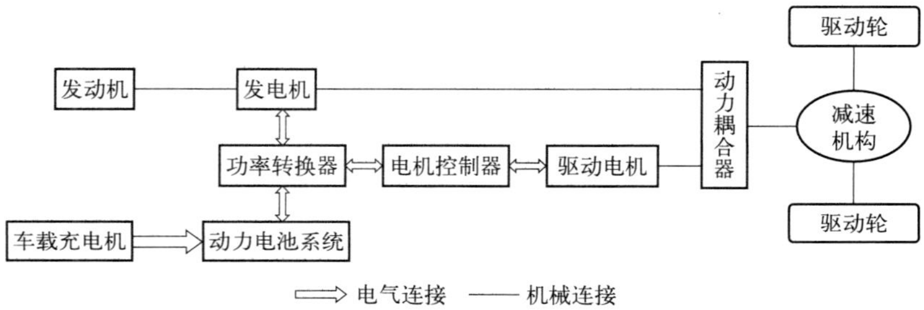

图1-14 混联式混合动力汽车系统结构示意图

该系统包括彼此使用机械连接方式的发动机、发电机和动力耦合器以及彼此间采用电气连接方式的动力电池系统、功率转换器、电机控制器、驱动电机，其中驱动电机与动力耦合器二者采用机械连接方式。内燃机释放燃油中的化学能使发动机工作，发动机输出的功率一部分经机械传动系统传输直接用于车辆驱动，另一部分则用于发动机发电。发电机产生的电能又包括两条利用路径，一是被输送至动力电池系统储存起来，二是输送至驱动电动机后通过动力耦合器用于车辆驱动。

混联式驱动系统将经济化与低排量作为控制目标，其控制策略视动力电池电量而定，若电量充足，则整车完全由电池供电；当电池电量下降到预设阈值时，则开启混合动力模式。混合动力模式下，视车辆所处工况确定具体的供能系统，若车辆处于起步、低速行驶等低驱动功率需求工况下，则采用串联式系统的发动机发电为车辆供能；若车辆处于高速行驶、急加速、上坡等高驱动功率需求工况下，则使用并联式系统，由发动机提供主要驱动能量，此时若发动机存在能量富余，多余的能量将被输送给发电机，发电机工作为动力电池充电。

由于集成了串联式和并联式驱动系统的优点，混联式驱动系统的灵活性更高，能够很好地平衡内部部件的功能，面对车辆不同的运行工况采取不同的部件组合方式，让驱动系统功率和排量始终处于最佳区间，因此是混合动力电动汽车中最具发展潜力的类型，混联式方案也因此在混合动力汽车中广泛应用，比较典型的车型包括奇瑞瑶光 C-DM 混动、比亚迪 DM-i 混动、丰田 THS 混动、长城 DHT 混动等。混联式混合动力电动汽车的动力流程如图 1-15 所示。

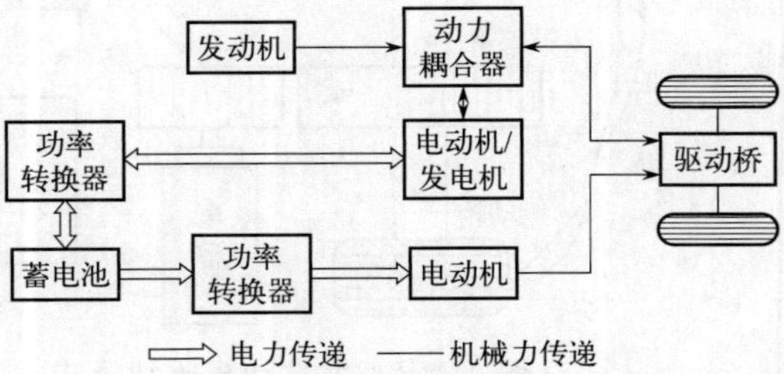

图 1-15　混联式混合动力电动汽车的动力流程图

1.3.4.2　混联式混合动力驱动模式

混联式混合动力电动汽车主要有以下四种驱动模式。

（1）纯电驱动模式

此模式下工作的主要驱动部件为蓄电池、功率转换器、电动机和动力合成器。蓄电池中的电能由功率转化器转换后驱动电动机工作，随后电动机在动力合成器的辅助下为车辆提供驱动。纯电驱动模式的工作原理如图 1-16 所示。

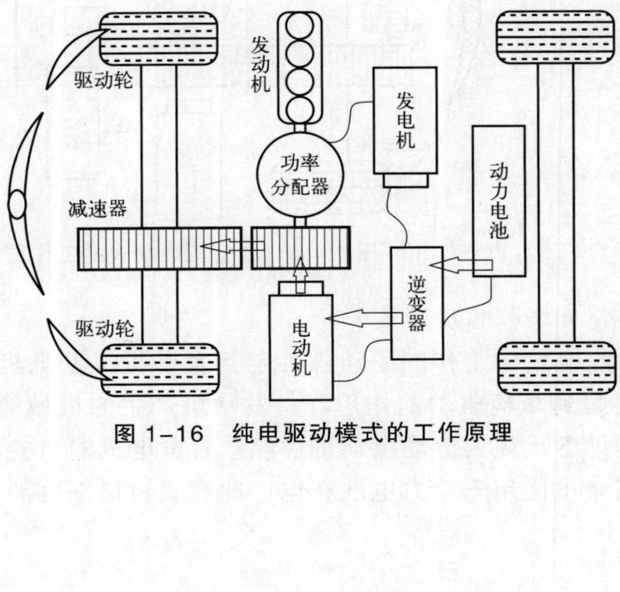

图 1-16　纯电驱动模式的工作原理

（2）纯发动机驱动模式

该模式下只有发动机及其关联部件工作，此时发动机释放燃料中的化学能驱动车辆，此时蓄电池与传动系统不存在能量交互。纯发动机驱动模式的工作原理如图 1-17 所示。

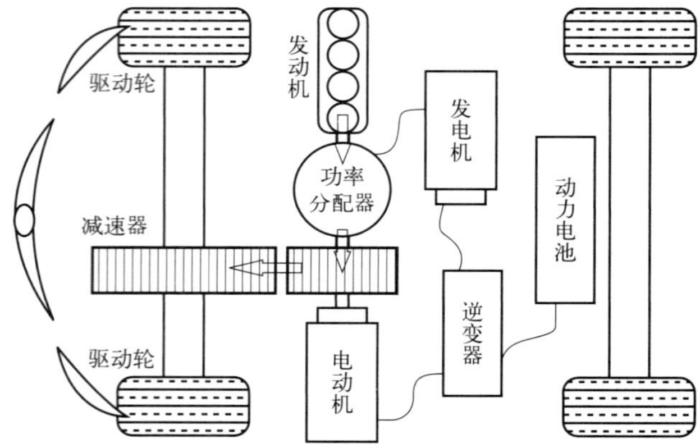

图 1-17　纯发动机驱动模式的工作原理

（3）混合驱动模式

该模式下蓄电池、发动机及其关联部件共同工作，车辆的驱动能量来自蓄电池和发动机两部分，二者的能量由动力合成器合成后被传输至机械传动装置处。混合驱动模式的工作原理如图 1-18 所示。

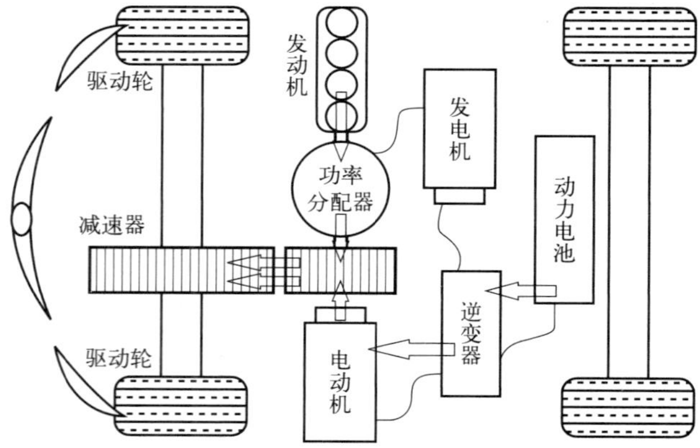

图 1-18　混合驱动模式的工作原理

（4）增程驱动模式

该模式下工作的驱动部件包括发动机、发电机和蓄电池，其中发电机主要起到车辆驱动的作用，将发动机产生的机械能转化为电能，在逆变器的辅助下优先为驱动电动机供能，若发电机输出的电能大于车辆驱动所需，则富余电能用于动力电池充电。此模式适用于电池 SOC 值较低或车辆能耗较低的工况。增程驱动模式的工作原理如图 1-19 所示。

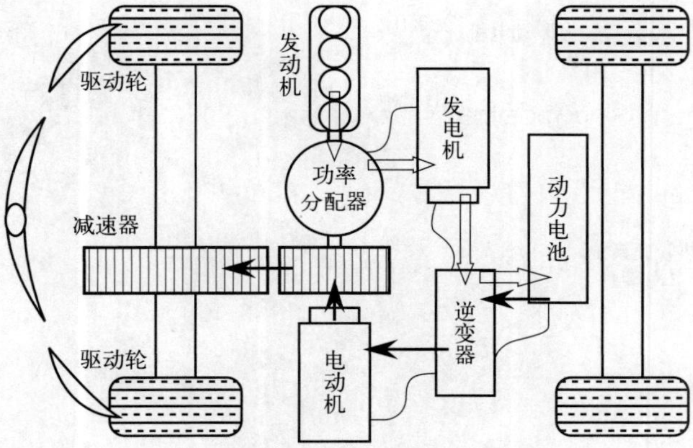

图 1–19　增程驱动模式的工作原理

1.4　燃料电池电动汽车（FCEV）构造与原理

1.4.1　FCEV 的主要零部件

按照动力类型划分，当前新能源汽车的主要类型有纯电动汽车（battery electric vehicle，BEV）和插电式混合动力汽车（plug-in hybrid electric vehicle，PHEV），两者的发展已经较为成熟。

氢能源燃料电池电动汽车（fuel cell electric vehicle，FCEV）被视为发展潜质较大的另一类新能源汽车。与其他类型的新能源汽车一样，FCEV 以电力作为汽车电动机的动力来源，不同之处在于 FCEV 借助氢燃料电池进行发电，而其他的电动汽车只是利用电池得到电力。氢燃料电池电动汽车的结构如图 1-20 所示。

对于 FCEV 而言，电动机的尺寸与其功率有着密切关联，同时燃料电池和电池包的尺寸设计也要力求合理，以便于电动机获取电力。从理论上说，可赋予 FCEV 插电式功能，从而达到为电池充电的目的，不过现实中大部分 FCEV 选择在制动场景下借助电池进行能量回收，由此在短加速时车辆能够获得更多的动力。此外，当功率需求相对较低时，FCEV 会进入怠速状态，或是将燃料电池关闭，借此使得来自燃料电池的动力变得更加平滑。

FCEV 的燃料为纯氢气，存于车辆的燃料箱内。FCEV 能够在 4min 以内完成燃料的装载，由此获得 500km 以上的续航里程，能源获取的便捷度堪比传统燃油汽车。另外，FCEV 的优点还在于其尾气排放符合环保要求，排放物只包括水蒸气和热空气，不含有害物质。

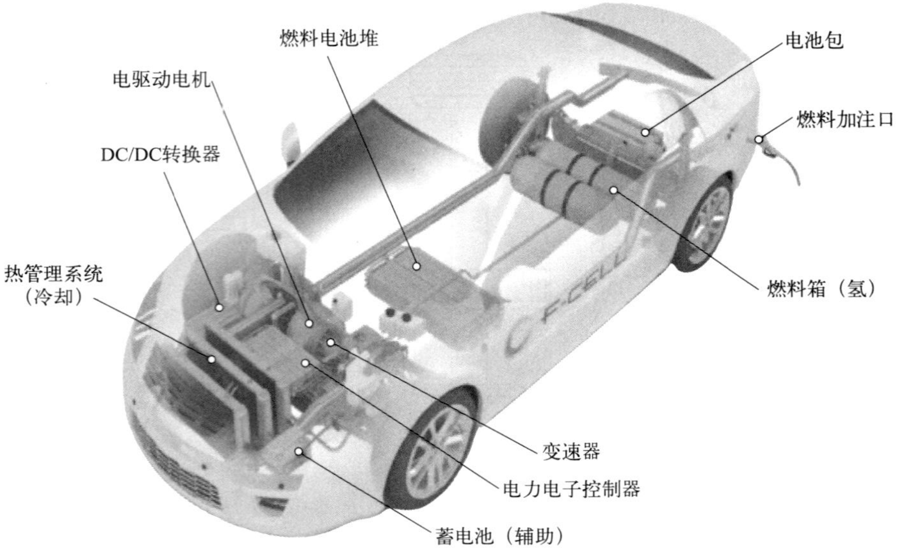

图 1-20 氢燃料电池电动汽车的结构

氢燃料电池电动汽车主要零部件如表 1-6 所示。

表 1-6 氢燃料电池电动汽车主要零部件

主要零部件	主要功能
辅助蓄电池	辅助蓄电池采用低压电池，当驱动蓄电池尚未完成接合时，为车辆供应启动所需的电力，同时也是车辆附件的动力来源
电池包	电池包由高压电池组成，通过再生制动获取到的能量将存储在此处，此外驱动电机需从电池包处获得补充电力
DC/DC 转换器（直流 / 直流转换器）	车辆的动力电池包产生高压直流电，DC/DC 转换器负责将此直流电从高压转至低压，以供车辆附件运转和辅助电池充电所用
电驱动电动机	车轮的驱动装置，驱动所需的电力来自燃料电池和动力电池包，如果是一体式电机 - 发电机，则在驱动之外还拥有再生功能
燃料电池堆	车辆的发电组件，使用的燃料为氢气和氧气
燃料加注口	用于将燃料加注机接至车辆插座，以完成燃料的加注
燃料箱	用于储存作为车辆燃料的氢气
电力电子控制器	负责管理来自电池的电能，并对驱动电机的速度和转矩实施控制
热管理系统	负责对车辆的各部件实施热管理，确保其在适宜的温度条件下工作，保障车辆安全
变速器	从驱动电机处获取机械动力，并提供给车轮

1.4.2 燃料电池的工作原理

前面提到 FCEV 的燃料为氢气，将电能供应至电动机，由电动机产生车辆运行所需的动力。燃料电池（fuel cell，FC）类似于传统意义上的电池，利用化学反应来发电。不过两者也存在显著的差异，燃料电池在有燃料供应的情况下即可发电，而电池发电要用到化学能，所以需通过频繁充电来补充化学能。氢燃料电池的工作原理如图 1-21 所示，而燃料电池的内部组件则如图 1-22 所示。

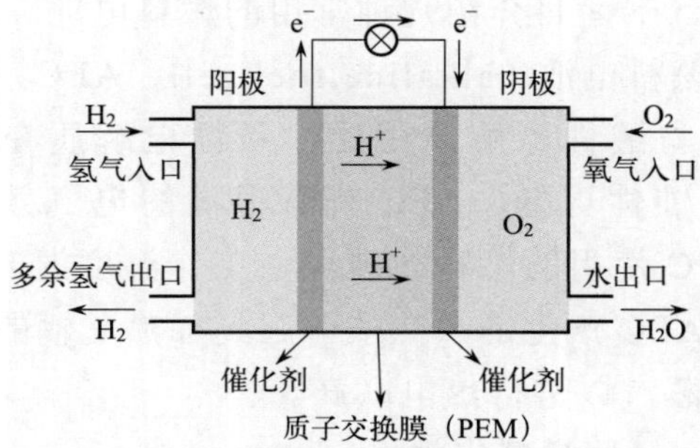

图 1-21　氢燃料电池的工作原理

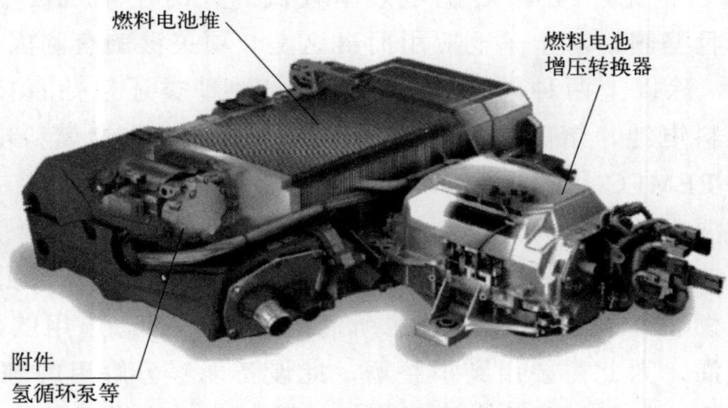

图 1-22　燃料电池的内部组件

与一般电池相似，燃料电池也包含阳极和阴极，电池的燃料为氢气和氧气。燃料电池中的氢和氧完成结合，由此得到电和水。作为燃料电池燃料的氢气以氢分子（H_2）的形式存在，氢分子会被燃料电池分解，分解反应的发生地点为燃料电池的阳极，此过程能够产生电能。阳极和阴极间有电解质，在电解质的作用下，两个氢离子将达到阴极。电子由外部电路自阳极至阴极，由此可获得电能。

只有氧气或空气经过阴极，电池反应方可完成。在阴极部分的反应中，连接分子内两氧原子的键发生断裂，由此氧原子将发生电离，并借助外部电路从阳极处捕捉电子，此过程将使氧原子携带负电，同时在阴极还有携带正电的氢原子，则两者结合可得到水（H_2O），此处产生的水将转化为蒸汽，与反应过后剩余的氢一同被排到电池外部。排出后，水蒸气可继续在车内起到加热的效果，但此时的氢气已经无法再发挥其他作用，从而形成了浪费。在实际使用过程中，一般会将多个燃料电池组合在一起，以获得充足的电力。

在燃料电池中，反应速率会随着温度的上升而提高，不过在车辆应用中，低操作温度仍旧是很有利的选择。燃料电池分为多个种类，每种类型各有优劣，下面将介绍几种常用的燃料电池。

碱性燃料电池（alkaline fuel cell，AFC）的电解质为氢氧化钾（KOH）水溶液，与酸性电解质相比，碱性电解质在性能上不落下风，并且对于电极的腐蚀性更低。AFC 有着很高的电气效率，在实际应用中可稳定在 60%。AFC 使用的燃料为纯氢，工作温度为 80℃，于汽车而言是一种可行的方案。AFC 产生的余热能够起到加热车辆的作用，不过其电池温度较低，无法生成蒸汽以进行热电联产。

质子交换膜燃料电池（proton exchange membrane fuel cell，PEMFC）又称固体聚合物膜燃料电池，其电解质为固体，工作温度在 80℃左右。与 AFC 相比，PEMFC 的电效率较低，大约在 40%，不过其优点在于结构简单且坚固，对于车辆应用而言这是一项关键的有利因素。

除以上两种外，常见的燃料电池种类还包括直接甲醇燃料电池、磷酸燃料电池、熔融碳酸盐燃料电池、固体氧化物燃料电池。相对而言，AFC 和 PEMFC 是较适合车辆应用的燃料电池。与 AFC 相比，PEMFC 对燃料的要求更低，允许燃料中有杂质掺入，而 AFC 需要使用纯氢作为燃料。因此 PEMFC 是 FCEV 中最为常见的燃料电池类型。此外，汽车行业尝试借助燃料转换得到燃料电池所需的氢气，考虑选用的燃料包括甲醇、乙醇、汽油，为此需要用到重整器，此设备能够分解甲醇等碳氢化合物得到氢气。与直接使用氢气作为燃料相比，碳氢化合物燃料的优点在于更好处理。

不同类型燃料电池的属性比较如表 1-7 所示。

表 1-7 不同类型的燃料电池

燃料电池种类	燃料	电解质	工作温度	效率	应用
磷酸	H_2 重整（LNG 甲醇）	磷酸	约 200℃	40% ～ 50%	固定（> 250kW）
碱性	H_2	氢氧化钾溶液	约 80℃	40% ～ 50%	移动
质子交换膜	H_2 重整（LNG 甲醇）	聚合物离子交换膜	约 80℃	40% ～ 50%	EV/HEV，行业高达 80kW

续表

燃料电池种类	燃料	电解质	工作温度	效率	应用
直接甲醇	甲醇、乙醇	固体聚合物	90 ～ 100℃	约 30%	EV/HEV，便携式设备（1W ～ 70kW）
熔融碳酸盐	H_2、CO（煤气，LIN 甲醇）	碳酸盐	600 ～ 700℃	50% ～ 60%	固定（＞ 250kW）
固体氧化物	H_2、CO（煤气，LIN 甲醇）	钇稳定氧化锆	约 1000℃	50% ～ 60%	固定

1.4.3 FCEV 架构与工作原理

燃料电池电动汽车（fuel cell electric vehicle，FCEV）是以氢燃料电池为核心动力源的电动汽车，主要由燃料电池堆、空气压缩机和氢气循环泵等模块构成，可实现高效、环保的能源转换。燃料电池堆是能量转化核心，可通过氢氧电化学氧化还原反应生成电能，且反应产物只有去离子水；空气压缩机可调节进气压力，精确控制氧计量比，将进气温度保持在最佳区间内，确保阴极侧氧气分压稳定；氢气循环泵可以高效回收阳极尾氢，有效控制质子交换膜燃料电池阳极侧氢气化学计量比，充分保证氢气供应的稳定性能。

（1）燃料电池电动汽车的工作原理

从工作原理上来看，燃料电池基于质子交换膜电化学原理实现能量转换。具体来说，燃料电池内部的燃料与氧化剂之间发生化学反应，将化学能转化为电能，同时生成水，并实现零碳排，充分保证电池能量转换的高效性和环保性。

燃料电池内部的电化学反应具有可逆的特点。阳极侧氢气在催化剂表面发生解离反应，质子通过质子交换膜迁移至阴极，电子经外部电路形成电流；阴极侧氧气在催化剂层发生氧还原反应。也就是说，在充放电过程中，离子通过电解液在阴电极和阳电极之间迁移，并在两极之间建立起电压，进而为与电极相连的外部负载设备供电。

一般来说，燃料电池实际工作电压低于理论值。其一，燃料电池电极活化过程涉及活化极化损耗；其二，燃料电池传质过程存在由反应物浓度梯度引发的电压损耗，进而导致电动势下降；其三，多级阻抗叠加导致燃料电池出现欧姆极化损耗，导致电动势受电流大小影响。

燃料电池单体工作电压受活化极化、浓差极化和欧姆极化损耗制约，燃料电池在实际应用时的电压大多为 0.6 ～ 0.8V。

以丰田 Mirai 燃料电池电动汽车（FCEV）为例，其主要部件和动力系统框图如图 1-23 所示，其工作原理如图 1-24 所示。

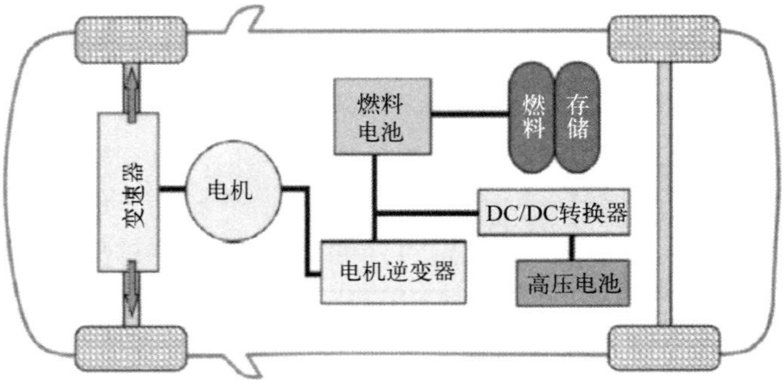

图 1-23　丰田 Mirai 主要部件和动力系统框图

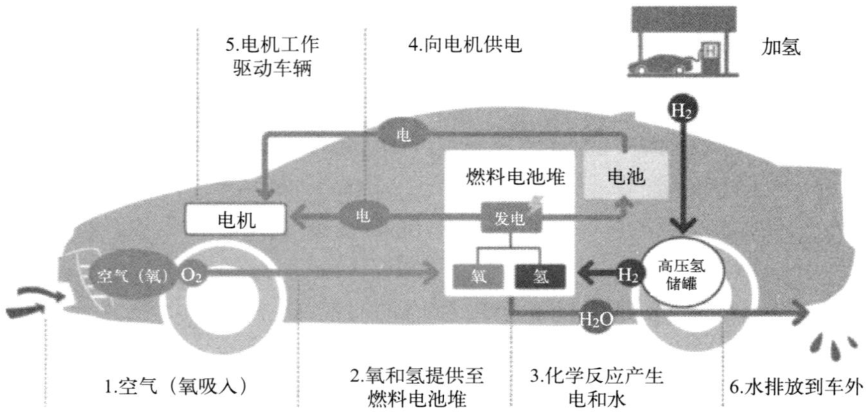

图 1-24　丰田 Mirai FCEV 的工作原理

（2）燃料电池电动汽车的系统架构

FCEV 的架构中包括燃料存储系统、燃料电池及相应的控制单元、动力处理单元及相应的控制单元、驱动单元，其中驱动单元包括电机以及传动系。FCEV 的工作原理如下：

- 燃料电池获取氢气和空气，其中氢气由燃料罐提供。
- 在燃料电池堆中，氢气和氧气将发生结合，反应生成电力和水。
- 电机或电池得到先前反应生成的电。电池用于存储能量，供车辆加速之用，此外在车辆制动时还可获取到再生能量，从而提升能源利用效率。电机负责车轮的驱动。以上过程中产生的水将被排出车外。

在典型条件下，FCEV 乘用车工作的压力条件为 700bar[1]，车辆所载氢

[1] 巴，$1bar = 10^5Pa$。

气的质量为5kg。如果是大型非乘用车辆，比如公共汽车或货车等，则用于存储燃料的空间将更为充足，存储空间的压力一般为350bar。以公共汽车为例，其氢气燃料的存储位置为车顶气瓶，350bar的压力条件下可储存的氢气质量大约为25kg。就典型条件而论，在100km的行驶里程内，FCEV乘用车和FCEV重型货车的氢气消耗量分别为1～1.4kg和10kg，不过FCEV重型货车能够存储的氢气也更多，为30～35kg，FCEV乘用车的氢气存储量为10kg以下。

在FCEV的架构中有一个电力电子接口电路，设于燃料电池与电动机之间，该电路包含多个部件，其中DC/DC转换器负责将燃料电池输出的低电压转换为高电压，而后再馈送至电动机驱动器，DC/AC逆变器负责为AC电动机提供电能，微处理器和电池则分别为控制装置和储能装置。

高压电池包由多个电池单元串联而成，通过串联提升电压以直接与高压直流母线建立连接。FCEV还有另一类系统架构，该架构使用的是低压电池包，电池包借助双向DC/DC转换器链路与高压直流母线建立连接。同时电池包还负责维持低压直流母线的电压稳定，母线的作用是接收燃料电池电力的输出馈入。

第 2 章

新能源汽车电机驱动系统

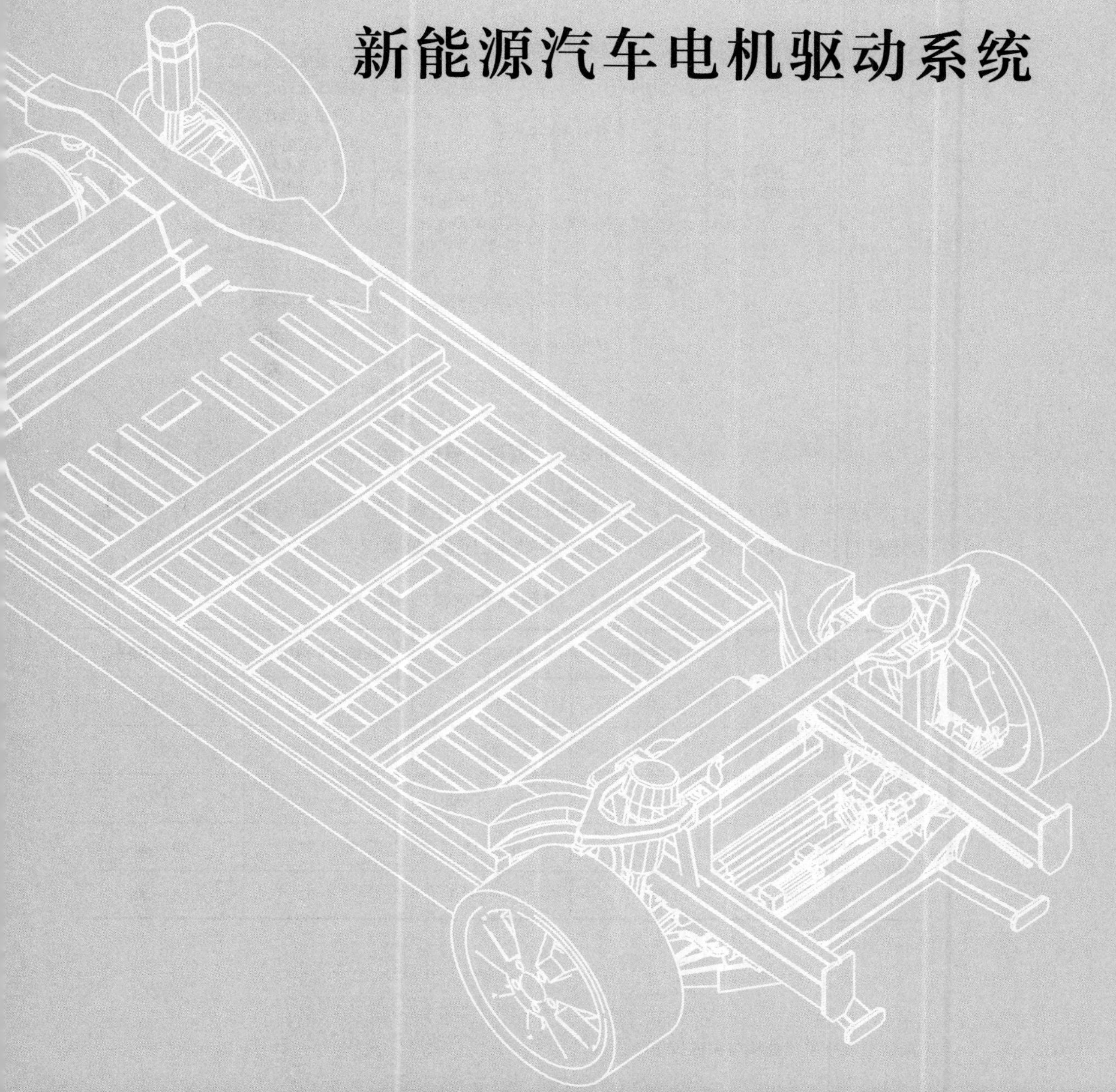

2.1 驱动电机的类型与结构原理

驱动电机系统与电池系统、电控系统一同组成了新能源汽车的三大核心系统，驱动电机是影响新能源汽车性能的关键因素，包括车辆的动力性、舒适性、经济性等。

在新能源汽车中，驱动电机是主要的动力供应者，负责提供车辆行驶所需的动力，并在车辆制动或减速场景下通过减速完成能量回收。新能源汽车追求更为紧凑的结构、较高的速度以及较长的续航里程，为此驱动电机需符合以下条件：调速范围宽、重量轻、效率高、可靠性好、成本低。

按照电源类型、工作原理、结构的不同，可将驱动电机分为多个种类，具体如图 2-1 所示。

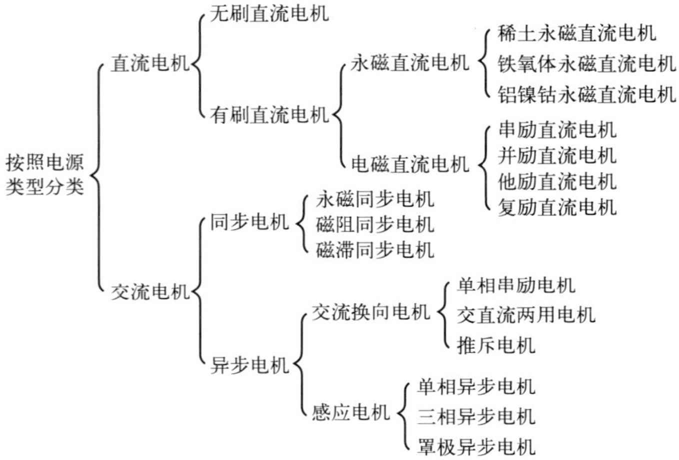

图 2-1　驱动电机的分类

就纯电动汽车而言，较为常用的驱动电机种类有直流电机、异步电机、永磁同步电机、开关磁阻电机，其性能比较如表 2-1 所示。

表 2-1　常用驱动电机性能比较

项目	直流电机	异步电机	永磁同步电机	开关磁阻电机
功率密度	低	中	高	较高
转矩性能	一般	好	好	好
转速范围 /（r/min）	4000 ～ 6000	9000 ～ 15000	4000 ～ 10000	＞ 15000
功率因数	—	82 ～ 85	90 ～ 93	60 ～ 65
负荷效率 /%	80 ～ 87	90 ～ 92	85 ～ 97	78 ～ 86

续表

项目	直流电机	异步电机	永磁同步电机	开关磁阻电机
过载能力 /%	200	300 ～ 500	300	300 ～ 500
电机尺寸 / 重量	大 / 重	中 / 中	小 / 轻	小 / 轻
可靠性	差	好	优良	好
结构坚固性	差	好	一般	优良
控制操作性能	最好	好	好	好
控制器成本	低	高	高	一般

2.1.1 直流电机结构与工作原理

直流电机是一种具有两种工作模式的旋转机电装置，既可以将直流电能转化为机械能，也可以将机械能转化为直流电能。

2.1.1.1 直流电机的基本结构

直流电机主要包含定子和转子两部分。其中，定子是静态磁路支撑体，主要由机座、主磁极、换向极、端盖和电刷等部件构成；转子是动态旋转体，主要由电枢铁芯、电枢绕组、换向器、转轴和风扇等部件构成。具体来说，直流电动机的结构图如图 2-2 所示。

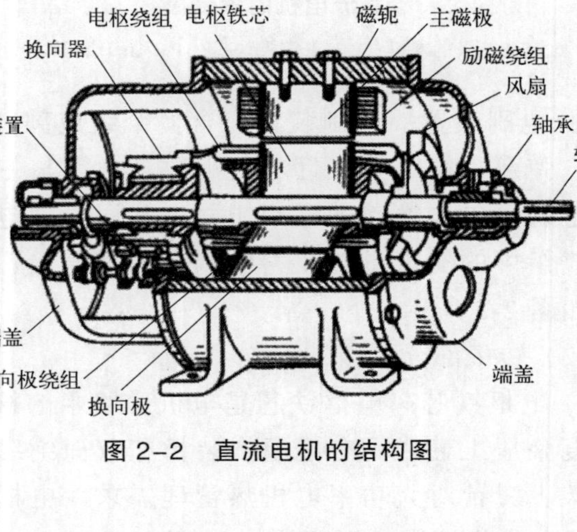

图 2-2 直流电机的结构图

（1）定子部分

① 机座：机座是电机结构 - 功能一体化组件，既可作为主磁极、换向极、端盖等部件的机械支撑基体，也可通过磁轭结构形成主磁通闭合回路。

一般来说，机座大多采用铸钢体或高强度焊接钢结构，具有导磁和承重的功能。

② 主磁极：主磁极是主磁场生成装置，主要包含主磁极铁芯和主磁极绕组两部分。主磁极铁芯由极身和极靴两部分构成，主要材料为低碳钢板，大多采用梯度叠压工艺实现磁通均匀分布。其中，极身配有主磁极绕组，可通入直流电流；极靴可通过电磁仿真优化曲率半径，确保气隙磁密场型符合设计要求。主磁极绕组也称励磁绕组，采用多层绝缘导线绕制，可与低碳钢冲压叠片铁芯共同构成电磁激励单元，并在通入直流电流的情况下形成可控静态磁场。具体来说，直流电机的主磁极如图 2-3 所示。

③ 换向极：换向极是位于相邻两主极之间的电磁换向优化模块，主要包含铁芯和绕组两部分，采用分体式铁芯绕组组件设计。铁芯通常由一整块钢制成，若换向性能需求较高，那么就要采用硅钢叠片工艺，并以激光切割叠压的方式来减少磁滞损耗。绕组通常套在铁芯上，可通入电枢电流。具体来说，直流电机的换向极如图 2-4 所示。

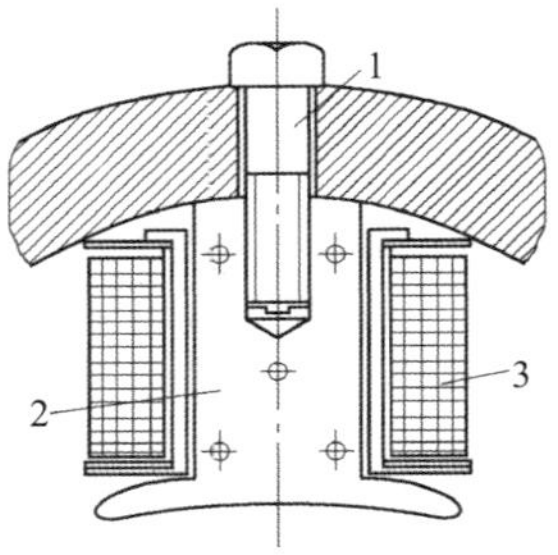

图 2-3　直流电机的主磁极

1—固定主磁极的螺钉；2—主磁极铁芯；3—励磁绕组

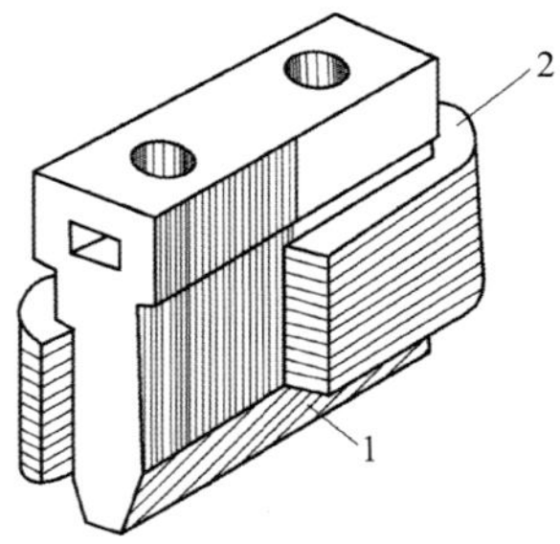

图 2-4　直流电机的换向极

1—换向极铁芯；2—换向极绕组

④ 电刷装置：电刷装置包含多个组成部分，如电刷、刷握、刷杆、刷杆架、弹簧、铜辫等，且电刷组数量通常与主磁极数量一致。在实际应用中，电刷可以与换向器互相协同，共同导通电枢绕组电路与外电路，并将电枢绕组中的交流量转化为电刷端的直流量。具体来说，直流电机的电刷装置如图 2-5 所示。

（2）转子部分

① 电枢铁芯：电枢铁芯是电机磁路中的核心构件，大多采用精密冲裁和梯度叠压工艺，具有绕组嵌装槽和双面绝缘涂层，通常固定在转轴或转子支架上。针对大功率电机热管理需求，电枢铁芯可沿轴分为多段，段间设置径向通风流道，提高散热效能。

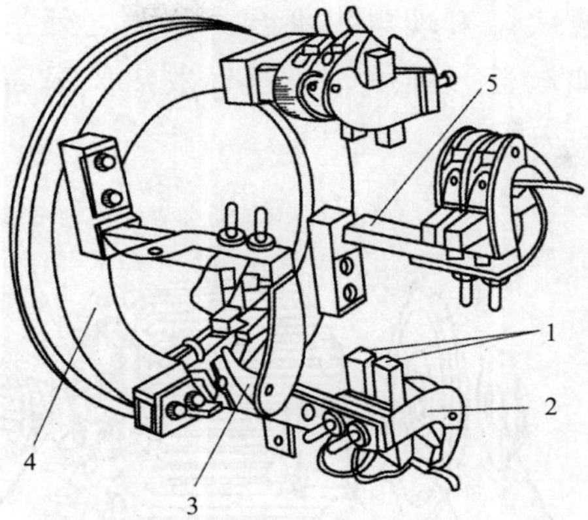

图 2-5 直流电机的电刷装置

1—电刷；2—刷握；3—弹簧压板；4—座圈；5—刷杆

② 换向器：换向器是直流电机的核心部件，通常包含多个相互绝缘的换向片，可通过弹簧压紧的电刷装置实现旋转电枢绕组与外部电路之间的电气连接。具体来说，换向器如图 2-6 所示。

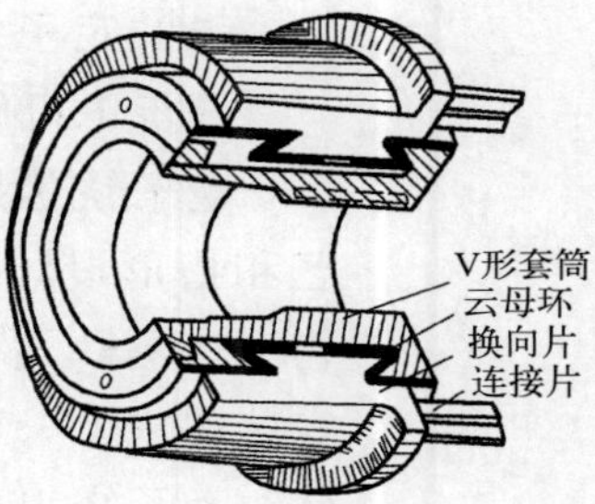

图 2-6 换向器

2.1.1.2 直流电机工作原理

直流电机的定子装有环状永磁体，转子绕组可在通电后受电磁力作用旋转。从原理上来看，当绕组平面与磁场方向平行时，换向器可通过电刷触点改变线圈中的电流方向，确保洛伦兹力的方向不变，从而支撑电机持续单向转动。在直流发电状态下，换向器与电刷可充分发挥整流作用，在输出端将电枢绕组感应的交流电动势转换为直流电。

2.1.2 异步电机结构与工作原理

异步电机即感应电机，可以在气隙旋转磁场与转子感应电流的电磁耦合作用下产生转矩，将电能转换为机械能，驱动转子旋转。

异步电机主要依据转子结构与定子绕组相数进行分类，作为应用最广泛、需求最大的电机类别，其转子结构包含笼型和绕线型，定子绕组包含单相、双相和三相。在电动汽车领域，三相笼型异步电机是主流驱动方案。

2.1.2.1 异步电机的结构

从结构上来看，异步电机主要包含静止定子与旋转转子两大组件，二者可以通过气隙实现电磁耦合。除此之外，异步电机还装配有多个辅助功能模块，如端盖、轴承、机座、散热风扇等。具体来说，异步电机的基本结构如图 2-7 所示。

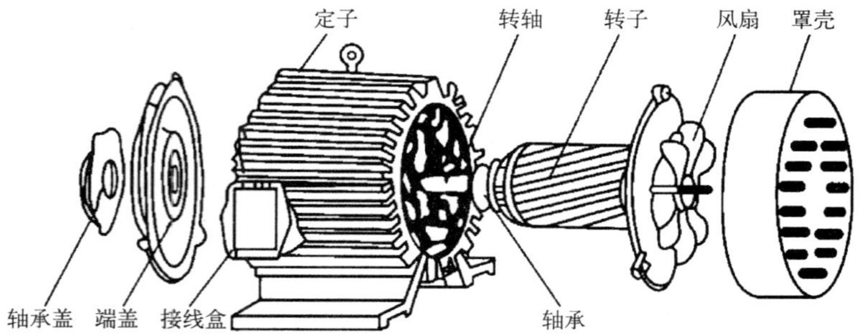

图 2-7　异步电机的基本结构

（1）定子

异步电机的定子主要包含定子铁芯、定子绕组和机座三部分。

定子铁芯是磁路载体，大多采用 0.35 ～ 0.5mm 绝缘硅钢片冲压叠制工艺和槽形设计，内圆周分布嵌线槽道，主要用于固定定子绕组。从槽形结构上来看，可分为半闭口、半开口、开口三种类型，能够满足不同的绕组安装需求。

定子绕组是电机电路系统的重要组成部分，可以在通入三相交流电后形成旋转磁场。从结构上来看，定子绕组包含三个空间互隔 120° 电角度的对称绕组，且各个绕组线圈均按预定布线规律嵌入到相应的定子铁芯槽当中。

机座是电机结构支撑核心部件，具备固定定子铁芯与端盖组件、承载转子系统、电磁防护与热管理等功能。一般来说，机座的制造材料与功率等级相关，常规机型大多为铸铁件，大型电机通常采用钢板焊接结构，微型电机则运用铸铝工艺。从热设计方面来看，封闭式电机的机座装配有散热筋，散热面积较大，可以有效增强对流换热；防护式电机的机座在端盖设置通风孔，可以通过空气循环的方式散热。近年来，电机机座的轻量化需求日渐凸显，铸铝工艺在机座中的应用也越来越多。

（2）转子

异步电机的转子主要包含转子铁芯、转子绕组和转轴三部分。

转子铁芯是电机磁路的组成部分，以 0.5mm 的硅钢片为主要材料，大多采用冲压叠制工艺和定子冲片余料加工工艺，外圆周分布绕组安装槽道，可用于安置转子绕组。一般来说，小型异步电机采用转轴直压方式，转子直径超过 300mm 的大、中型异步电机大多通过转子支架连接铁芯与转轴。

转子绕组是导电回路的重要组成部分，可以通过切割定子磁场产生感应电动势和感应电流，并形成转矩，驱动电机旋转。从结构差异上来看，转子绕组可分为笼型（鼠笼式）和绕线式两种类型，其中，笼型转子采用闭合导条结构，绕线式则配置三相滑环绕组系统。

转轴是动力输出核心部件，既具有固定和支撑转子铁芯的功能，也可以输出机械功率，大多采用中碳钢材料，能够满足强度需求。

异步电机的定子和转子之间存在电机气隙，可直接影响电机的电磁耦合特性与性能参数。一般来说，中小型异步电机的电机气隙大多为 0.2 ～ 2mm，当电机的功率和转速提高时，电机气隙也会随之扩大。

2.1.2.2 异步电机的工作原理

异步电机接入三相电源时，定子绕组产生的旋转磁场切割转子绕组，在闭合转子回路中形成感应电动势和感应电流，且电动势方向符合右手定则；感应电流与旋转磁场相互作用产生洛伦兹力，且力的方向符合左手定则，并产生电磁转矩，驱动转子与磁场同向旋转，进而将电能转换为机械能。具体来说，异步电机的工作原理图如图 2-8 所示。

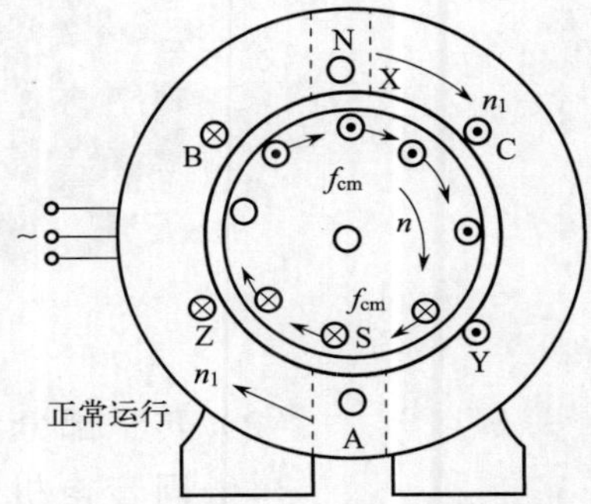

图 2-8　异步电机的工作原理图

异步电机的转子转速与定子磁场同步转速之间存在转差率。从运行机理上来看，机械负载由电磁转矩驱动旋转，在电磁耦合效应的作用下，异步电机可根据负载变化情况自动调节转子感应电动势、电流和转矩参数，以适应负载需要。由此可见，异步电机的转速与负载之间互相影响，且存在自适应的非线性关系。

2.1.3 永磁同步电机结构与原理

永磁电机主要可分为永磁直流电机、永磁无刷直流电机、永磁同步电机和永磁混合式电机四种类型。永磁无刷电机指的是不具备传统电刷和换向器结构的永磁电机，主要包括永磁无刷直流电机、永磁同步电机和永磁混合式电机。永磁同步电机具有高效能、高转矩密度、精准控制、低振动噪声等诸多优势，是电动汽车驱动系统中的一项核心动力装置。

2.1.3.1 永磁同步电机的构造

从构造上来看，永磁同步电机主要由定子和转子等部件构成。具体来说，永磁同步电机的基本结构如图 2-9 所示。

（1）定子部分

永磁同步电机的定子结构与交流异步电机类似，主要包含定子铁芯、绕组和机座三部分。定子铁芯采用硅钢片叠片工艺制造，可以有效减少铁芯损耗，与此同时，嵌置于铁芯槽内的三相电枢绕组在通入交流电后会产生旋转磁场，驱动转子旋转。具体来说，永磁同步电机定子结构如图 2-10 所示。

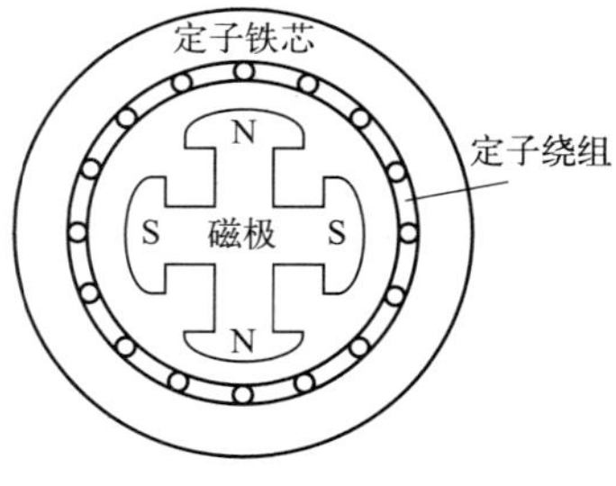

图 2-9　永磁同步电机的基本结构

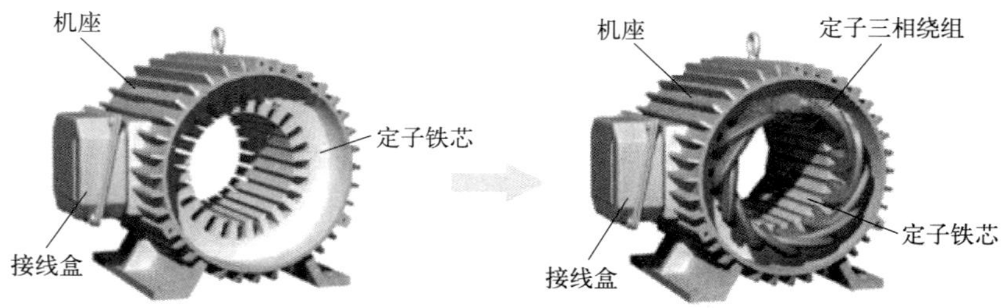

图 2-10　永磁同步电机定子结构

（2）转子部分

永磁同步电机的转子部分与传统异步电机存在本质差异，其核心特征在于以高性能钕铁硼永磁体为磁极材料。转子部分的永磁体磁极具有优异的磁性能，但同时也存在热稳定性限制，在温度超过 140℃时，可能引发热退磁风险，因此应将工作温度控制在 50℃以下。从结构设计上来看，转子可采用实心整体式或叠片式构造，其中，采用叠片式构造的转子可以有效减少涡流损耗，提高电机运行效率。

2.1.3.2　永磁同步电机的工作原理

从工作原理上来看，受转子惯量大、磁场旋转速度快等因素的影响，永磁同步电机不具备直接通过三相交流电实现自启动的能力。在工程实践中，主要采用两种启动方案，一种是利用变频驱动控制技术渐进调节供电频率，从而让电机平稳过渡至同步转速；另一种是复合结构异步启动法，借助内置阻尼绕组产生的异步转矩完成加速过程，待转速接近同步转速时自动切入同步运行模式。

（1）变频调速启动方式

永磁同步电机在处于变频调速启动模式时，通常使用专用变频器供电。启动时变频器输出频率从零线性递增至额定工作频率，驱动电机转速也会同步攀升至目标转速。在新能源汽车领域，可以通过调整变频器输出频率实现对电机运行转速的有效控制。

（2）异步启动方式

永磁同步电机的复合式异步启动机制源于定子绕组励磁磁场、转子鼠笼式阻尼结构以及永磁体励磁场的多物理场耦合效应。整个启动过程可分为异步启动和签入同步两个阶段，通过两阶段的动态能量转换过程，系统可以实现从启动到运行的平稳过渡，确保电机的高效启动与稳定运行。具体来说，异步启动式电机结构示意图如图 2-11 所示。

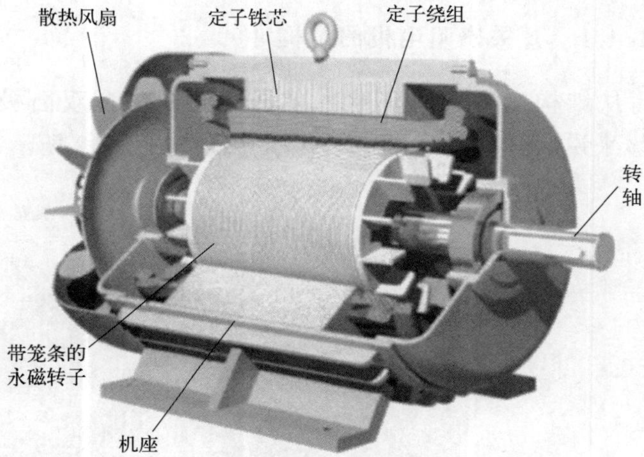

图 2-11　异步启动式电机结构示意图

在异步启动阶段，永磁同步电机的机电系统处于零速静止状态。定子绕组在通入三相对称交流电流后，产生具有时空正交特性的空间旋转磁场。由于转子静止时存在滑差，该旋转磁场与转子中的阻尼绕组发生相对运动，并在阻尼绕组中激发出时变涡流，继而形成转子的感应磁场。定子与转子的磁场之间相互作用，形成异步电磁转矩，并产生洛伦兹力，驱动静止的转子开始加速旋转。

永磁同步电机的异步 - 同步转换过程呈现出显著的电磁动态特性。在启动过程中，转子与定子的磁场在转速上存在明显差异，会产生交变的转矩，当转子速度提高到与同步转速相近时，转子与定子的磁场转速将逐渐趋同，且定子磁场的转速略高于转子磁场的转速，因此二者之间继续相互作用并产生转矩，驱动转子进入同步运行状态，进而实现转子转速与定子磁场旋转速率的强制性同步锁定，完成从异步驱动向同步运行的动态模式切换。

在签入同步阶段，转子绕组不再产生感生电流，仅凭借永磁体产生的磁场与定子旋转磁场相互作用，实现精确同步耦合，并产生转矩，驱动电机运转。由此可见，永磁同步电机在启动完成后将进入签入同步阶段，需要借助永磁体与定子绕组的磁势耦合实现恒速运行。

2.1.4 开关磁阻电机结构与原理

开关磁阻电机驱动系统（switched reluctance motor drive，SRD）是一种典型的机电能量转换装置，主要包含开关磁阻电机（switched reluctance motor，SRM）、功率转换器、传感器和控制器四个功能模块。其中，SRM 为核心执行机构，可充分发挥磁阻转矩效应，实现机电能量转换，功率转换器、传感器和控制器共同组成闭环控制回路，可有效保证系统运行的高效性和稳定性。

2.1.4.1 开关磁阻电机的结构

从结构上来看，开关磁阻电机主要包含双凸极的定子和转子两部分。具体来说，开关磁阻电机结构示意图如图 2-12 所示。

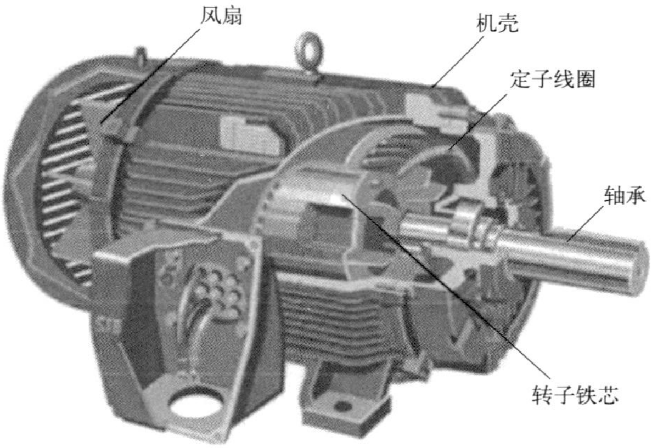

图 2-12 开关磁阻电机结构示意图

SRM 采用模块化电磁结构设计，定子与转子凸极均由硅钢片经精密冲压叠片工艺制造而成。定子极上有绕组，可以通过串联径向对称两极绕组的方式形成两极磁极，打造独立可控的相绕组单元。转子由硅钢叠片热压固化而成，大多装配有位置传感器，不具备绕组和永磁体，且具有各向异性磁路特性。具体来说，三相定子转子结构示意图如图 2-13 所示。

从相数结构上来看，开关磁阻电机可分为单相、二相、四相、多相等多种类型，且结构拓扑设计具有较高的灵活性，定子和转子的极数搭配十分多样化。具体来说，不同极数搭配的定子转子结构示意图如图 2-14 所示。

开关磁阻电机的性能受相数设计的影响。一般来说，三相以下的开关磁阻电机通常不具备自启动能力，可以通过增加相数的方式降低转矩波动，但同时也会导致结构复杂和制造成本升高。就目前来看，四相（8/6 极）和三相（6/4 极）结构在结构和成本方面的平衡度较好，已经成为实际工程应用中的主流方案。

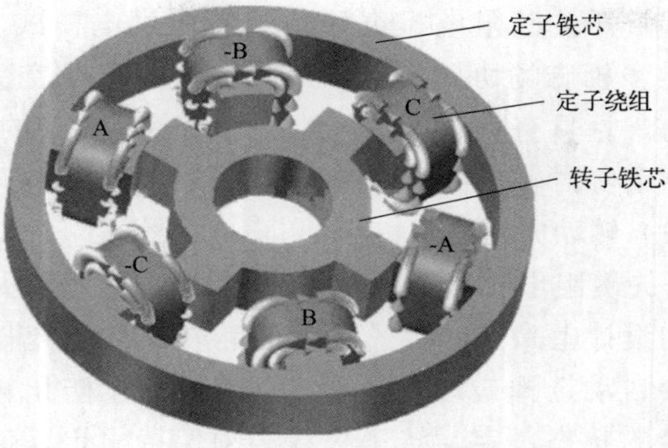

图 2-13　三相定子转子结构示意图

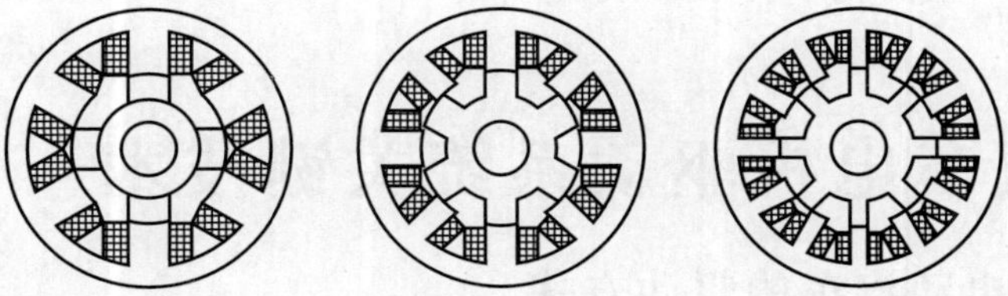

图 2-14　不同极数搭配的定子转子结构示意图

2.1.4.2　开关磁阻电机的工作原理

从工作原理上来看，开关磁阻电机在运行时可产生旋转磁场和转动力矩。

（1）旋转磁场

在电机定子中，各个磁极之间存在一一对应的关系，如 AA′、BB′、CC′、DD′，且各个相互对应的磁极均配有绕组。当 AA′、BB′、CC′、DD′依次通入电流并变换绕组正负极时，磁场将会开始旋转，进而形成旋转磁场。具体来说，旋转磁场的产生示意图如图 2-15 所示。

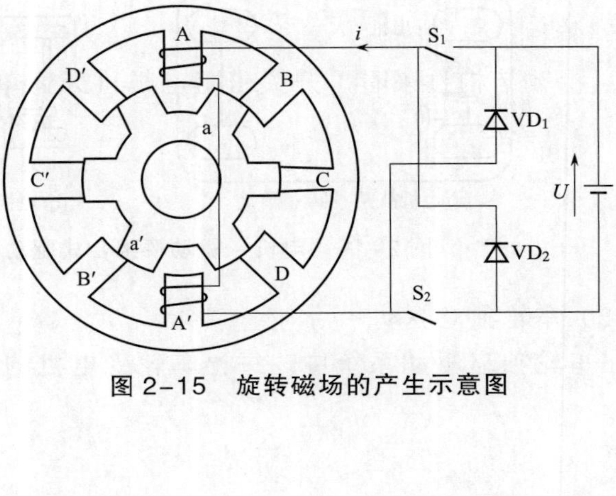

图 2-15　旋转磁场的产生示意图

四相开关磁阻电机突破传统三相供电模式，不受三相交流电的限制，可通过多相磁场协同实现转矩与转速的解耦控制，在宽转速范围内按需输出动力，且具有负载自适应性，可以不受负载的限制。但在多相位变换时，还需借助实时转子位置检测系统来获取转子位置信息。

（2）转动力矩

开关磁阻电机基于磁阻最小原理工作，磁通始终沿磁阻最小路径闭合。从结构设计上来看，转子凸极与定子磁极形成非对称分布，在通电状态下，磁通会自动选择最短路径形成回路。为了防止转子持续处于磁阻平衡、位置不变的状态，定、转子极数必须保持一定差值。在机电转换过程中，开关磁阻电机可以利用功率开关电路控制绕组通断，从而形成步进式旋转磁场，驱动转子持续转动。

2.2 汽车电机驱动系统关键技术

2.2.1 纯电动汽车的驱动方式

纯电动汽车借助电机完成电能到机械能的转化，车轮通过传动机构获取机械能，形成驱动汽车所需的推力。在驱动方式上，当前的纯电动汽车主要采用集中驱动或车轮独立驱动。

（1）集中驱动

集中驱动是将车辆的动力源集中于车辆的特定位置，借助变速器和减速器来执行减速增扭操作，驱动转矩由差速器均分给左右半轴，由此完成驱动。集中驱动又分为两轮驱动（前轮驱动、后轮驱动）和四轮驱动。

纯电动汽车集中驱动系统有 3 种布置形式，分别是传动驱动、电机 - 驱动桥组合式驱动、电机 - 驱动桥整体式驱动，后两种布置形式如图 2-16、图 2-17 所示。

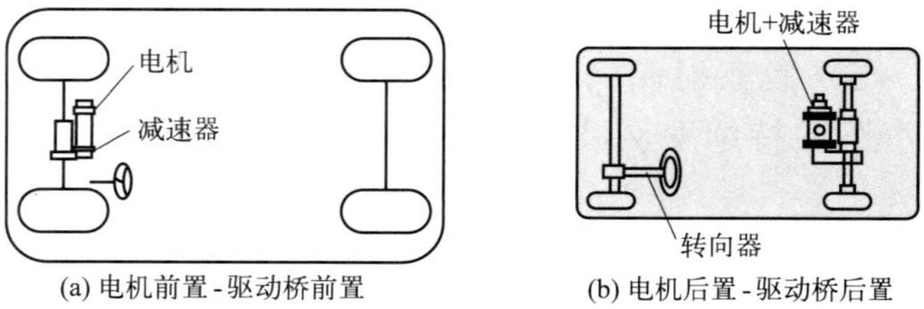

(a) 电机前置 - 驱动桥前置　(b) 电机后置 - 驱动桥后置

图 2-16　电机 – 驱动桥组合式驱动布置形式

（2）车轮独立驱动

在车轮独立驱动系统中，每一车轮受电机的独立控制，车轮间无机械传动。关于电机与车轮的连接，有的电动汽车运用轴式连接的方式，也有的车辆采用将电机嵌入车轮的设计，由此形成轮式电机。

车轮独立驱动有 2 种布置形式，分别为双联式驱动系统和轮毂电机驱动系统，分别如图 2-18、图 2-19 所示。

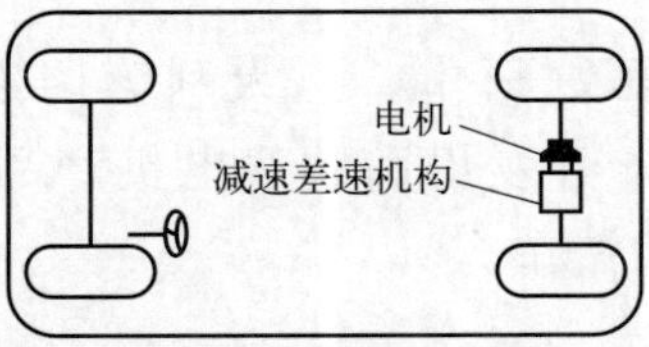

图 2-17　电机 - 驱动桥整体式驱动布置形式

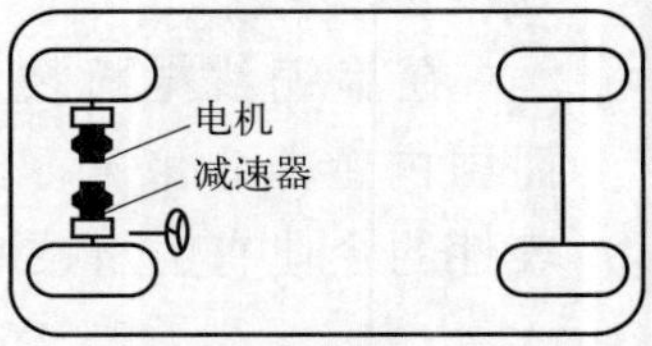

图 2-18　双联式驱动系统

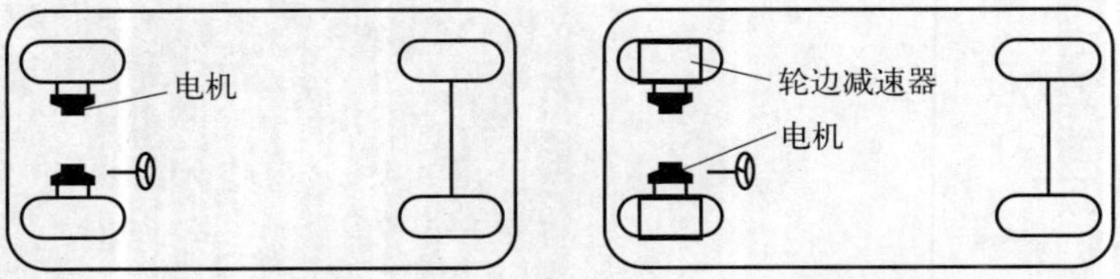

(a) 内定子外转子　　(b) 内转子外定子

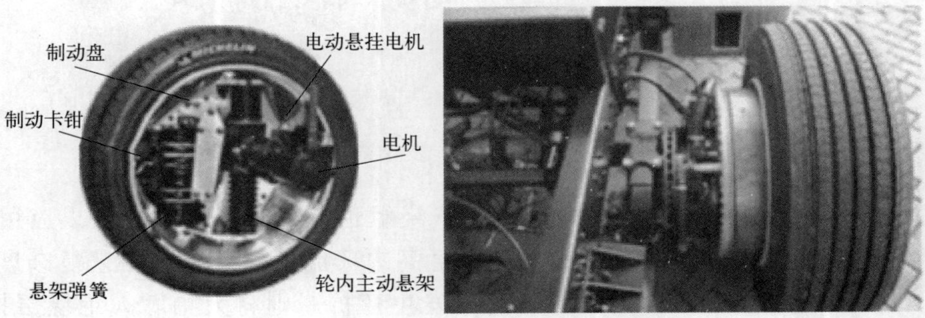

图 2-19　轮毂电机驱动系统

2.2.2　新型驱动电机技术

电机是新能源汽车的动力输出部件，相当于燃油汽车的内燃机。新能源汽车的持续发展，使其对驱动电机的多项性能指标提出了更高的要求，包括效率、功率密度、宽调速范围等，在此背景下驱动电机的方案发生了转变，由直流电机和感应电机驱动技术演变为永磁同步电机技术。不过，面对驱动电机效率及功率密度的持续上升，传统的永磁同步电机相对于市场需求已有所滞后，因此新能源车企与供应商需继续探索新的驱动电机技术方案。

下面介绍几种较有代表性的新型驱动电机技术。

（1）扁铜线电机技术

发卡式（扁铜线）定子绕组如图 2-20 所示。发卡式定子绕组能够显著提高定子槽的槽满率，由此电机的功率密度也将随之提升。发卡式定子绕组的另一优势在于较短的端部尺寸，这使得其铜损更低，同时散热性能更为出色。

在扁铜线电机技术领域，德国、日本、意大利等国家居于领先地位，而国内企业也取得了一定的成果，开发出扁铜线电机产品，此方面具有代表性的企业有汇川技术、松正电动汽车。

图 2-20　发卡式（扁铜线）定子绕组

但与此同时，发卡式定子绕组也存在一些局限：如果应用对象为功率较大的驱动电机，其将产生更高的环流损耗；制造工艺复杂度较高，一旦扁铜线在种种因素的作用下发生弯折，则将大幅增大绝缘层损坏的概率；扁铜线绕组有一定缺陷，其高频趋肤效应表现得更加明显。以上问题也是目前发卡式定子绕组研究的主攻方向。

相较于传统的圆铜线电机，扁铜线电机在多个方面具备优势，其裸铜槽满率高出圆铜线电机 20% ～ 30%，总铜耗仅为圆铜线电机的 79%，同时在效率方面有 1% 的增幅。在体积不变的情况下，电机的槽满率越高，其输出的功率和转矩就越高；同理，在功率保持不变的前提下，电机的槽满率更高意味着其外径和体积更小，相应地重量也就越轻。因此采用扁铜线绕组能够增加电机的功率密度，有助于实现永磁电机的小型化。

（2）多相永磁电机技术

相较于传统三相电机，多相电机在输出功率一致的前提下母线电压更低，同时转矩脉动更小，在容错能力上展现出优势。凭借以上特性，多相电机得以满足新能源汽车电驱系统在 NVH（Noise、Vibration、

Harshness，噪声、振动、声振粗糙度）控制方面的需求。

双三相永磁同步电机是一种具有代表性的多相永磁电机，该电机配备了两套绕组，其间的电角度为30°，能够起到消除谐波磁势的效果，由此电机转矩脉动会有所下降。与此同时，双三相永磁同步电机采用隔离中线设计，以四相电机和五相电机作为参照对象，此设计的优点在于系统阶次更低，有助于提升分析和控制的便捷度，如果遇到电机和控制器故障，则可在不对控制算法做过多更改的前提下控制电机系统的容错运行。以上优势使得双三相永磁同步电机在新能源汽车领域备受关注，被视为驱动电机的一项重要的技术解决方案。

（3）永磁同步磁阻电机技术

永磁同步磁阻电机由永磁同步电机发展而来，与后者相比，其永磁体磁链更小，磁阻转矩更大，在材料方面不使用稀土或仅使用少量稀土。另外，其融合了磁阻电机。此类电机在功率密度和转矩电流比上达到了很高的水平，高效调速范围更广，并且相对而言不容易出现磁饱和。

尽管永磁同步磁阻电机在业内有着较高的认可度，但该技术路线也存在一定的问题，其转子结构设计以及制造工艺较为复杂，生产制造所用的设备价格高昂，此外电机的最优电流角度不够稳定。由于以上因素，永磁同步磁阻电机兴起后，对稀土永磁体依赖程度较高，且研发和制造水平有限的企业将面临严峻挑战。

（4）轮毂电机技术

轮毂电机包含多种形式，不过大多数研究主要关注的都是外转子轮毂电机。轮毂电机可以在多个方面对新能源汽车产生积极影响。引入轮毂电机后，车辆可做到四轮分布式驱动，不必再配备机械传动装置，如变速器、传动轴等，同时留出更大的底盘空间，便于电池包的安装。不过，驱动电机轮毂化还存在一些尚待解决的问题，包括散热、防水、防尘、驱动控制算法开发等，此外轮毂电机还会造成簧下质量与车轮的转动惯量大幅上升。

目前，Protean、Elaphe等国外企业已研制出轮毂电机的样机，同时这些企业与国内企业开展合作，共同推进轮毂电机的国产化。紧跟国外的步伐，国内多家企业也拿出轮毂电机技术方案，用于大型商用车辆及特种车辆，这些企业中以湖北泰特机电为代表。

我国是全球最大的汽车市场，新能源汽车的发展对我国而言意义重大。针对新能源汽车的关键技术领域，我国应加大研发投入，推进核心技术攻关，具体到电机，包括设计技术、制造技术、材料技术等，为新能源汽车产业的发展提供坚实支撑。

2.2.3 永磁电机散热技术

在新能源汽车中，永磁体性能稳定性是很关键的一项指标，会在很大程度上影响驱动电机的输出性能，尤其是永磁体的散热性能。永磁体工作温度过高会为驱动电机带来多方面的负面影响，缩窄其高效区域，使其功率因数降低。此外，高温条件会改变永磁体的特性，导致其出现退磁的情况，驱动电机的性能将因此而削弱，具体表现为转矩输出能力下降。

因此，如何有效实现永磁体散热是一个非常重要的问题，对此许多研究者关注永磁体温度检测技术，但是这方面的研究总体还停留在理论层面，在新能源汽车驱动电机的实际应用中，现阶段唯一可行的方案是借助温度传感器进行温度监测，所选用的传感器应具备稳定的性能，同时价格相对低廉。

在电机散热方式的研究上，许多分析主要关注定子和端部绕组，如果能够将研究侧重点转移到电机转子上，那么在增强新能源汽车动力稳定性方面将有希望取得重大进展。另外，在永磁体散热的问题上，最根本最有效的解决方案是开发应用耐高温永磁体，避免永磁体高温工作对电机造成的种种负面影响。

针对电机散热，有以下 3 种较为常用的散热系统。

① 风冷系统：价格低廉，可靠性好，且便于安装，多用于小功率电机的散热。

② 液冷系统：优点在于散热功率高，如果电机的发热量较大，同时环境中的热流密度较高，则液冷散热系统是更为合适的方案。不过应用此系统需配备循环液路和密封系统，系统部署较为复杂，同时会产生更高的成本。

③ 油冷系统：利用冷却油达到散热的效果，冷却油的主要优势在于能够直接与发热部位产生接触，从而实现散热效率的大幅提升，同时冷却油的优越性还体现在其他多个方面，包括绝缘性能出色、介电常数高、沸点高等。

以永磁同步电机为例，此类电机采用油冷技术能够取得更好的散热效果，因为其绕组的端部发热量较大，水冷散热所用的冷却液不能与绕组直接接触，而油冷散热的冷却油则不会受到这一问题的限制。在实际应用方面，比亚迪将直喷式转子油冷技术应用于 DMI 车型驱动电机的散热，借此能够使得电机的功率密度取得 32% 的增幅。扁铜线电机在油冷技术的推广应用方面起到了关键作用，其扁铜线间有着较宽的间隙，为冷却油的渗透提供了便利条件。

2.2.4 多合一电驱动系统

当前，新能源汽车的发展方向主要聚焦于更长的续航里程、更高的功率密度及能量利用效率，而服务于这一需求的电驱动系统呈现出集成化的趋势，体积和重量不断减小。

多合一电驱动系统是实现电驱系统集成化的主要手段，其中以三合一电驱动系统出现频率最高，另外还有四合一、六合一、七合一乃至八合一的电驱动系统。这些电驱动系统所整合的部件包括电机、减速器、控制器等，通过零部件集成可起到节省成本、减轻重量的作用。

（1）结构组成

多合一电驱动系统采用集成化架构和一体化壳体设计，将电机定转子、逆变器功率模块、齿轮箱等部件集成于统一腔体内，且内部各部件共用高压母线、冷却管路及控制单元。多合一电驱动系统整体采用四段式结构，分别为减速器左端盖、减速器右端盖、电机定子壳体和电机后端盖。其中，电机和减速器共用减速器右端盖。

从物理架构来看，电机和变速器采用同轴固定模式；电机左端盖固定空调泵（air conditioning pump，ACP）；电机右端盖固定冷却液泵（coolant pump，PUMP）；控制器系统壳体内则部署了集成电源单元（integrated power unit，IPU）、直流转换器（DC-to-DC Converter，DCDC）、车载充电机（on-board charger，OBC）、高压配电盒（high voltage distribution box，HV-BOX）。

按照功能模块划分，系统可分为驱动系统和控制器系统。驱动系统主要部件是EM，控制器系统由电源层和电机控制层构成。其中，电源层集成了DCDC和OBC，电机控制层集成了HV-BOX、IPU和VCU，EM部署在控制器系统正下方。该多合一电驱动系统是长安原有的三合一电驱动系统优化后的产物，整体的轻量化程度更高，且能效发挥能力和系统散热能力更强。如图2-21所示是多合一电驱动系统三位数模。

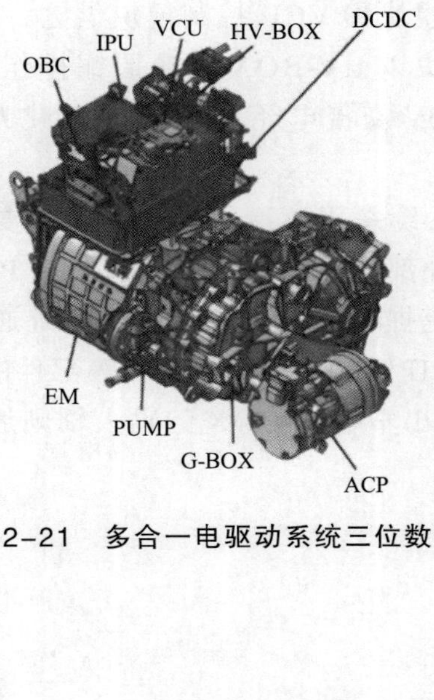

图 2-21　多合一电驱动系统三位数模

（2）系统原理

如图 2-22 所示，多合一电驱动系统包括电传输系统、控制信号体系、热管理机制与机械能传输路径四大模块。其中，电传输系统包括高压电和低压电两个子系统，高压电系统包括高压直流电、高压交流电和家用 220V 交流电，低压电信号包括制动踏板位置信号、高压互锁信号、CAN 信号、电子锁位置信号、12V 直流电信号等共 62 个电信号。

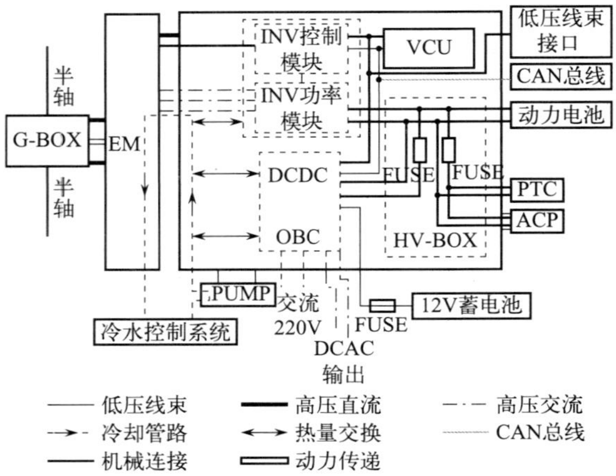

图 2-22　多合一电驱动系统原理简图

动力电池输出高压直流电，经过 HV-BOX 中叠层铜排结构实现电能分配，分别将电能输送至 INV、DCDC 等核心组件以及 ACP、PTC 等外部关键负载设备。

INV 功率模块将动力电池输出的高压直流电转换为三相交流电驱动电机转矩输出；同时 DCDC 模块将高压直流电转换为低压直流电，该部分电流储存在 12V 蓄电池中，12V 蓄电池则响应控制单元能量需求，为 IPU 中的 INV 控制模块和 VCU 控制模块供电。

OBC 模块以 HV-BOX 中叠层铜排作为过渡元件与动力电池相连，输入的家用 220V 交流电经 OBC 模块转化为高压直流电后，用于动力电池慢充电。

该电驱系统采用液冷循环架构。主要工作部件包括冷却液、PUMP 和电驱动系统外部的冷却控制系统。其中 PUMP 通过高效传动系统为整个冷却液循环系统提供动力，冷却控制系统通过回路中冷却液的循环流动实现系统中 EM、IPU、DCDC、OBC 等部件的热平衡。

EM 的输出轴和 G-BOX 的输入轴则通过高精度花键联轴结构实现刚性连接。

2.2.5 驱动控制器关键技术

在新能源汽车中，电机驱动控制器是电池与电机之间的连接装置，发挥电能转换的作用。电机控制器的研发设计目标包括提升设备效率和功率密度、减少设备损耗、增强可靠性和安全性，为实现以上目标需借助以下关键技术。

2.2.5.1 功率半导体器件技术

功率半导体器件是电机控制器的关键技术，其演进迭代在电机控制器的发展历程中占据显著位置。传统的功率半导体器件以硅基器件为主，主要是硅基绝缘栅双极型晶体管（insulate-gate bipolar transistor，IGBT），而宽禁带半导体器件代表了当前的发展趋势，这类器件使用碳化硅（SiC）、氮化镓（GaN）等宽禁带材料制成。关于半导体器件的封装，传统采用单面冷却封装，新近的封装技术则有定制化模块封装和双面冷却封装。

在硅基IGBT芯片技术方面，德国著名半导体厂商英飞凌是比较有代表性的企业，该公司开发出EDT2芯片技术，并且已完成750V/270A IGBT芯片的量产，其生产的芯片具备较高的功率密度，符合新能源汽车的使用需要。此外，包括富士集团在内的多家日本厂商也已掌握高功率密度IGBT芯片技术，其生产的芯片产品已经批量投入使用。

宽禁带材料是继单质材料（如硅、锗）和化合物材料（如砷化镓、锑化铟）后的第三代半导体材料，相应地宽禁带半导体器件也被视为第三代半导体器件。作为宽禁带半导体器件的代表，SiC器件在多个方面具备优势。比如，SiC器件拥有出色的耐高温性能，结温耐受很高，可达225℃及以上，而目前硅基IGBT在实际应用过程中达到的结温最大值仅为175℃。同时，SiC器件的开关和导通损耗远低于硅基IGBT，能够起到减少整车耗电量、延长续航里程的效果。此外，SiC器件的优势还包括热导率高、开关速度快、饱和电子漂移速率大等。总之，SiC器件在性能上的表现显著优于硅基器件，不过与硅基器件相比，目前SiC器件的主要问题在于成本较高，其推广应用也因此而受到制约。

与此同时，芯片封装技术的新进展也值得关注，当前出现的新封装技术包括铜线键合、芯片倒装、银烧结等，这些技术能够增加IGBT功率模块的载流密度，并延长模块的使用寿命。目前，德尔福、英飞凌、株洲中车时代电气等国内外多家企业已研发出运用双面冷却技术的IGBT模块和电机控制器，其中的部分产品已在实车投入使用。

考虑到成本因素，硅基IGBT电机控制器在市场上的主流地位短期内不会被取代，而随着持续的更新优化，硅基IGBT器件芯片将具备更加优异的性能，同时功率模块封装技术也将取得进步。

2.2.5.2 智能门极驱动技术

在电机控制器中，功率半导体器件多在高压环境下工作，而控制电路则多在低压环境下工作，门极驱动技术的作用就是在二者之间建立连接，并为前者提供驱动。IGBT 门极驱动隔离控制电路和驱动电路，能够起到驱动和保护的作用，另外还负责基于 IGBT 特性对开关适当控制，在降低 IGBT 损耗的同时，减弱其受到的电磁干扰，在兼顾上述两项因素的前提下得到最优解。

智能门极驱动技术的特点体现为主动门极控制和监控诊断。主动门极控制可结合工作环境控制 IGBT 开关，从而实现高度精细化的开关控制，在各类场景中得到最佳控制方案。在具体的技术运作上，主动门极控制技术将 IGBT 的开通与关断分为多个阶段，各阶段的门极调控并不存在关联，在处理问题时选取对应阶段实施门极调控即可，调控过程几乎甚至完全不会对其他参数造成负面影响。

智能门极驱动技术能够为功率半导体器件性能带来多方面的积极影响，达到低损耗和高电压利用率的效果。同时，借助智能门极驱动可实时监测功率半导体器件的健康状况，以提升电机控制器的安全性和可靠性。

2.2.5.3 功率组件的集成设计

新能源汽车对功率密度、可靠性要求较高，同时车辆的使用寿命也是一项关键指标，为此多数电机控制器的功率半导体模块的封装采用定向设计。新能源汽车内部构造的发展趋势是各部件融合加深，此背景下电机控制器开始采用器件级集成设计。新能源汽车从多个方面对电机控制器提出了较高的要求，包括功率密度、可靠性、耐久度等，围绕上述需求形成了功率半导体模块的定向式封装设计方案，电机控制器中各器件的集成程度越来越高。

具体而言，器件级集成设计有物理集成和需求集成两种设计路线。前者着眼于物理构造层面，寻求器件结构的优化，兼顾机、热、磁等多个环节的性能表现，以满足新能源汽车对电机控制器的要求。需求集成设计意在打通新能源汽车内部不同层级的需求，基于整车需求开展 IGBT 芯片设计与功率模块封装的需求分析，围绕整车需求实施设计优化，涵盖从系统到零部件的各个层次，此设计能够延长整车续航里程，同时调低电池容量标准。

2.2.5.4 其他关键技术

除以上三项技术外，新能源汽车电机控制器的关键技术还包括以下几项。

（1）EMC（电磁兼容）与可靠性设计

此项技术是评判电机控制器综合性能的重要指标，目前值得关注的技术路径是利用有限元分析构建EMC高频仿真模型，探索失效机理，并通过试验得到电磁兼容的正向设计。

（2）汽车功能安全设计

关于汽车功能安全等级的划分，目前采用的方案是ISO 26262国际标准中发布的汽车安全完整性等级（Automotive Safety Integrity Levels，ASIL）规范。ASIL共包含A、B、C、D四个等级，安全要求依次增高。现阶段对于电机控制器的功能安全需求总体处于ASIL C等级，不过未来随着新能源汽车的持续发展，功能安全需求有可能继续提升到最高的ASIL D等级，相应地，这将对电机控制器设计提出更高的要求，需要产品设计在复杂度、冗余性、可靠性方面取得进步。

（3）电机控制器可靠性设计

作为新能源汽车的关键核心部件之一，电机控制器的可靠性必须得到有效保障，这对于提升整车使用体验十分关键。目前有汽车电子厂商开发出一种鲁棒性验证方法，此方法已经得到实际应用。英飞凌、博世等知名企业运用此方法进行半导体分立器件的可靠性设计，而相比之下电机控制器的复杂程度更高。此方法是否适用于电机控制器的可靠性设计，以及实际的应用效果如何，都尚待探索检验。

2.3 新能源汽车双电机驱动技术

2.3.1 双电机驱动技术的优势

新能源汽车的电机驱动方案主要有两种，一种是单电机配合主减速器或变速器，另一种是双电机，后者相比于前者具备以下优势。

① 相较于内燃机，电机的高效区间更大，但是对于转速和转矩也提出了更高的要求。为支撑加速性能和爬坡能力，转矩需达到较高的水平，而对于转速范围的高要求则与零百加速有关。

在多数高速工况下，电机都可保持较高的效率，不过在低速重载、高速轻载等场景下，单电机的效率会出现较大降幅，与高效区间相比下降20%～30%。相比之下，双电机能够利用合理的电机组合扩展高效区间，从而提高电机的整体效率。

② 双电机能够提升制动能量回收效率。双电机耦合驱动系统存在单电机驱动、双电机驱动、单电机再生制动、双电机再生制动四种操作模式。驱动效率实际等同于回收效率，两者是同一指标在电动和发电两种电动机

工作模式下的不同表现形式。采用双电机设计可增大高回收效率空间，取得提高制动能量回收效率的效果。

③ 双电机无动力中断。为单电机配备多挡位变速器能够起到提升效率的作用，不过搭配变速器会造成换挡动力中断，双电机协调控制可避免这一问题。

④ 拥有高转矩和高转速范围的单电机重量很大，同时这类电机的设计和制造较为困难。而将单电机分解为双电机，可有效解决以上问题。需要注意的是，双电机设计中两台电机的组合方案非常重要，通过合理的双电机搭配，可实现以更低的成本和设备重量得到所需的电机性能。在实际应用中，电机的性能参数不是简单相加的。举例来说，假设需要100kW的电机性能，那么这种情况下采用60kW电机和40kW电机的组合是一种很低效且很不划算的方案。通常情况下，40kW电机和30kW电机的组合即可发挥出100kW电机的性能效果，甚至有所超出。同时，后一种方案的电机总重量相比前者至少低30%。

2.3.2 双感应电机的应用案例

（1）奔驰EQC

奔驰EQC的电机组合方案为前后双感应异步电机。出于减少能耗的考虑，该车型配置了智能动力传动系统，对前电机实施优化能够使得中低速负载场景下的效率达到最优，后电机则扮演强大的动力输出者角色，将车辆性能维持在较高水平。在具体参数方面，EQC电动系统的最大功率和最大转矩分别能够达到300kW和765N・m，车辆的零百加速时间为5.1s。

EQC的前后双感应异步电机方案有着更大的转矩，起步加速度和极限转速更快，在高速条件下有着更出色的动力表现。

EQC的电机驱动系统集成了驱动电机、单机减速器、电机控制系统，其优点在于降低了散热管路和高压线束的使用频率，节省了一定的成本，并且增加了电机布置的自由度。不过这套系统的缺点也是不容忽视的，最为突出、影响最大的缺陷在于其能耗较高且体积较大，此外系统采用感应电机，城市低速工况下，感应电机相较于永磁电机在效率方面处于劣势。

（2）奥迪e-tron

奥迪e-tron采用中央双电机构型，采用对置布置的方法将驱动电机和减速器装于车架，再利用长度较长的半轴将其连接到车轮上，实现对两侧车轮的独立驱动。

奥迪e-tron电机系统的优势在于簧下质量小，制造技术有保障，并且能够很便捷地完成安装。不过这套系统也存在缺点，传动系统需要用到万向节和传动半轴，这会导致车内空间受到压缩。

驱动方式上采用左右车轮独立驱动，因此车轮间的多项设置将具备充分的自由度，包括转速差、动力分配。优化扭矩分配，扩大轮间扭矩分配的可调节空间，从而提升车辆的转向性能。在控制程序完善的前提下，车辆在运动特性方面相较于传统动力后驱车将拥有显著优势。

（3）蔚来 ES8 创始版

蔚来 ES8 采用 XPT“三合一”双电机驱动系统，前后电机分别为感应电机和永磁电机。蔚来的 XPT 100 ～ 300kW 感应电驱动系统平台拥有出色的性能，在经济性方面也可圈可点，能够与多种类型和参数的电驱动系统构成双电机组合，对于四驱车型的前辅驱而言是非常理想的方案。依托该平台，蔚来推出异步感应电机产品，该产品具备强大的性能，功率达到 240kW，转矩 420N · m，传动效率在 97% 以上，在高速运转条件下依然能够保持出色的动力表现，动力强大且稳定性高。

XPT 240 ～ 300kW 感应电驱动系统平台有着与 XPT 100 ～ 300kW 感应电驱动系统平台同样优异的性能，并且其拖曳损耗低，能够起到延长续航里程的效果。依托该平台，蔚来推出了感应电驱动系统产品，系统在多项参数上表现突出，功率高达 240kW，转矩 420N · m，转速 15000r/m，齿轮箱传动效率在 97% 以上。系统采用铜转子感应电机，此电机拥有出色的动力性能，能够在高速运转状态下保持强动力和高稳定性。PEU 电机控制器采用双三相拓扑架构，同时装有核心 IGBT 功能模块，在功率方面有着极为突出的表现。

蔚来的 XPT 100 ～ 200kW 永磁电驱动系统平台配备公司自研的永磁同步电机，电机使用扁铜线绕组，采用一体化设计，PEU 体积更小，且转矩更大。依托该平台，蔚来推出了高性能的电驱动系统，此系统的功率达到 160kW，转矩达 305N · m，转速 15000r/m。系统采用永磁同步电机，该电机采用的绕组形式为 I-Pin 扁铜线绕组，拥有极高的电能转换效率，达到 96.7%。电驱动系统为紧凑结构，采用模块化设计，能够自由调节电机输出功率，留出充足空间以便于底盘动力布局。该电驱动系统可从正反两个方向进行装配，能够与多种类型和参数的电驱动系统构成双电机组合，可用于前后驱和四驱动力配置。此系统已在蔚来的多款车型得到应用，包括 ES8、ES6、ES6 性能版。

2.3.3 双永磁电机的应用案例

（1）比亚迪 · 汉

比亚迪 · 汉 EV 有四驱和两驱（前驱）两个版本。汉 EV 配备了前置“3

合 1”驱动总成和后置“3 合 1”驱动总成，两者的最大转速均为 15500 r/m，最大输出功率分别为 163kW 和 200kW。针对驱动电机过载和过热的问题，后置“3 合 1”驱动总成采用 SiC 电控。汉 EV 搭载比亚迪自研的刀片电池，电池容量为 76.9kW · h，最大充电功率可达 100kW，车辆在 NEDC 标准下续航里程为 550km。

汉 EV 两驱版和四驱版均装有前置“3 合 1”驱动总成，与两驱版相比四驱版增加了后置“3 合 1”电驱动总成。汉 EV 的刀片电池使用低导电率冷却液，借助冷却液可交换冷量和热量，从而增强电池的主动安全性。

由于采用模块化设计，从理论上说后置“3 合 1”电驱动总成支持自行拆装，因此两驱版可通过安装后驱动模块变为四驱版。除汉 EV 外，这一结构设计还应用于比亚迪其他车型，包括秦 Pro EV、宋 Pro EV 等。

在汉 EV 的两驱和四驱两个版本之间，多连杆悬架和后转向节是可以通用的。后转向节上装有电子驻车电机和后传动轴，拉杆锚点分为两组，两者采用同中心线设计。汉 EV 两驱版和后驱版的后悬架并无区别。

比亚迪为“3 合 1”电驱动总成配备了 SIC 电控，高转速容易导致电机过热，进而出现退磁的情况，针对这一问题，SIC 电控能够在全负载工况下实现电机的有效散热，降低电机内阻，从而增强电机的可靠性。在电机全功率放电的条件下，SIC 电控能够起到提升热导率和击穿电压强度、降低电热损耗率的效果。

（2）小鹏 P7 的四驱版

小鹏 P7 四驱高性能版采用双永磁同步电机的方案，两个电机分别位于车辆的前轴和后轴。在参数方面，前电机和后电机的最大功率分别为 196kW、120kW，最大转矩分别为 390N · m、265N · m，两台电机的组合能够提供 316kW 的最大功率和 655N · m 的最大转矩，零百加速时间仅为 4.3s，这一动力表现在 3.0T 性能车面前亦可稳占优势。

小鹏 P7 的电驱系统为通过集成电机、电控、减速器得到的“3 合 1”电驱系统，相较于传统分散式电驱系统，此系统在多个方面拥有优势，包括效率、可靠性、重量、结构紧凑性等。

在具体参数方面，“3 合 1”电驱系统的体积为 18.6L，功率密度 2 kW/kg，在行业内处于顶尖水平。经过系统优化匹配后，电机系统的效率峰值能够达到 95% 以上，在 NEDC 综合工况下电机效率也超过了 85.5%。后驱永磁同步电机是这套电驱系统的核心，在性能方面达到了极高的水平。

在双电机的支持下，小鹏 P7 四驱高性能版在四轮驱动上展现出强大的能力，在车轮控制上实现前后电机独立控制，在各种工况下都有出色转矩和功率表现，使全天候牵引力控制成为可能。

小鹏 P7 的双电机四驱系统可独立控制前后轮转矩，且能够在 0 ～ 100% 的全区间内实现转矩比例的自由调节，同时这套系统能够更加迅速地完成动力调节，增强车辆的稳定性，起到优化操作性能的效果。双电机四驱系统根据实际驾驶场景选择适合的转矩分配策略，综合考虑整车的动力性、经济性以及操控性能，使三者达到最佳水平。

（3）保时捷 Taycan

保时捷 Taycan 使用双永磁同步电机的方案，功率和转矩分别为 330kW 和 550N · m。与感应电机相比，永磁同步电机在效率、体积、散热性能方面具备优势，而相应地其价格也更高。

Taycan 电机选用的定子绕组技术为 Hair-pin，相较于传统绕组技术，Hair-pin 在性能和效率上拥有优势，不过其缺点在于高速条件下可能会造成交流流失，引发性能方面的问题。除保时捷 Taycan 外，更早的通用 Volt 和本田 PRIUS 也曾使用过 Hair-pin 技术。

2.3.4 永磁同步 + 感应异步双电机案例

（1）特斯拉 Model 3 性能版和 Model Y

特斯拉 Model 3 性能版的前后轴电机分别为交流异步电机和永磁同步电机。相较于交流异步电机，永磁同步电机具备多项优势，具体体现在外形紧凑度、运作效率、续航、控制难度等方面。

特斯拉 Model Y 使用的是感应电机和永磁电机的组合，两者的高效区分别在高速和低速条件，由此可形成互补关系，提升电机的整体效率。

特斯拉的驱动电机共有 5 种型号，包含圆铜线电机和扁铜线电机 2 种电机类型。扁铜线电机的槽满率高出圆铜线电机近 30%，相应地其体积更小，同时，扁铜线电机的截面较宽，其绕组温升比圆铜线电机低 17.5%。扁铜线电机可提升电机输出功率，节省材料成本，减小功率密度。

特斯拉 Model Y 装载了扁铜线电机，展现出了这类电机的优势，而后扁铜线电机又得到多家车企的青睐，包括比亚迪、大众、蔚来等。

（2）全新蔚来 ES8

2023 款的蔚来 ES8 仍为双电机四驱，前后电机分别为永磁电机和感应电机，功率分别为 180kW 和 300kW，最大转矩为 850N · m，零百加速为 4.1s。与旧款相比，新款 ES8 的电机在功率、效率、性能方面均有所提升，同时体积也变得更小。

（3）大众 ID 系列

大众 ID.4 CROZZ 的前后电机分别为异步感应电机和永磁同步电机。2024 款 ID.6 CROZZ 的选择则更加多样，后驱版采用永磁同步电机，最大功率和最大转矩分别能够达到 150kW 和 310N · m，在 CLTC 综合工况下的续航里程为 601km；四驱 PRIME 款的前后电机分别为交流异步电机和永磁同步电机，两台电机的最大输出功率分别为 80kW 和 150kW，最大输出转矩分别为 162N · m 和 310N · m，该车的续航里程为 560km。

New Energy Vehicles

第3章

新能源汽车电子控制系统

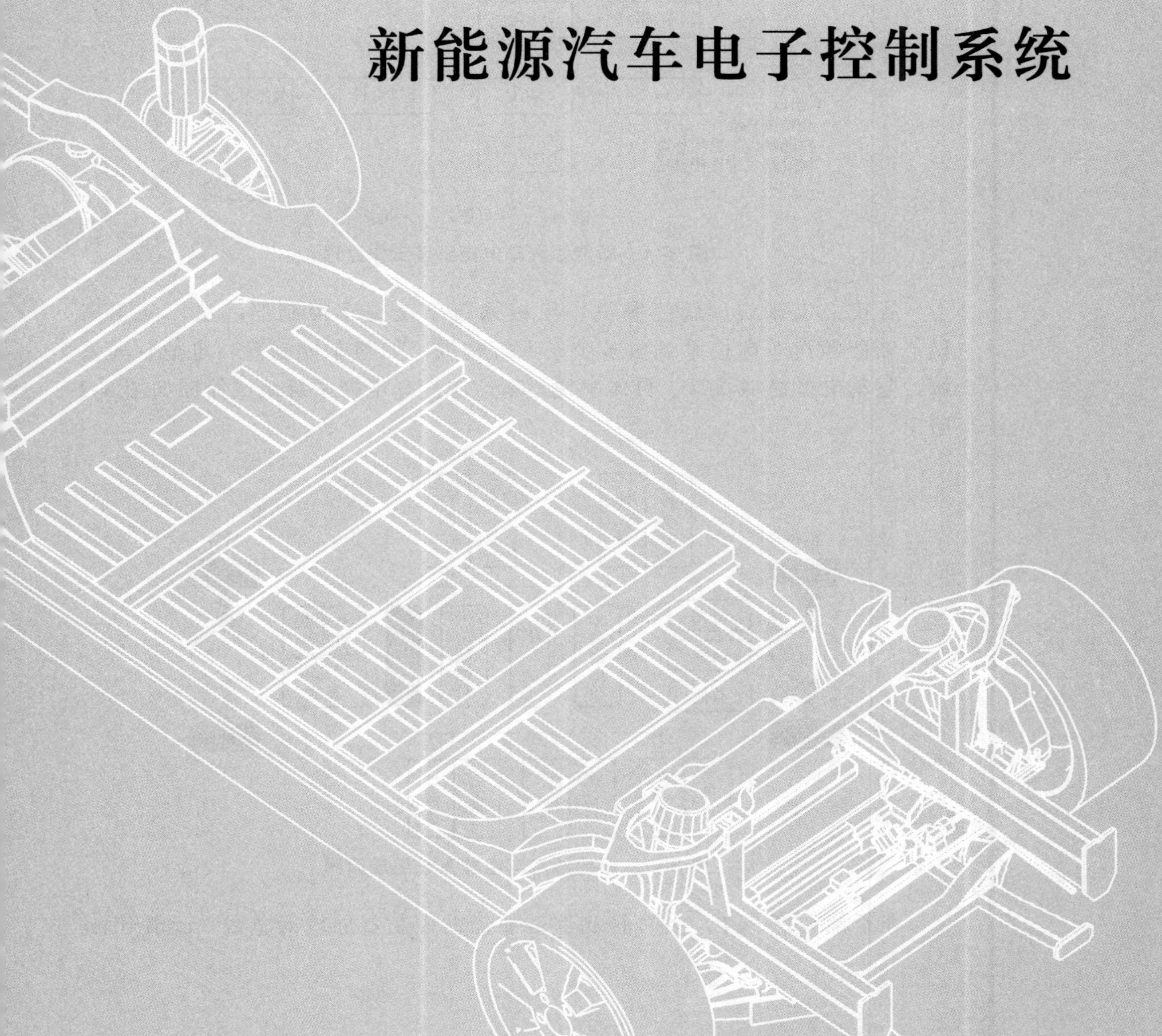

3.1 汽车整车控制器（VCU）

3.1.1 汽车电控系统的原理与构成

新能源汽车各项功能的实现离不开控制系统，正是通过控制系统的运行，汽车的各个部分才能彼此配合协作，完成各种指令和任务，因此，控制系统决定着汽车的性能。当前，新能源汽车多采用电子控制系统，即汽车电控系统，主要包括软件和硬件两个部分，负责汽车的整车控制，其工作原理如图 3-1 所示。

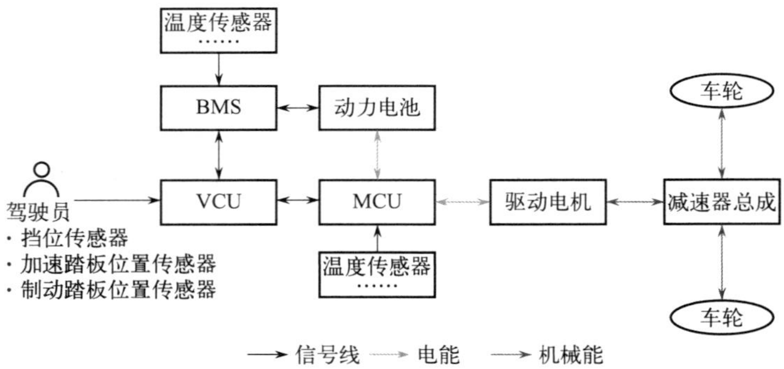

图 3-1　新能源汽车电控系统工作原理

从狭义上来说，新能源汽车电控系统就是整车控制器；从广义上来说，新能源汽车电控系统由多个子系统构成，如整车控制器、电池管理系统、驱动电机控制器等。具体来说，新能源汽车电控系统组成简图如图 3-2 所示。

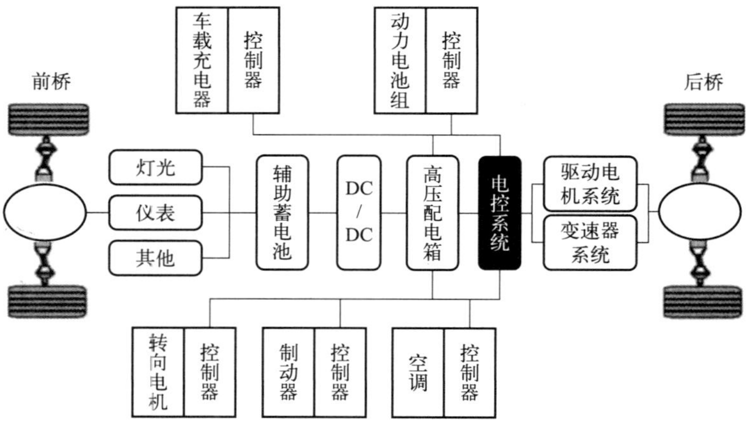

图 3-2　新能源汽车电控系统组成简图

在新能源汽车中，各项控制器需要借助控制器局域网总线（controller

area network，CAN）进行通信。CAN 网络是一种用于实时应用的串行通信协议总线，同时也是国际上应用最广泛的现场总线之一，在应用初期，主要用于汽车环境中的微控制器通信，可以连接起发动机管理系统、变速器控制器、仪表装备、电子主干系统等多个设备和系统，为各个车载电子控制器（electronic control unit，ECU）之间的信息交互提供支持，构建起汽车电子控制网络。具体来说，CAN 控制装置如图 3-3 所示。

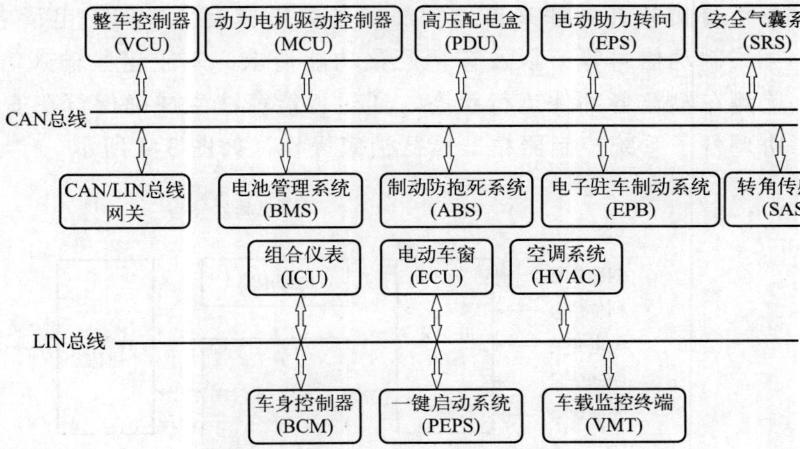

图 3-3　CAN 控制装置

整车控制系统主要包括负责车辆运行信息采集的传感器、负责车辆部件控制的控制器和负责执行控制指令的执行元件三部分，如表 3-1 所示。

表 3-1　整车控制系统的主要构成

主要构成	具体内容
输入信号传感器	包括在车辆变速时将驾驶员踩踏深度信息传递给控制单元的加速踏板传感器，在车辆制动时将驾驶员踩踏深度信息传递给控制单元的制动踏板传感器，将驾驶员换挡信息传递给控制单元的电子换挡器等
控制器	作为车辆中央控制单元的整车控制器（vehicle control unit，VCU），负责解析驾驶员油门输入并控制车辆速度和加速度的电机控制器（motor control unit，MCU），负责电池智能化管理的电池管理系统（battery management system，BMS）
执行元件	包括为车辆提供动力的驱动电机和动力电池等

由于汽车上搭载了大量的电子控制器，控制器之间需要通过电子通信完成海量控制数据的传输和彼此之间的协作，但这也会导致车内的信号线数量不断增加，连接愈加复杂。最早为了解决这一问题，德国 Bosch 公司提出了 CAN 总线（controller area network），其串行通信架构能够很好地解决车辆内部的线路冗杂问题，当前仍是汽车电控系统的线路首选，在国际上应用广泛。在 CAN 总线的支撑下，各个 ECU 之间得以高效地进行通

信，接入 CAN 控制装置的模块包括仪表装备、发动机管理系统、电子主干系统等。

3.1.2 VCU 的系统构成与工作原理

当车辆处于行驶状态时，需要通过整车控制器（vehicle control unit，VCU）来与驾驶员进行指令互动。VCU 作为车辆控制系统的核心单元，主要负责接收并处理来自驾驶员的各类操作指令（如上电请求、加速踏板信号、制动信号等）以及车辆配置功能请求。基于这些输入信号，VCU 实时监测车辆及各部件运行状态，通过智能算法生成确保行车安全的控制指令，协调各子系统控制器精准执行相应操作，如图 3-4 所示。

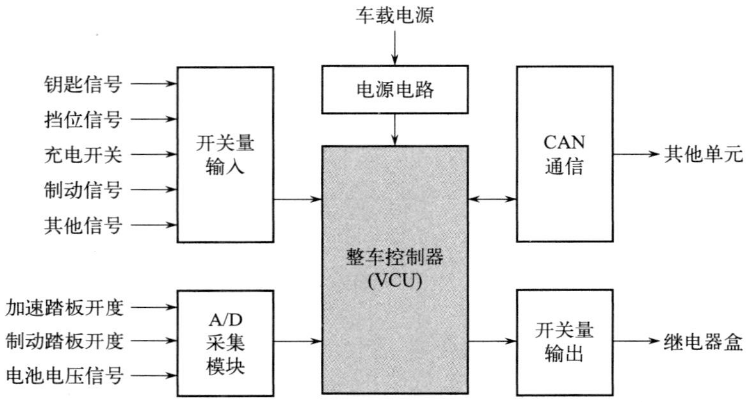

图 3-4 VCU 协调控制的高低压部件

新能源汽车电动化的动力总成中具有多种高低压电气部件。VCU 主要发挥控制作用，成熟度较高的系统软件可以在一定程度上提高运行效率，减少能源消耗，降低污染物排放，增强故障处理的鲁棒性，VCU 的应用可以有效促进电动化动力总成系统解决方案快速落地。

作为新能源汽车电子电气架构的“大脑”，VCU 承担着驱动系统协同控制的中枢职能。其通过实时协调三电系统工作状态，在确保车辆动态响应与驾驶意图匹配的同时，支撑整车安全运行。随着汽车电子技术向域控制架构演进，现代 VCU 正逐步集成充电管理（AC/DC 双向转换控制）、智能扭矩分配（电动四驱协调）等新型功能模块。

一般来说，VCU 的功能可以按照系统划分为多种类型，如车辆系统、传动系统、电力系统、热管理系统、车载自诊断系统（on-board diagnostics，OBD）、通信系统、安全监控系统等。

从技术路线来看，纯电动汽车的整车控制系统包括集中式控制和分布式控制两种策略。

在集中式控制系统中，整车控制器是其核心枢纽，能够融合多源传感器信号与总线通信数据并深度释放其价值，在此基础上形成控制指令，完成车辆的动态控制。这种系统的优势在于基于数据的集中处理，能够保证响应的实时性，同时满足技术经济性的要求。但与此同时，多源数据融合处理功能的实现需要以硬件的高度集成为基础，这导致系统整体架构的复杂性提升，同时保持系统内热平衡的难度也进一步加大。

分布式控制系统则采用层级化通信架构，在该技术路线下，整车控制器主要起到数据中继站的作用。一方面，整车控制器采集驾驶员的行为操作数据；另一方面，整车控制器在CAN总线的支撑下与电机控制器和电池管理系统建立双向数据交互通道，接收来自各子系统发出的本车运行参数。随后，整车控制器通过多源数据融合算法生成全局优化指令，并通过CAN总线传输至各执行层控制器，而两个子系统在指令的指导下综合电机和电池的工作状态实现系统内自控制。分布式控制系统的优点在于通过功能解耦使系统的设计更加简单，但这也随之导致了其部署成本的增加。

图3-5所示是典型的分布式整车控制系统示意图。整个系统共分为三层，其中顶层是作为中央决策单元的整车控制器，该模块通过CAN总线与第二层的电机控制器和电池管理系统进行数据交互，接收两个子系统的信息并向其下发指令，其处理结果通过车载信息显示系统进行可视化呈现（第二层）。随后两个子系统接收指令后分别对位于第三层的驱动电机和动力电池执行控制操作，管理其状态。

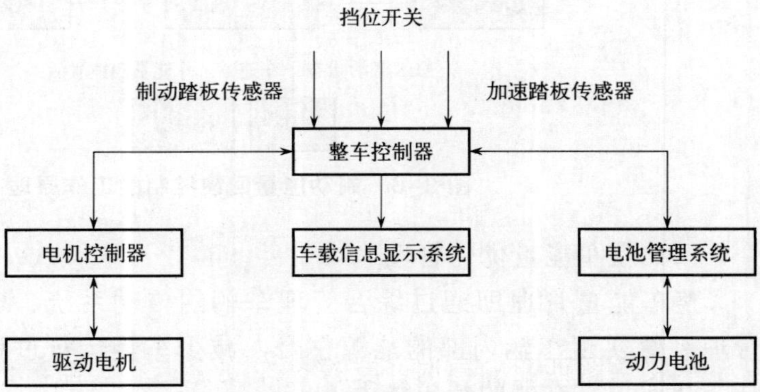

图 3-5　典型分布式整车控制系统架构图

3.1.3　VCU的核心功能与设计要求

3.1.3.1　整车控制器的核心功能

（1）驾驶员驾驶意图解析

在驾驶员的驾驶过程中，驾驶员的操作行为（踩踏加速踏板和制动踏板、换挡等）并不能直接影响控制模块的控制行为，而是需要经历一定的解析与信号转换过程，最终使控制系统生成相应的控制指令，这一过程即驾驶员驾驶意图解析。该过程的实现离不开整车控制的油门解析和驱动电机的响应，二者的工作情况同样决定着驾驶员对车辆的控制效果和驾驶体验。

（2）整车驱动控制

在车辆信号传感器的辅助下，车辆内部获取驾驶员的控制行为信息、整车运行信息和外部环境信息，并通过算法模块进行运算和解析，解析结果将作为重要的控制依据被传输至整车管理系统，随后该系统基于解析结果生成与驾驶员行为和当前车辆运行状态最匹配的驱动指令和控制指令，以保证车辆在安全、舒适的前提下完成符合驾驶员意图的行为。

（3）制动能量回馈控制

制动能量回馈即车辆在滑行制动和刹车制动的过程中将动能直接存储或转化为电能存储，通过能量回收达到节能的目的。在驾驶员驾驶过程中，整车控制器结合驾驶员的驾驶行为以及车辆运行状态判断当下是否满足启动制动能量回馈的条件，若条件满足，电机控制器则输出负转矩使电机发出电流，经整合后以直流电的形式回充电池，主要涉及的控制行为是电机制动转矩控制。制动能量回馈控制的工作原理如图 3-6 所示。

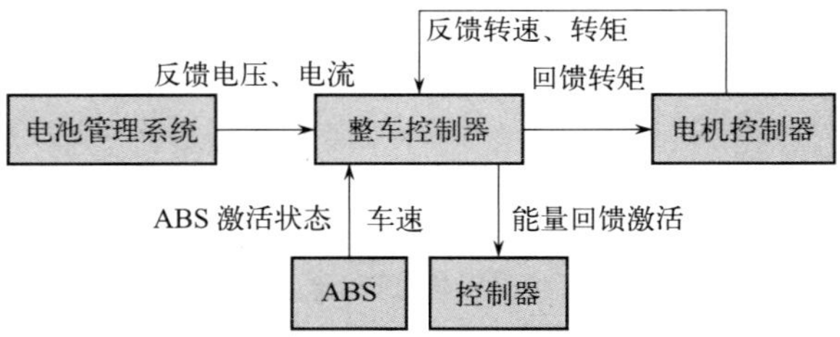

图 3-6　制动能量回馈控制的工作原理

（4）整车能量优化管理

整车能量管理即通过综合管理车辆的传动系统、电机驱动系统、电池管理系统实现车辆内部的能源整合，减少车辆运行过程中不必要的能量损耗，从而提高车辆的续航能力。

从纯电动汽车的能量输送架构来看，除了提供车辆驱动所需要的能量，电池还需要满足车辆的空调系统、软件运行等其他电器的用电需求，因此需要使用车辆控制器进行车辆的能量管理，设置不同电器的用能优先级，以便在特殊情况下调整其他电器的能量供应量，集中整车能量为车辆的行驶续航提供支撑。

（5）充电过程控制

为保证充电过程的安全性、延长电池的使用寿命，在充电过程中，VCU 与 BMS 通过实时协同配合，依据电池组实时状态参数动态调整充电功率输入。当充电确认信号被 VCU 成功接收后，系统将立即执行高压电路闭锁程序，同时在车辆充电期间对车辆行驶做出一定限制，避免意外发生。

（6）电控系统的上下电控制

① 高压上电：上电条件为点火钥匙处于开启状态，电池管理系统和微控单元处于正常运行状态，同时上次上下电过程顺利进行，不存在会对本次上下电形成干扰的严重故障。

- 电池管理系统和微控单元完成初始化，车辆控制单元确认状态；
- 闭合电池继电器与主继电器；
- 微控单元高压上电；
- 若挡位处于 N 挡状态，仪表 Ready 灯呈点亮状态。

② 下电顺序：纯电动汽车的下电状态为使点火钥匙处于关闭状态，此时无论是高压电还是低压电均可正常下电。

- 关闭点火钥匙，断开主继电器与系统的连接，微控单元低压下电；
- 空调、水泵、暖风等辅助系统停止运行；
- 电池管理系统断开电池继电器；
- 整车控制器（VCU）下电，这一过程中，若在行车状态下有故障发生，则相关信息会被整车控制器存储。

（7）电动化辅助系统管理

电动化辅助系统是以汽车的节能性和燃油经济性为原则，通过电制动、电动助力转向、电动空调等辅助器件辅助发动机的动力输出或直接驱动车辆。此时整车控制器应结合动力电池和低压电池的状态监控 DC/DC 和电动化辅助系统。

（8）车辆状态的实时监测和显示

为实现车辆运行状态的可视化，整车控制系统应实时监测车辆状态。从功能实现原理的角度来看，整车控制系统通过 CAN 总线获取各传感器收集的车辆各部分信息，对车辆各个子系统的状态信息进行分析、判断并整合，最终将整理后的状态信息和故障诊断结果显示在数字仪表上，用于与驾驶人员交互。

（9）故障诊断与处理

识别并响应车辆在运行过程中出现的故障，并进行相应的处理，将故障造成的负面影响控制在最低水平。借助 CAN 通信网络，整车控制器得以汇聚车辆各个部分的信息，识别出故障并判断故障等级，同时将故障信息通过人车交互界面向外传输（故障类型和部分故障码），在这个过程中系统会对故障信息进行存档，作为人员维修时的参考。不同级别的故障对应不同的处理方式，如表 3-2 所示。

表 3-2 不同级别的故障对应的处理方式

等级	名称	故障后处理
一级	致命故障	紧急断开高压
二级	严重故障	二级电机故障零转矩，二级电池故障 20A 放电电流限功率
三级	一般故障	进入跛行工况 / 降功率
四级	轻微故障	只仪表显示，四级故障属于维修提示，但是 VCU 不对整车进行限制。四级能量回收故障，仅停止能量回收，行驶不受影响

3.1.3.2 整车控制器的设计要求

整车控制器控制功能的实现建立在信号接收的基础上，其中加速踏板、制动踏板和挡位开关承担着驾驶员行为动作的传递功能。从信号类型来看，加速踏板与制动踏板传递的是不断变化的电压信号，挡位开关则以离散的二进制状态反映驾驶模式的选择。控制器向电机控制器和电池管理系统下达控制指令，间接控制驱动电机的转速和转矩，并调节动力电池充放电状态。同时，整车控制器还能够调节主继电器参数，以更好地进行车载电力模块之间的能量分配。

通过前文对整车控制网络的介绍以及对整车控制器输入和输出信号的深入分析，归纳出整车控制器设计应满足以下条件。

① 在设计整车控制器的硬件架构时，应特别考虑电磁兼容性问题，以提高整个模块的鲁棒性。需设计软硬件双保护机制，以应对突发的异常工况。

② 整车控制器需要配置足够数量的输入输出端口，同时包含两路独立的模数转换通道以用于精确信息的实时采集。同时，还应设置多组数字量输入端口实现挡位状态检测功能，配合功率驱动输出模块完成对车载继电器的精准控制。

③ 整车控制器应能够兼容与多种终端的通信，即集成多种协议接口。其中，CAN 通信结构主要用于车辆控制系统内部各功能模块之间的信息交换；RS-232 通信接口则主要用于与上位机的通信。同时，还应预留 RS-485/422 通信接口为非标设备接入提供兼容性保障。

④ 由于车辆在运行过程中可能会产生振动，从而影响内部机械结构的稳定性与寿命，因此整车控制器需着重强化其抗振性，以保证车辆在运行过程中更加稳定安全。

3.1.4 VCU 能量管理与控制策略

整车控制器是电动汽车的关键控制部件，负责车辆的能量管理。能量管理的内容包括能量状态监测、能量流动控制等，通过有效的能量管理能够提升车辆的能量利用效率，保障车辆安全，降低用车成本。

参照加速踏板位置、挡位、蓄电池荷电状态等要素，同时实时监测驾驶员的行为倾向，VCU 计算得到电机输出转矩等各项参数，对车辆部件的运动实施适当的管理，确保车辆始终处于良好的运行状态。VCU 能够在行驶过程中为车辆充电，并在制动时进行能量的回收，以达到提高能量效率的目的。除能量和动力之外，VCU 的控制对象还包括车辆用电设备，与车身系统协作共同完成此方面的控制工作，增强驾驶的安全性。

3.1.4.1 能量控制策略

能量控制策略旨在确定能量分配的优先级，力求用最少的能量达到车辆的性能要求。能量控制需要多个车辆系统的参与，包括驱动系统、动力辅助系统、仪表系统等。下面将介绍基于模糊性规则的整车能量的控制策略。

（1）基本特征

基于模糊性规则的控制策略不局限于单一门限，有的系统较为复杂，在使用既有规律表达时会遇到较大的困难，而该控制策略能够用自然语言将这些系统描述出来，将系统表现为定性的模糊的结构。模糊控制器是实现该控制策略的关键工具，工具的构造要用到隶属函数和模糊控制器。将参数划为不同的等级，这些等级组成了模糊集合，这一系列模糊集合被称为相应子集，其数量取决于控制精度。隶属函数表示的是参数与其相应子集之间的隶属关系，对应不同的函数，隶属函数也存在差别。

模糊控制示意如图 3-7 所示。以下是基于模糊性规则的控制策略的优缺点。

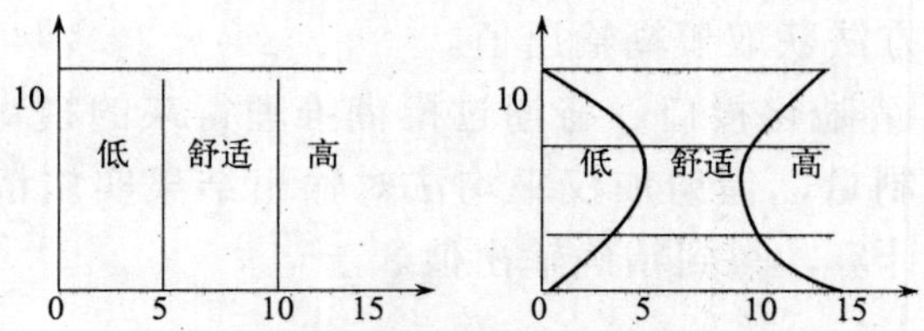

图 3-7 模糊控制示意图

- 优点：在鲁棒性和适应性上具备优势，无须精确数学模型的支持；相较于基于确定性规则的控制算法，拥有更大的优化空间；在抗干扰方面拥有出色表现，能够在短时间内做出响应，对于整车能量管控而言是一种非常理想的方案。

● 缺点：对于开发者要求较高，需对整车能量控制有非常深入的了解，熟悉相关的原理，以完成确定隶属函数和模糊规则的工作。

（2）控制原理

通过测量获取对象状态，在模糊化接口的帮助下，将状态信息转为模糊量，此模糊量的表示方式为自然语言，随后基于控制规则通过模糊推理获取控制量数值，此处的数值只是一个模糊取值，在发送给执行机构前需要先借助清晰化接口将其转换为精确量。

传感器的测量数值和控制器的传输数值均为精确数值，需要先将这些数值转为模糊量，再借助模糊控制器进行模糊运算，得到用模糊量表示的计算结果。最后再把计算结果转为精确量，由执行器根据精确量执行操作。

基于模糊性规则的整车能量控制原理如图 3-8 所示。

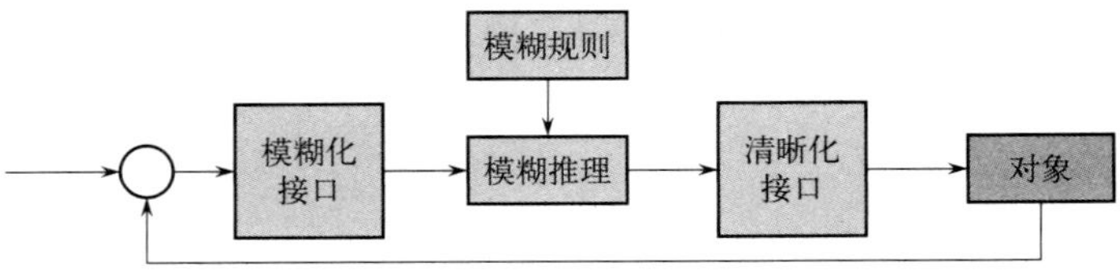

图 3-8 控制原理示意图

（3）控制过程

① 模糊化接口。控制器包含输入论域和输出论域，针对两个论域设置语言变量，在此基础上将精确的输入和输出值转为模糊语言值，由此得到关于控制策略的明晰解释。

② 建立模糊规则库。基于人类经验制定控制规则，并用特定的形式将规则呈现出来，用控制规则构建模糊规则库，在整个模糊推理系统中，模糊规则拥有核心地位。

③ 模糊推理。参照规则库提供的输入输出关系，结合模糊控制器和模糊推理方法获取模糊输出值。

④ 清晰化接口。将通过模糊推理得来的模糊输出量转为可用于对象的精确控制量，借助加权平均法对输出结果实施清晰化处理，使用模糊输出值进行计算，得到精确输出值。

3.1.4.2 能量管理实例

以下将介绍不同工况下的能量管理实例，此处只考虑常规状态，在现实中可能遇到更为复杂的系统，这类系统对逻辑的要求也更高。

（1）常规工况优先级

- 一般情况下，能量管理的优先级由高到低依次为 DCDC、电池制热 / 制冷、乘员舱制冷、乘员舱制热、电机功率。
- 特殊情况下，动力性要求将被置于更高的优先级，为此需调节乘员舱的空调功率。

（2）急加速工况优先级

在急加速工况下，动力需求处于更高的优先级，此时需要将乘员舱关闭，进行持续时间 30s 的制冷和制热，若在时间未满 30s 的情况下再一次急加速，则计时将重新开始。

该工况下的能量控制要注意以下几点。

- 在驾驶员意欲执行紧急加速操作时及时做出识别。
- 在为电机分配可用功率时，要注意可用功率应低于加速踏板需求功率和电机最大可用电功率。
- 勿将空调设置为除霜除雾状态。
- 将驾驶模式纳入考虑范围。

（3）动力蓄电池馈电工况优先级

在动力蓄电池馈电工况下，基本驾驶需求处于更高的优先级。

该工况下的能量控制要注意以下几点。

- 调节电池允许放电功率、DCDC 实际功率、电池热管理功率，使驾驶员得以执行基本的行驶操作。
- 勿将空调设置为除霜除雾状态。

3.2 汽车电机控制器（MCU）

3.2.1 电机控制器结构与原理

“三电”指新能源电动汽车的三项核心技术，即电池、电机、电控。此外，“小三电”则通常指电动汽车的充电机、直流 / 直流转换器、配电盒。电动汽车的电气控制构架主要由电力驱动系统、能源系统、辅助系统组成，如图 3-9 所示。本节主要介绍电力驱动系统中的电机控制器（MCU）。

在电动汽车的电机中，电机控制器扮演控制枢纽的角色，负责将来自电池的直流电转化为三相交流电，以驱动电机的运转。除基本的电机驱动外，电机控制器还承担与电机相关的多项关键功能：监测温度、电压等电机参数，据此对电机实施性能优化和安全防护；参照驾驶员或车辆控制系统的输入信息调节电机的速度、转矩等。

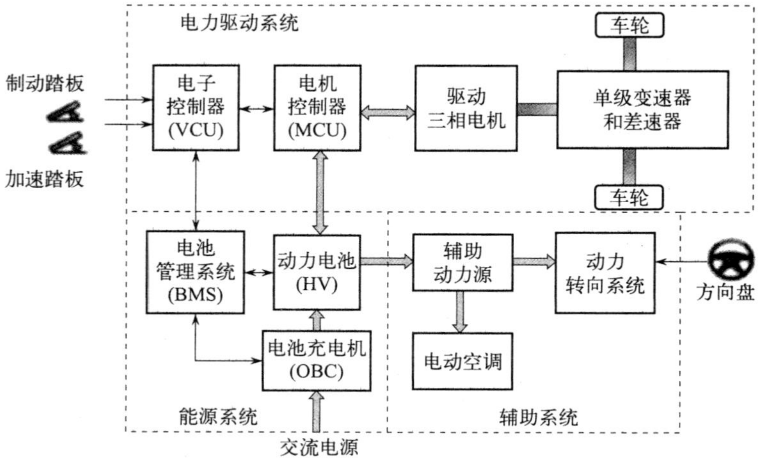

图 3-9　电动汽车的电气控制构架

电机控制器的工作原理如图 3-10 所示。

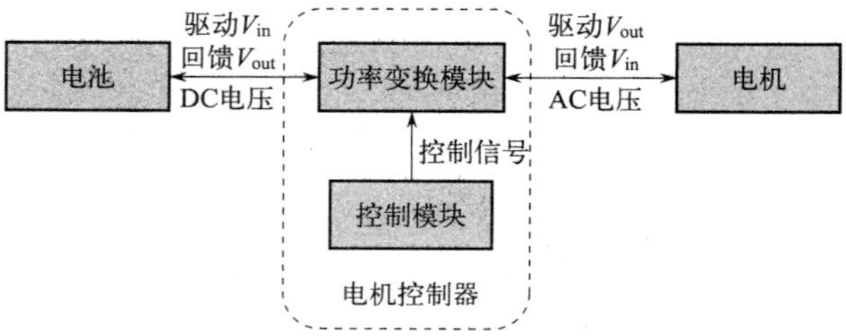

图 3-10　电机控制器工作示意图

电机控制器的构成部件有控制板、功率模块、驱动板、母线电容、三相电流传感器、三相连接器等。

电机控制器可调节电机的各项参数，包括电压、频率、相位变化等，借此控制电机运行，这一控制过程涉及电力的转换。电力转换指的是直流与交流、电压与频率之间的转换，其中既包括直流与交流的相互转换，也包括不同电压直流间的转换及不同电压交流间的转换。电机控制器可根据加速踏板、制动系统、旋转变压器等各部件的信号进行计算，并形成控制决策，调节电机的转动方向和速度。电机控制器工作框架如图 3-11 所示。

电机控制器具有整车控制器转矩指令接收和驱动电机控制的作用，能够根据指令信息控制驱动电机按既定的方向、速度、角度和响应时间运行。在新能源汽车中，MCU 可以根据挡位、油门和刹车等指令进行能量转化，利用电能驱动电机，启动车辆并控制车辆加速、减速、刹车等，进而实现对车辆行驶状态的控制。不仅如此，在控制车辆刹车时，还可以将部分刹车能量转化为电能存储到动力电池当中。

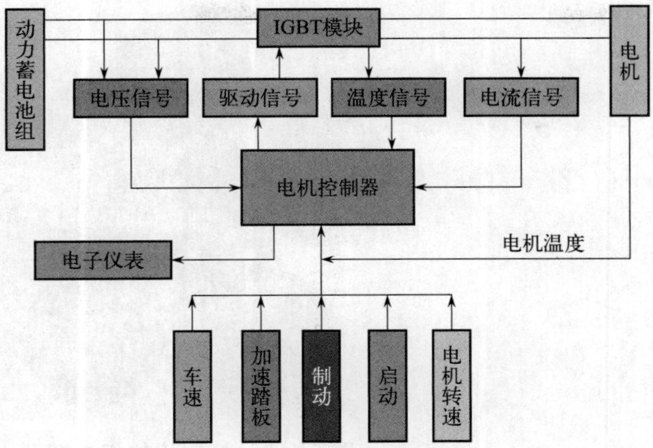

图 3-11 电机控制器工作框架

电机与控制器之间存在对应关系，一般来说，当电机需要呈现的性能出现变化时，与之相对应的控制器的特性和复杂度也会随之改变。从复杂度方面来看，复杂度最低的控制器是连接电机和电源的开关，如小家电、小型动力工具等；复杂度最高的控制器可以实现对电机的速度、转矩的精准控制，部分控制器（如伺服驱动器）可作为控制机械位置的闭环控制系统的核心组成部分。

除此之外，电机控制器还可以在能量回收环节整流驱动电机副转矩产生的交流电，并将其回充到动力电池当中。一般来说，电机控制器所面临的工况具有一定的复杂度，车辆可能频繁启停、加减速，且在低速行驶状态下或爬坡时要求高转矩，在高速行驶状态下要求低转矩，变速范围较大。

3.2.2 电机控制器的硬件构成

3.2.2.1 控制板

控制板的主要功能包括信号采集、模数转换、正弦PWM（脉宽调制）信号生成等。控制板主要包括主控芯片、CAN通信芯片、采样电路、旋变电路和电源电路等，如图3-12所示。

（1）主控芯片

控制板主控芯片通常采用微控制单元（microcontroller unit，MCU）或现场可编程门阵列（field-programmable gate array，FPGA），集成了数字信号处理（digital signal processing，DSP）技术。

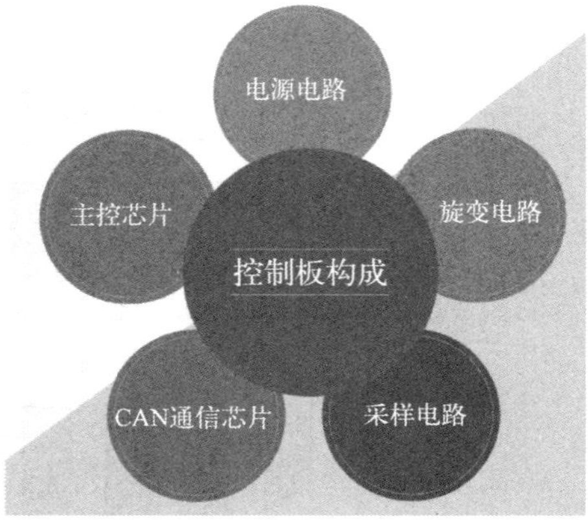

图 3-12　控制板的组成部分

（2）CAN 通信芯片

CAN 是汽车网络的常用通信标准，CAN（controller area network，控制器局域网络）总线可用作汽车电子控制单元（electric control unit）间的通信装置。

CAN 通信芯片为 CAN 收发器使用的芯片，用于实现电机控制器与外部的交互。

（3）采样电路

采样电路配备有各种类型的传感器，负责采集电机的各项关键参数，包括温度、电流、电压等。通过参数信息反映电机和控制器的实时运行状态，为主控芯片的电机控制提供参考。

（4）旋变电路

旋变电路负责解码旋转变压器的输出信号，由此得到电机的转速信息，并对电机进行定位。旋变解码芯片可采集车轮等部件的运动状态信息，以为车辆运动控制提供指导。精准的运动控制能够有效保障车辆操作的安全性，对于自动驾驶汽车而言尤其关键。

（5）电源电路

电源电路负责生成二级电源，为主控芯片、采样电路等部件供应工作所需的电源。

3.2.2.2　驱动板

电机控制器驱动板的作用主要是电源控制和功率调节，下面将分别介绍驱动板的各组成部分和驱动电路等。

（1）高压采样电路

高压采样电路配备有高压采样电阻和隔离运放，采样对象包括母线电流、电压以及三相电流。

（2）驱动电路

驱动电路获取来自主控芯片或DSP的控制信号，并利用隔离芯片将其转化成可用于功率器件驱动的信号，以为电机提供驱动；同时，驱动电路还负责采集电机的故障信号并反馈至主控芯片或DSP。隔离芯片采用的隔离方式有磁隔离、电容隔离、光电隔离三种。

（3）绝缘栅双极型晶体管

作为电机控制器的功率器件，绝缘栅双极型晶体管（insulate-gate bipolar transistor，IGBT）可将直流电转化为三相交流电，控制电机转动的方向和速度。另外，在车辆减速场景下，可将高压直流电转换为三相交流电，完成能量的回收。

（4）超级电容

电机启动时需确保电压稳定，这是实现平稳启动的关键。超级电容的作用就是在电机启动时对电压实施调节控制，其以并联的方式连接高压直流母线。

（5）放电电阻

可根据实际需求进行快速放电操作，以保障电路的安全。

（6）直流高压插接器与UVW插接器

通过连接或断开高压电路调节电流和电压传输，保证传输的稳定性。

3.2.3 电机控制器的控制策略

电机控制器采用多种方式实施电机控制，以确保控制的精准性，最大程度地提升电机的效率和性能表现。常用的电机控制方式如图3-13所示。

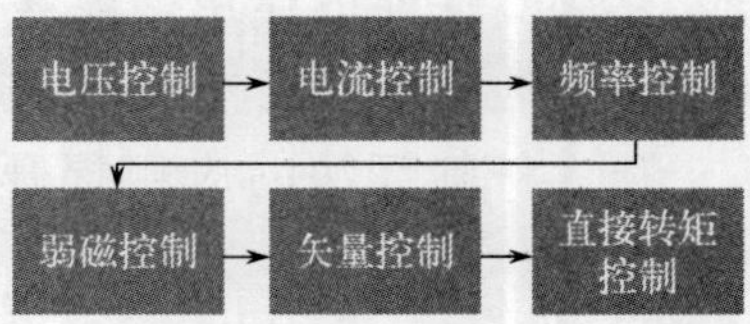

图3-13　电机控制器的控制方式

（1）电压控制

电压控制是对电机端部电压的控制，以起到调节电机转速的效果。此控制方式依据以下原理：电压的变化会引起电机电磁转矩的变动，进而改变电机的旋转速度。电压控制实现难度低，响应速度快，是低精度电机控制场景下常用的控制方式。

（2）电流控制

电流控制是对电机绕组电流的控制，以此来调节电机的转速。绕组电流的大小和方向会影响电机的转矩，通过精准的绕组电流控制可保持电机转速的稳定性，并加快转速的响应。此控制方式适用于对精度、动态性能要求较高的场景。

（3）频率控制

频率控制是调节供应至电机的电源频率，以此控制电机的转速，转速与电源频率间为正相关。此种控制方式结构较为简单，调节区间也比较宽阔，控制灵活性较好，多用于变频调速系统。

（4）弱磁控制

弱磁控制通过控制电机气隙磁场强度调节电机转速，气隙磁场强度与转速为负相关。此控制方式依据以下原理：气隙磁场越弱，反电动势就越小，能够通过的电流也就越高，因此降低气隙磁场强度能够起到增大电机转矩的效果。弱磁控制多用于高性能电机驱动系统，特别是要求宽调速范围的应用场景。

（5）矢量控制

矢量控制又称磁场定向控制，将交流电机的定子电流看作矢量，并利用坐标变换将这一矢量分解为两个独立控制分量，分别用于控制直流电机的励磁电流和电枢电流。矢量控制采用解耦转速控制和转矩控制的电机控制方式，在控制精度和动态响应速度上具备优势，对于高性能电机驱动而言是一种较为适用的控制方法。

（6）直接转矩控制

直接转矩控制的理论基础为空间矢量分析，可在定子坐标系中计算电机转矩并对转矩实施控制，省去了坐标转换的步骤。此控制方式运用定子磁场定向策略，通过离散形式的两点式调节生成脉冲宽度调制信号，以控制逆变器的开闭。直接转矩控制运用简明的控制算法，起到优化转矩动态性能的作用，能够满足对于转矩相应的高要求。

智能控制是控制技术的发展趋势，模糊控制、神经网络控制等智能控制算法的应用提升了电机控制系统的稳定性和智能化水平。随着技术的不断进步，未来的电机控制将变得更加高效和精准，智能化水平将持续提升。

3.2.4 电机控制器的 HIL 测试

技术的进步对新能源汽车电驱系统提出了新的要求，具体表现为高精度动态响应、功能安全冗余、多域协同，MCU 系统的测试需求也随之更新。针对新的测试需求，需建立更加完善的 MCU 测试检验体系，获得关于电机响应、安全性、多控制器协同兼容的准确测试结果。

传统的物理台架测试在安全性、成本、设备损耗、资源消耗、效率、可重复性、全面性等多个方面存在短板，无法满足新的电机控制器测试需求，需另寻其他的测试方法。

针对电机控制器测试，此处介绍硬件在环（hardware-in-the-loop,

HIL）测试系统。该系统采用虚拟测试的方式，运用数字化技术搭建虚拟试验场，在其中整合电机、功率器件、传感器信号等目标对象的仿真模型，测试可覆盖超过80%的工况。HIL测试系统可在不产生物理损耗的情况下开展模拟测试，节省测试成本。利用自动化测试脚本，系统可进行数万种参数组合的并行验证，从而大幅缩短测试周期。

具体而言，电机控制器的HIL测试分为以下三个等级。

① 信号级：在该等级的测试系统中，除MCU外的被控对象均为仿真模型，这种设计的优点在于对象模型参数的调节较为便捷。该等级的测试采用无功率设置，将电压和电流始终控制在较低水平，安全系数较高。

② 功率级：该等级的测试系统中，除MCU和逆变器以外的被控对象全部是仿真模型，另外一个以真实形态存在的部分为电子负载，其起到吸能的作用。与前一等级的测试相比较，该等级的测试全面性更好，但也伴随着更大的电压和电流，安全风险更高。

③ 机械级：该等级的测试系统中，MCU、逆变器、电机采用实体，其余被控对象为仿真模型。机械级测试是最为全面的电机驱动系统测试，需搭建台架作为测试装置，成本和风险很高，测试时要注意做好安全防护工作。

（1）MCU HIL测试软件平台设计

MCU可采集其各项参数的信号，包括电流、电压、位置、温度等。借助CAN总线和仿真虚拟节点，MCU可实现总线数据交互。

利用Simulink可视化工具构建电机模型，电机模型由以下四部分组成。

① 传感器模型：负责采集并反馈电机的各项信息数据，包括转子温度、工作电流、电压、转速等。

② 逆变器模型：在永磁同步电机的驱动系统中，逆变器的作用是将来自动力电池的直流电压转换为交流电压，以驱动电机的运行；交流电压的工作方式可以是定频定压或调频调压。

③ 电机模型：参照编码器模型发出的信号判断转子转速及位置，据此计算得到电机的电流、输出力矩等，并将以上信息反馈至MCU；接收到反馈信息后，MCU再向电机模型发出目标请求信号，由此形成电机控制闭环。

④ CAN通信输入输出控制部分：用于在MCU与虚拟节点之间建立信号关联，同时信号值支持手动修改；CAN通信的内容包括各项参数的信号，如转速、母线电压、逆变器温度等。

（2）MCU HIL功能

MCU HIL可以实现以下功能。

① 整车运行环境模拟：为MCU供应运行所需的整车输入信号和电能，

并通过仿真模型模拟整车运行环境。

② 功能验证测试：可开展不同层级的功能验证测试，包括整车系统级、电子零部件级。

③ 故障自诊断测试：MCU 电控单元故障分为电气故障和网络故障两类，前者如开路、短路等，后者如 Bus off、校验 CRC 错误等。

④ 整车 CAN 通信模拟：通过模拟 CAN 网络通信得到 CAN 节点收发功能，此外还可借助 CAN 总线的仿真模型向 MCU 传输数据。

⑤ 极限工况仿真测试：在实车上不能还原的、危险系数大的、罕见且测试难度高的工况都属于极限工况，针对此类测试工况采用仿真验证的方式。

⑥ 故障工况模拟重现：针对偶发性的控制器故障工况，可采用快速模拟重现的方式开展测试，观察故障发生的过程；针对较为复杂的故障工况，可开展细致的模拟测试，分析造成故障的原因，探索避免和应对故障的方法。

3.3 汽车电子控制器（ECU）

3.3.1 新能源汽车 ECU 的常见类型

随着科技的不断进步和汽车行业的快速发展，汽车中所装配的软件日渐增多，汽车行业也基于电子和软件架构不断创新。就目前来看，许多汽车中已经装配有上百个电子控制器（electronic control unit，ECU），可以同时控制多种软件。

在汽车中，ECU 的作用相当于人的大脑，负责控制汽车中所有的电子功能和系统，监控各个传感器和各项数据，在燃油喷射、制动辅助、悬架调节等多个环节发挥着重要作用。不仅如此，在汽车运行过程中，也可以有效优化汽车性能，提升汽车运行效率。

ECU 是汽车中的电子控制单元，也是一种嵌入式计算机系统，各个 ECU 输入设备和 ECU 输出设备之间互相连接，可以支撑车辆实现自动控制，也可以获取外部环境信息，并借此实现对电气系统各部分的控制。

近年来，汽车正在向电动化、智能化、网联化的方向快速发展，汽车的原始设备制造商（original equipment manufacturer，OEM）开始对车辆功能进行划分，并为每个功能模块配备一个具有 I/O 外围设备的微控制器，以便接收各项环境信息，按模块功能执行相应的任务，进而实现对车辆的有效控制。

ECU 是一种具有管理功能的计算机系统，也是车辆电子系统的重要组成部分，其可以管理车辆中的各个电子系统，支撑发动机、电机、电池、变速器、悬架和制动器等系统正常运行。除此之外，ECU 还可用于电机及发动机的监控环节中，保证电机和发动机的性能及效率。

ECU 中具有微处理器和传感器，可以利用各项传感器设备采集车辆中各个系统的数据，利用微处理器对这些数据进行处理，并根据数据处理结果进一步实现对车辆中各个系统的控制。具体来说，ECU 可以对发动机的空燃进行控制，确保发动机性能可维持在最优水平；ECU 可以对点火正时进行控制，以便获得更高的燃油效率；ECU 可以对变速器进行管控，提升车辆换挡的平稳性。

ECU 的应用可以大幅提升车辆的性能和效率，同时也可以有效支撑车辆计算机监控各个系统，以便及时发现和解决各项故障和问题，保障车辆安全。除此之外，ECU 还可以支撑车辆实现牵引力控制、稳定性控制、防抱死制动等多种功能。

20 世纪 70 年代，ECU 取代了化油器，被装配到汽车当中，用于管理燃油喷射系统。近年来，汽车技术和数字系统不断升级，ECU 的功能越来越丰富和先进，ECU 逐渐成为汽车中不可或缺的一部分，用于保障车辆的性能和安全。从实际应用情况来看，ECU 可以在轿车、卡车、公共汽车等多种汽车中发挥作用，且车辆通常可以配备不同的 ECU。

ECU 是现代汽车中的重要组成部分，汽车中的 ECU 通常可分为多种类型，且各种 ECU 均可控制与之相对应的特定系统。例如，发动机控制单元可以控制汽车的发动机性能；变速器控制单元可以控制汽车的传动系统；制动控制单元可以控制汽车的制动系统。

在汽车中，各个模块或域的 ECU 被称为域控制单元，通常每个域中有多个网络，各个 ECU 可以通过网络互相连接。

具体来说，ECU 主要有以下几种类型，如表 3-3 所示。

表 3-3　ECU 的常见类型

常见类型	具体内容
发动机控制单元（engine control unit，ECU）	管理发动机的空燃比、点火正时，控制发动机的性能和效率
变速器控制单元（transmission control unit，TCU）	管理离合器、变矩器以及其他各项传动部件，控制汽车的传动系统，保证换挡的平稳性，并在最大限度上提升燃油效率
制动控制单元（brake control unit，BCU）	控制制动系统，对车辆的各项数据进行监控，如速度、制动压力等，充分保证车辆的制动性能，提高制动的准确性和安全性
车身控制模块（body control module，BCM）	控制车辆的各项便利功能，如车窗、中央锁、照明等，保证驾乘人员的舒适性

续表

常见类型	具体内容
悬架控制单元（suspension control unit，SCU）	控制车辆的悬架系统，提高车辆的操控性和乘坐舒适度
车辆暖风控制单元（combined charging unit，CCU）	控制车辆的气候控制系统，如空调和暖气，使车内保持适宜的温度
导航控制单元（navigation control unit，NCU）	控制车辆的导航系统，向车辆驾驶员提供路线、方向等导航信息
远程信息控制单元（telematics control unit，TCU）	控制车辆的远程信息处理系统，支撑车辆实现GPS跟踪、远程诊断、紧急援助等功能

一般来说，不同品牌、型号和生产年份的汽车中所配备的ECU在数量和类型上存在一定差异。以上各类均为车辆中常见的ECU，既可以在最大限度上提升车辆性能，也可以保证车辆的安全性。

3.3.2 新能源汽车ECU的工作原理

在汽车中，ECU包含多种软硬件设备，如微控制器、内存、输入、输出和嵌入式软件等，且连接着传感器、执行器和通信链路的电子设备，能够支撑车辆实现多种功能。ECU可以接收来源于各种传感器的信息，如温度、速度、氧气水平、节气门位置等，并据此计算出发动机的最佳燃料量、空气量、火花及正时。不仅如此，ECU也具有信息传输的作用，可以向各个执行器（如喷油器、继电器、阀门、伺服电机等）传输指令信息，以便实现对汽车的各个系统和各项功能的控制。

例如，ECU可以获取发动机负载和速度等数据信息，并据此对车辆燃油进行调整，保证车辆可保持最佳燃油喷射率；ECU可以对车轮进行检测，及时发现车轮打滑问题，并开始运行防抱死制动系统（antilock brake system，ABS）。

各个ECU均有符合其实际功能的名称和各自的物理地址，外部用户可以根据名称和物理地址识别各个ECU模块。若仅有一个功能/全局地址，那么外部用户则可以通过该地址连接到网络，或借助物理地址连接到特定的ECU，进而达到刷新或诊断软件的目的。除此之外，ECU还具备检查和监控的作用，可以用来检查汽车关键部件的性能，并对这些部件的性能变化情况进行监控。

ECU主要由互相嵌入的硬件和软件架构构成，可以支撑机器/车辆实现自动化。ECU可以存储微控制器闪存中在出厂后经过重新编程的软件，这一功能可以在车辆处于使用寿命期限内修复各项问题，并增添一些新功能。

编程 ECU 具有许多优势，但同时也存在一些不足之处。具体来说，编程 ECU 放宽了 ECU 中各个软件的修改权限，对软件加载方式的控制相对不足。因此，为了避免 ECU 中的软件出现不可用的情况，汽车 ECU 以及其他 ECU 必须具备一个受保护的闪存或 EEPROM 扇区，并设置相应的主引导加载程序（primary boot loader，PBL）。当不存在特殊访问权限时，PBL 通常会存在于微控制器内存当中，不会被轻易删除或移除，且在正常的软件加载序列中也不会改变。

一般来说，若 ECU 处于通电状态，那么则会先运行 PBL，对经过验证的各项应用软件进行检查，在检查过程中并未发现问题的情况下，会跳转到主应用软件的主要功能，并继续运行。从原理上来看，引导加载程序的应用可以为产品所有者重新把软件编程到相应的硬件中提供方便，让相同的设备和 ECU 可以被反复使用。

PBL 必须借助 UART/SPI 才能与外部闪存工具连接，存在一定的局限性。在通信方面，汽车领域大多需要使用 CAN 或其他高级协议，许多 OEM 开发出了属于其自身的引导加载程序，即辅助引导加载程序，可以利用该程序在闪存中存储新的应用软件和参数数据。不仅如此，在 PBL 的作用下，辅助引导加载程序还可以被下载到 RAM 内存当中，为信号广播层（signal broadcasting layer，SBL）实现对各项功能的控制提供支持，并进入应用软件主函数。

ECU 可以获取来源于各个传感器的各项数据信息，并对这些数据信息进行处理和分析，根据分析结果向执行器传输信号，进而实现对汽车中的各个系统的控制。

ECU 可以接收来源于汽车发动机处的传感器所采集的空燃比、发动机转速、温度等信息，并据此控制燃油喷射和点火正时，从而达到增强发动机性能的效果。ECU 可以处理和分析车辆中的各个传感器所采集的各项数据，并实现对燃油混合、发动机转速、点火正时、安全气囊等多个方面的管理和控制，保障汽车的安全性。

3.3.3 ECU 的常见故障及解决方案

ECU 在一定程度上影响着车辆的性能、效率、安全性、舒适性、便捷性，良好的 ECU 可以保证车辆运行的平稳性，而存在故障或损坏的 ECU 则会带来熄火、动力损失、怠速不稳、发动机失火等问题，导致车辆无法正常运行。

ECU 具有较高的精密程度，在实际使用过程中可能会出现一些故障。

（1）汽车 ECU 传感器故障

汽车 ECU 在运行时对传感器网络有着较强的依赖性，通常需要借助传感器来获取决策所需的各项关键数据。若传感器出现问题，则可能导致 ECU 缺乏决策所需数据或数据不正确等问题，进而影响车辆性能，甚至引发车辆故障。

- 解决方案：对传感器进行定期检查和维护，以便及时发现故障并进行维修或更换。一般来说，传感器的更换难度和成本较低。

（2）ECU 腐蚀或损坏

当 ECU 出现进水、外壳破损等腐蚀或物理损坏的情况时，可能会出现故障，进而影响车辆正常运行，甚至导致汽车出现事故。

- 解决方案：对车辆中的各个 ECU 进行定期检查，确保各个 ECU 均无进水风险，且外壳牢固，对于已经损坏的 ECU，需及时更换，对于存在潜在问题的 ECU，也需要尽快找出问题并解决。

（3）汽车 ECU 中的软件问题

ECU 在运行过程中对软件有着较强的依赖性，因此，当软件出现故障或损坏时，ECU 也会受其影响，进而引发一系列问题，严重时甚至会导致车辆无法启动。

- 解决方案：当软件出现的问题较轻时，可以通过断开再重新连接汽车电池的方式来重置 ECU，进而达到解决软件问题的目的；当软件出现的问题较为严重时，则需由掌握专业知识和技能的技术人员对软件进行更新或刷新。

（4）汽车 ECU 中的电气问题

在汽车中，若存在线路短路等电气问题，ECU 也会受其影响，进而出现损坏。

- 解决方案：对电气系统进行定期检查，尽量在其对 ECU 造成损坏之前发现问题，并及时更换出现问题的部件。

以上问题是汽车 ECU 中的一些常见问题，但在品牌、型号等各不相同的车辆中，ECU 所面临的情况和可能出现的问题通常存在一定差异，因此相关工作人员在处理这些问题时还需从实际情况出发。

第 4 章
新能源汽车电池管理系统

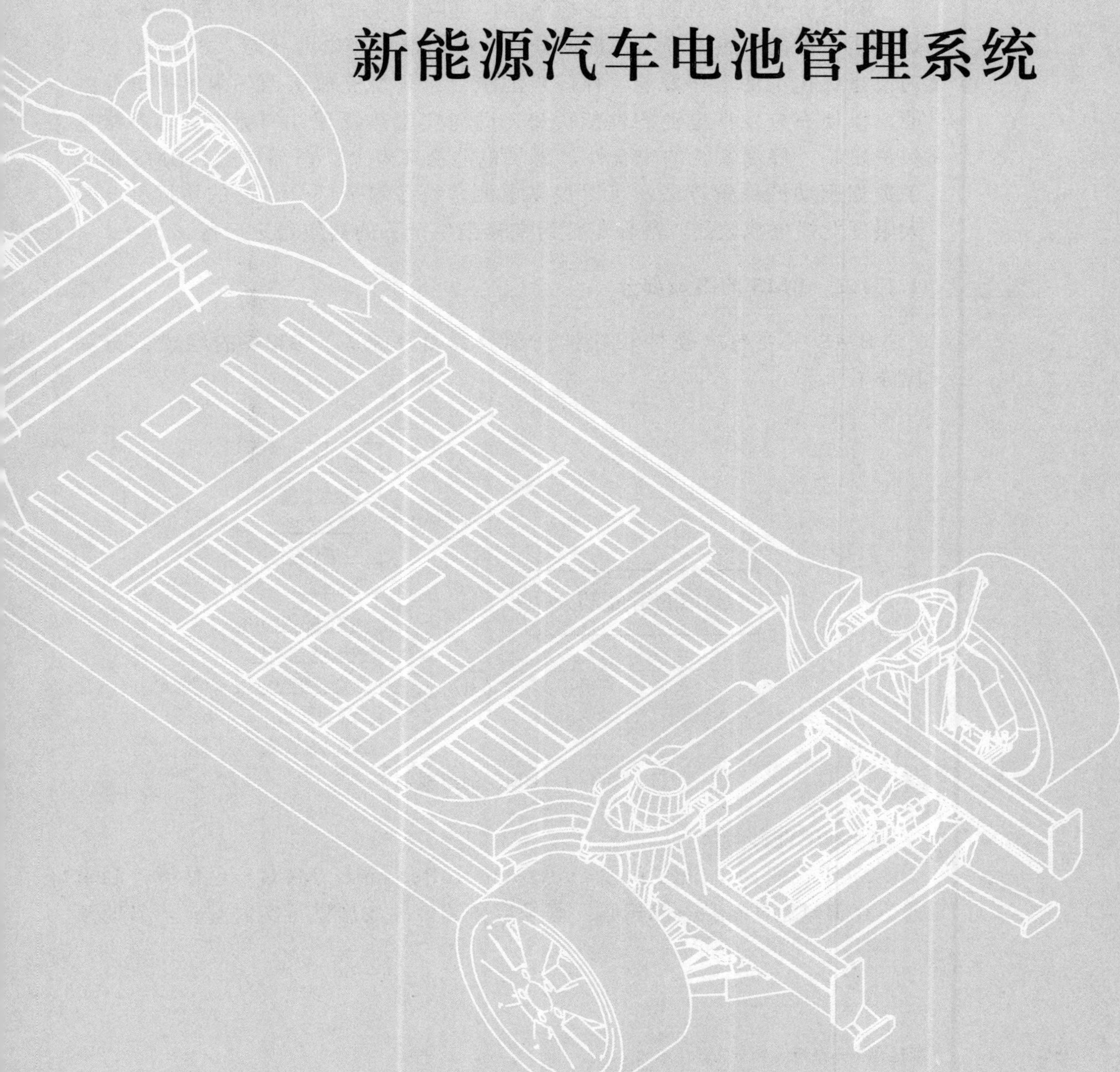

4.1 BMS 结构原理与核心功能

4.1.1 BMS 的结构与原理

电池管理系统（battery management system，BMS）是现代储能技术的核心组件，具有电池状态实时监控、充放电策略优化、故障保护等诸多功能，能够有效延长电池寿命，保障电池系统在复杂工况下的高效、安全、稳定运行。就目前来看，BMS 可以在电动汽车、智能设备、储能系统、工业装备等多个领域中发挥重要作用。

4.1.1.1 BMS 的定义

BMS 是电池系统的智能监控中枢，可以实时采集和分析各项相关参数，如电压、电流、温度等，并根据分析结果精准调控电池状态。BMS 的核心功能是优化电池工作效能，保障电池在复杂环境充放电循环中维持峰值性能，以便充分发挥电池的性能优势，同时实施热管理、均衡控制等多维度保护机制，提高系统的安全性，延长电池循环寿命。总而言之，BMS 融合了数据驱动的决策算法，可以提高电池系统各组成部分之间的协同性，最大限度发挥电池效能，确保电池组在复杂工况下的高效稳定运行。

4.1.1.2 BMS 的组成部分

BMS 主要包含硬件和软件两部分，具体来说，BMS 的组成部分如图 4-1 所示。

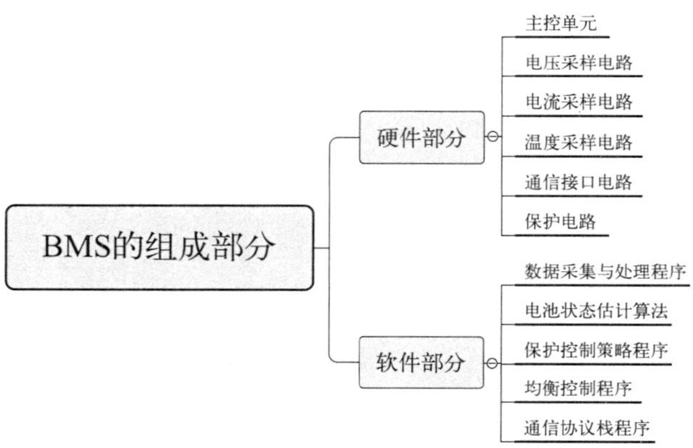

图 4-1　BMS 的组成部分

（1）硬件部分

① 主控单元　主控单元（microcontroller unit，MCU）也称微控制单元，是 BMS 的智能决策核心，可集成多源传感数据进行实时解析，借助预

设的控制算法和策略实现闭环管理。MCU 采用高性能运算架构，具有强大的运算能力和数据处理速度，能够快速动态响应电池系统变化，实现最优能量调控与有效安全防护，确保电池系统在各种复杂工况下均可高效运行。

② 电压采样电路　电压采样电路应具备良好的抗干扰能力，以及较高的精度和可靠性，能够精准采集电池单体和电池组的电压数据。一般来说，电压采样电路采用高精度的电压采样芯片或模块，可以实时监测电池单体及模组电压参数，对这些数据展开分压、滤波等处理，并将经过处理的电压信号上传到主控单元当中，充分保证电池系统在复杂电磁环境下的测量精度和长期运行稳定性。

③ 电流采样电路　电流采样电路配有高精度的霍尔传感器、分流器等设备，集成了信号调理电路，可以将电流信号转换为标准电压信号，并传输到主控单元当中进行分析和计算，进而实现对电池充放电电流的精准测量。对电池系统来说，高精度的电流测量可以在数据层面为其有效发挥各项核心功能提供支持，充分保证全工况测量的稳定性，并支撑其实现对电池状态的监测和保护。

④ 温度采样电路　温度采样电路采用分布式传感设计，在电芯表面、模组连接件等热敏感区域布置多节点传感网络，可以利用温度传感器实时感知电池组温度梯度分布情况，采集各项电池温度数据，并借助信号调理电路将这些数据转换为符合主控单元输入要求的数字信号，从而在数据层面为制定热管理策略和预测热失控风险提供支持。

⑤ 通信接口电路　BMS 集成了多种标准通信接口，如 CAN 总线、LIN 总线、RS-485 等，可以充分发挥协议转换与数据编码模块的作用，连接上位机、充电设备、整车控制器等多种外部设备，支撑主控单元与各项外部设备进行数据交互与协同控制。

⑥ 保护电路　保护电路集成过压、过流、欠压等多重硬件保护回路，采用多级阈值判定策略，可以实时监测电压 / 电流参数，在发现异常情况时及时切断充放电回路，防止出现电芯过充 / 过放等问题，降低热失控风险，有效保护 BMS 硬件以及电池系统。

（2）软件部分

① 数据采集与处理程序　数据采集与处理程序利用多通道同步采样技术实时采集各项相关数据，如电池电压、电流、温度等，并充分发挥数字滤波算法、动态误差补偿模型、循环存储策略等技术的作用，对采集到的数据进行滤波、校准、存储等处理。除此之外，数据采集与处理程序还采用了硬件加速运算架构，可以实现对数据的快速处理和高精度测量，充分保证数据的可靠性、及时性，以及 BMS 在整个生命周期内的数据输出能力。

② 电池状态估计算法　电池状态估计算法融合了多种估计算法，是BMS软件的核心算法模块，可实现对荷电状态（state of charge，SOC）、健康状态（state of health，SOH）等相关数据的高精度预测。一般来说，电池状态估计算法模块的性能直接影响着系统状态监测的精准性，相关研发人员需要充分发挥机器学习优化、参数辨识增强等技术的作用，持续提升模型鲁棒性，降低估算误差。

③ 保护控制策略程序　保护控制策略程序具备主动安全防御功能，且具有响应速度快、可靠性强等诸多优势，可以利用预警 - 限流 - 断流分层保护策略，提升电池系统在极端工况下的安全容错能力，在出现过充、过放、过流、过热等异常情况时及时保护电池系统。

④ 均衡控制程序　均衡控制程序可以从均衡方式和电池特性出发，选择合适的控制算法，以主动式能量转移、被动式耗散机制等方式有效消除单体间荷电状态差异，动态调整均衡阈值与电流参数，抑制电池组容量衰减梯度，进而实现电池组能量均衡管理。

⑤ 通信协议栈程序　通信协议栈程序集成了CAN、LIN等多种通信协议，可实现数据打包、解包、发送和接收等多种功能，支撑主控单元与外部设备通信，同时充分保障数据传输的完整性、稳定性和可靠性。

4.1.1.3　BMS的工作原理

BMS工作流程主要包含三个环节，分别为数据采集、数据分析与处理、控制决策与执行。具体来说，BMS的工作过程如图4-2所示。

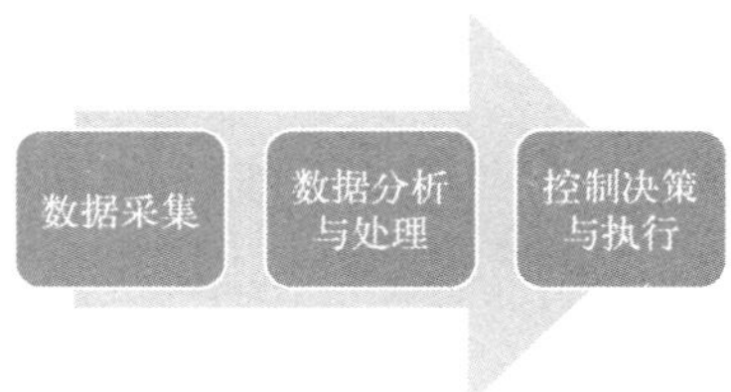

图4-2　BMS的工作过程

（1）数据采集

BMS具备多参数传感模块，可实时监测和采集电压、电流、温度等多项电池关键参数，并对各项参数进行动态补偿和线性化处理，将输出的标准数字信号上传到主控单元当中。

（2）数据分析与处理

主控单元可利用数字滤波算法对传感器所采集的各项数据进行降噪预处理，调用预设的算法和模型实时分析SOC、SOH等电池状态参数，同时借助多维度参数比对机制比较当前电池状态和预设安全阈值，并根据比较结果判定系统运行状态，从而为控制决策提供支持。

（3）控制决策与执行

主控单元可实时监测电池状态，并在发现过充、过放、过流、过热等异常情况时触发保护控制策略，及时切断充放电回路或启动散热 / 均衡装置。BMS 可根据电池实时参数动态调控充放电设备，优化充放电曲线，最大限度提高能效，充分保证电池组运行的安全性，并延长电池使用寿命。

4.1.2　BMS 测量功能

在新能源汽车中，电池管理系统是维护电池系统安全的重要切入点，下面就对电池管理系统作一番解析。

电池管理系统是电池的必要组成部分，这是由电池的特性所决定的，而在新能源汽车的架构中，电池管理系统同样不可或缺。电池管理系统可通过测量掌握电池状态，起到延长电池寿命的作用。

具体来说，电池管理系统具有以下四项功能，即测量功能、状态估计功能、辅助系统功能和通信与诊断。下面我们首先分析电池管理系统的测量功能。

4.1.2.1　基本信息测量

电池管理系统负责测量电池单体的各项参数，包括电压、电流、温度，由此其顶层计算和控制逻辑得以成立。基本信息测量主要包括以下内容，如图 4-3 所示。

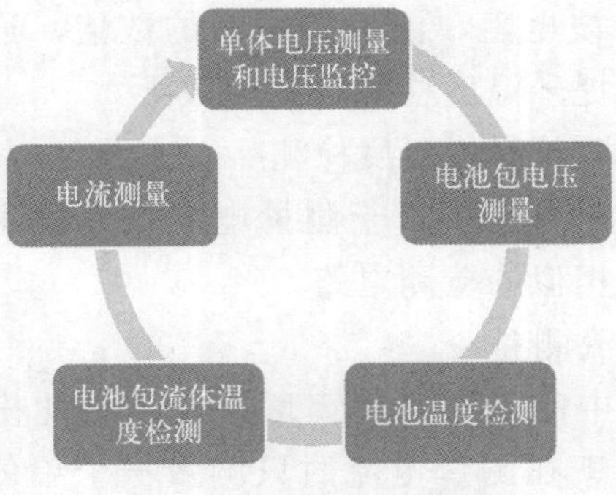

图 4–3　基本信息测量

（1）单体电压测量和电压监控

通过测量单体电压，电池管理系统可达到以下目的：第一，将单体电压相加得到整体电压；第二，得到由电压差值反映的单体间差异；第三，掌握单体运行状态。现阶段，单体电压的采集与保护均需借助 ASIC。所采集单体电压的精度由多项因素所决定，包括 ASIC 电路精度、采样线束及线束保护熔丝、均衡状态等。此外，电池化学体系和 SOC 范围会影响电压采集精度的敏感度，因此在使用 ASIC 采集到电压后需对电压实施还原操作，由此得到与电池真实电压更为接近的数据。

（2）电池包电压测量

计算 SOC 需用到电池组总电压。从理论上说，总电压可通过将单体电压相加而得到，不过各单体电压的采集时间并不一致，同时使用这种方法也无法与电池传感器数据保持同步。考虑到以上因素，SOC 的计算将采用电池包电压为主要参数。电池包电压分为内电压和外电压，继电器诊断需进行两者间的比对，因此电池包电压测量需用到 V0 和 V1 两路。

此外，电池包电压测量需进行高压采集，所以隔离操作是必要的。常用的隔离方案有光隔和电阻分压两种，而后进行工作点的配置，此外还需使用汽车级运放构建的仪表运放电路。

（3）电池温度检测

对于电池参数而言，温度起到非常关键的作用。在电池包的设计过程中，可对与温度有关的多项数值进行预先控制，包括电池内外温度差、电池包内部最大温度差等。电池管理系统通过多项指标反映电池包运行状况，包括温度传感器的放置位置、数量以及所获取的温度数据。

温度检测精度的设置要做到合理，比如温度在 −40℃时，由于需对电池系统进行加热处理，检测精度没有必要达到太高的水平；而在 −10 ～ 10℃这一区间内，温度的变化会对电池性能产生较为显著的影响；另外，40℃为高温临界点，在以上温度条件下均需保持较高的温度检测精度。采集上拉电阻、滤波电阻、温度传感器的数值，通过对各项数值实施蒙特卡洛分析，可达到提升温度检测精度的效果。

（4）电池包流体温度检测

电池管理系统可用于测量电池包流体入口与出口温度，在检测时采用与单体检测相似的检测电路。

（5）电流测量

电池包中的单体采用串联设计，由此扮演整车电能供应者的角色，因此通常情况下在测量电流时只测量一个单体即可。常用的电流测量手段包括智能分流器和霍尔电流传感器，由其化学性质和应用场景所决定，电池系统中经常会出现极高的电流数值，且这些数值的停留时间仅限于瞬时，包括输入电流和输出电流，所以电流测量的精度和量程非常关键。

对于电池单体而言，电流是导致其温度变化的重要因素，内阻是电流的作用区域，电池发热由电流和化学发热共同组成。此外，电压会随电流的变化而变化，电流、电压、时间是评估电池状态的三项关键指标。

就电流测量手段而言，霍尔传感器过去多被应用于混动车型，如今智能分流器开始逐渐用于电压及电流采样，传输方式采用串行总线。

4.1.2.2 绝缘电阻检测

此项检测的对象包括电池系统和高压系统，根据实际测量需求选择对应的测量方式，正负极对地线、电池单体对系统都会产生绝缘电阻，对于以上两组数据，分别采用电桥法和主动信号注入法完成检测。

4.1.2.3 高压互锁检测

高压互锁（high voltage inter-lock，HVIL）检测用于检验高压系统完整性，如果发现高压系统不完整，或是其回路未处于正常连接状态，则需及时采取安全措施。

高压总线上电前，可借助 HVIL 得到系统的完整性状况，有效避免电池系统的安全隐患。

HVIL 的实现需依靠连接器的低压连接回路，通常情况下电路检测回路的供应者为电池管理单元。

4.1.3 状态估计功能

电池状态分析主要需要分析电池荷电状态（state of charge，SOC）和电池健康状态（state of health，SOH）两项数据。为了提高动力电池的安全性，延长电池使用寿命，汽车行业的相关工作人员需要精准采集 SOC 和 SOH 数据，并借助这些数据来为电动汽车 BMS 系统实现热管理、充放电控制和电池安全保护等功能提供强有力的支持。

SOC 和 SOH 均为电池内部数据，难以直接获取准确信息，因此电动汽车的 BMS 系统需要通过处理动力电池的电气特性来估算 SOC 和 SOH。

（1）SOC 估算

关于 SOC 估算，比较常用的方法有安时积分法和开路电压标定法，两种方法各自存在一定的问题。安时积分法的问题在于时间越长估算误差越大，采用开路电压标定法则需对电池进行静置处理，等待较长的一段时间，此时的开路电压才能保证获取到较为准确的 SOC 数值，因而此方法无法做到在汽车行驶过程中准确估算 SOC。实际应用中主要采用开路电压标定法，同时还会用到卡尔曼滤波法和神经网络法，以增强计算的准确性。不过由于受到微控制单元运算效率和能力的限制，算法复杂度无法达到太高的层次。

（2）SOH 估算

SOH 通常用于表示电池的健康状态，能够在一定程度上反映出电池的老化程度和性能衰退程度。具体来说，电池的 SOH 与电池容量和内部阻抗之间关系密切，BMS 系统在衡量电池的 SOH 时通常需要参考这两项数据。一般来说，完好的新电池的 SOH 为 100%，当电池的 SOH 降低到 80% 以下时，用户就需要为电动汽车更换新的电池。

在新能源汽车中，电池应当匹配电机的功率要求，而温度和SOC的变化会对电池的输入和输出功率造成限制。实际应用过程中，混动车型电池包的SOC窗口极为窄小，而纯电车型的SOC窗口则十分宽大。对于插电式混合动力车型而言，在电池消耗完毕的情况下需关注输出功率限制，电池功率限制需要用到功率限制参数，此项参数基于三维表计算得到，具体由温度、SOC、电池容量三项参数组成。整车控制器从电池管理系统处得到功率限制参数，根据参数对电池参数实施控制。

4.1.4 辅助系统功能

通常情况下，电池管理系统的辅助系统功能需配合其他系统来使用，包括整车控制系统等。具体而言，辅助系统功能包括以下几项，如图4-4所示。

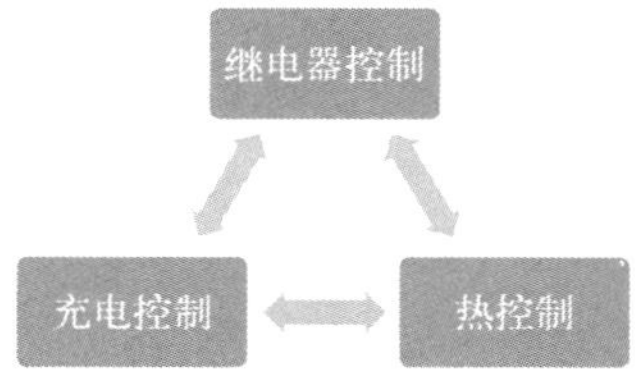

图4-4 BMS辅助系统功能

（1）继电器控制

通常情况下，电池包内配备多个继电器，包括主正继电器、主负继电器、预充继电器、充电继电器等。电池管理系统负责为继电器提供驱动，并检测继电器的状态。在实施继电器控制时，需要与整车控制器进行协调，而后确定继电器控制器，后者会在安全气囊控制器发生碰撞信号时断开。另外，电池包外部设有独立配电盒，起到保护电流分配的作用。在具体的操作层面，继电器控制需要按照正确的顺序执行继电器的开闭。

（2）热控制

温度变化会在很大程度上影响电池的化学性能，保持电池工作温度处于适当区间可有效延长电池的寿命。CFD仿真分析是电池热控制的辅助手段，通过尽可能少的温度传感器采集电池包内的温度信息，并提交至电池管理系统，由后者实施热控制。

（3）充电控制

电池管理系统可用于监测充电状态下电池的需求。交流系统中，电池管理系统为脉宽调制提供支持，使后者的导引电路得以交互。直流充电过程中，观察各电流的状态，如果发现有电流在高SOC条件下不对充电作任何限制，则对其予以重点关注。国标系统需要电池管理系统具备一定的通信功能，实现与外部的通信，以完成充电信息的交互。充电控制功能的相关设计可移植至其他模块，由此可以使得电池管理系统的睡眠管理机制变得更加简单。

4.1.5 通信与故障诊断

（1）通信功能

电池管理系统须具备通信功能，借助通信完成各项操作，比如向整车控制器报告电池系统的各项信息等。如果采用直流充电的方式，则电池管理系统需与直流充电桩建立通信。此外，有些情况下，电池管理系统需准备备用通信线，以应对主通信无法正常运行的状况。

（2）故障诊断和容错运行

当电池管理单元出现故障时，需通过故障码发出报警信息，而后仪表盘上的指示灯将会亮起，提示驾驶员及时处理故障。电池本身具有一定的危险性，因此面对突发故障时，车联系统应直接传递相关信息。举例来说，如果车辆遭遇事故，则安全气囊将弹出，同时整车控制器会对继电器执行切断处理，此时车联系统将采用定位及预警的方式处置当前事故，尤其是要执行电池的放电操作。总的来说，电池管理系统的故障诊断对象涵盖电池包、电池单体各层级，故障类别如电压、电流等方面的故障，识别到故障后对其进行定位，根据故障特征将其归入相应的级别，之后通过容错控制应对故障产生的问题。

在容错运行方面，电池管理系统采用故障 - 安全（fail-safe）容错运行机制，针对车辆运行中发生的错误，该机制会采取降级运行的处理方案。

4.2 BMS 功能核心技术实现

4.2.1 能量控制技术

电池是一种具有能量存储和能量转化功能的装置，能够将来源于外部的电能转化为化学能并进行能量存储，达到充电的目的，也能够将内部的化学能转化为电能并进行能量输出，达到放电的目的。

（1）电池的充电原理

锂电池的充电过程主要包含如表 4-1 所示的四个阶段。

表 4-1 锂电池的充电过程

充电过程	具体内容
恒流预充	当电池已完全放电时，需借助恒流预充来进行恢复性充电，防止出现因不当充电造成的电池使用寿命缩减
大电流充电	当电池电压进入恒流充电范围时，需增大充电电流，使用大电流快速为电池充电，在这一阶段，电池的电压会持续上升直至达到额定电压
恒压充电	当电池的电压达到额定电压时，须保持额定电压不变，以恒压充电的方式继续为电池充电，此时电芯的饱和程度越来越高，电流强度也将逐渐降低
充电终止	当电池充电的电流强度降至 0.01C 时，须停止充电

从充电过程上来看，电池组与单体电池之间十分相似，但也存在一些不同。具体来说，电池组中包含多个相互连接的单体电池，为了确保不影响电池的使用寿命，在充电时需要采用均衡充电方法，利用与单体电池并联的均衡电路进行分流，防止出现部分电池过充的问题。

均衡充电方法有助于BMS系统及时发现电池组中率先充满的单体电池，并阻止这些电池继续充电，防止出现过充问题，并在为尚未充满的其他单体电池进行充电的过程中将多余的能量转化成热能。

（2）电池均衡管理

电动汽车的动力电池中包含多个电池组，且各个电芯的电量并不完全相等。在充电过程中，部分充电速率高于其他电池的电池可能会出现过充问题，部分充电速率低于其他电池的电池在保护电路的作用下可能难以充满；在放电过程中，保护电路可以在电池容量下降到设置值时及时断电，有效防止电池出现过放问题，但同时也会导致电池出现容量丢失问题。

受到电池本身和电池管理因素的影响，采用串联设计的电池包经常会发生不均衡的情况，现实工况下，各串联的参数表现存在差异，这体现在输出容量上。此外，电池会受到多方面的限制，这些限制中有的由过度充电或放电的不当操作造成，有的则与电池所处内外部条件有关，不同的温度和SOC会导致电池输入和输出功率受限。这意味着单体电池受限带来的负面影响将会波及整个电池，并且这种影响会一直持续下去。

具体而言，电池不均衡性的原因主要体现在如表4-2所示的几个方面。

表4-2 电池不均衡的原因

序号	电池不均衡的原因
1	各电池单体间存在差异，这种差异体现在容量、内阻、自放电、工作与休眠电流等多个方面
2	客户在使用电池时的充电与放电时间
3	不同温度和SOC条件下的自放电

针对电池包不均衡的问题，需采用有效的均衡方法，此类方法由硬件拓扑和均衡算法组成。而将均衡方法应用于汽车，需综合考虑可靠性、成本、安全等多方面因素。

为了确保动力电池中的各个电池组之间的一致性，BMS系统需要对电池组进行均衡管理，具体来说，电池组的均衡管理主要包括被动均衡和主动均衡两种类型。

被动均衡是一种已经被广泛应用在多种车型当中的均衡管理方法，具有电路结构复杂度低、可靠性强等优势，能够在电动汽车的电池管理方面发挥十分重要的作用。从作用原理上来看，被动均衡可以利用电阻来帮助电量相对较高的单体电池放电，直至其电量与电池组中的其他电池相等。近年来，汽车行业飞速发展，电动汽车中的动力电池的一致性日渐提高，即便动力电池已经使用了较长时间，各个单体电池在电量方面也并不会出现较大差距，由此可见，对电动汽车来说，被动均衡是一种高性价比的均衡管理方法。

主动均衡是一种技术难度较高的均衡管理方法，具有电能利用率高、均衡速度快等优势，但同时也存在电路结构复杂度高、成本高、可靠性不足等问题，难以广泛应用到各类电动汽车当中。从作用原理上来看，主动均衡就是将电量相对较高的单体电池中多余的能量存储到电容、电感、DC/DC 等能量存储工具当中，并通过这些能量存储工具来为电量相对较低的单体电池充电，进而达到均衡管理的目的。

4.2.2 安全保护技术

电池安全保护功能主要用于确保电池运行的安全性。具体来说，电池安全保护功能的实现离不开保护电路板和正温度系数（positive temperature coefficient，PTC）热敏电阻等各类电流器件的协同作用。其中，保护电路板主要由电子电路构成，能够在 −40 ～ 85℃的环境中对电芯电压和充放回路电流进行监测，并根据实际监测情况控制电流回路打开或关闭；PTC 具有较强的温度敏感性，其电阻值可以随着温度的升高而变大，从而保护电池不受高温损坏。

（1）过充过放保护

从充电过程上来看，动力电池通常先采用恒流充电的方式进行充电，在电压降到额定电压后再采用恒压充电的方式进行充电，此时电池的充电电流会越来越小。若充电电路失控，那么电池在电压升到额定电压时会继续采用恒流充电的方式进行充电，导致电压持续上升，内部化学反应激烈，进而出现电池受损等问题。过充保护功能有助于 BMS 系统及时发现电池电压过高的问题，借助集成电路（integrated circuit，IC）发出提示信息，以便及时断电，并控制电池对外放电。

从放电过程上来看，随着电池持续放电，电压将逐渐降低到告警值，此时保护电路会发出提示信息，若电池电压进一步降低到限制电压，那么保护电路将会再次发出提示信息，以便及时断电，防止电池电压继续降低，避免电池出现过放问题。一般来说，保护电路在运行时也需要消耗电池中的能量，因此汽车行业的相关工作人员在设计保护电路时还需为其设计低功耗模式，减少保护电路的能耗，防止保护电路在电池电量较低时耗费大量能量。

（2）过流保护

受化学特性的限制，动力电池的放电电流强度必须控制在 2C 及以下，若放电电流超出该值，那么电池将会出现难以恢复的严重损伤，甚至造成安全事故。一般来说，BMS 系统中传感器的输出信号大多为电压信号，控制 IC 可以处理这些信号，并提高信号的精准度。若电路中的电流达到设定值，那么 IC 将会发出开关信号，控制输出回路上的开关断开，从而达到保护电池不受损伤的目的。具体来说，磁通门电流传感器在 BMS 保护中的应用如图 4-5 所示。

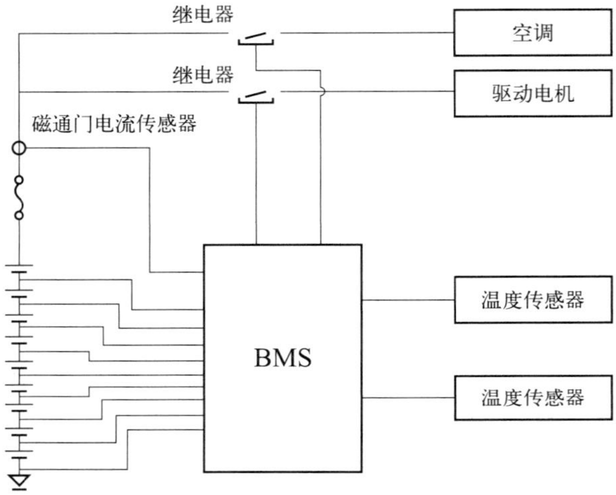

图 4-5　磁通门电流传感器在 BMS 保护中的应用

4.2.3　电流控制技术

在新能源汽车动力电池领域，电流控制是 BMS 的核心技术，可以实现电池安全保护和能效最优控制，有效保障电池运行的安全性和高效性。近年来，电动汽车产业开始向高能量密度和快充的方向升级发展，同时这也对 BMS 电流控制精度与响应速度提出了更高的要求。

BMS 具备动态电流调控机制，可以精准约束充放电电流幅值，防止出现过载等问题，有效规避热失控风险，优化电池极化效应与热管理效能，确保电池在各种复杂工况下安全、稳定运行，从而延长电池使用寿命，提升系统鲁棒性，最大限度提高电动汽车高压电气系统的能效和安全性。

BMS 电流控制融合了 PID 控制、模糊逻辑、神经网络算法等多种先进技术，可以通过多参数实时反馈构建动态控制模型，采集电压、电流等各项电池状态数据，并根据预设控制策略动态调整 PWM 信号，进而实现对充放电电流的精准跟踪控制。

在实际应用过程中，新能源汽车领域需要采取优化策略提升电流控制性能。具体来说，电流控制的优化策略如图 4-6 所示。

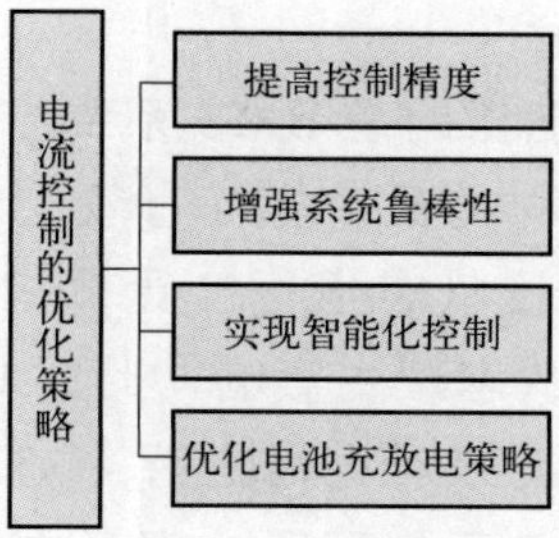

图 4-6　电流控制的优化策略

① 提高控制精度：构建多源高精度传感网络，采用非线性鲁棒控制策略和自适应模糊控制、滑模控制等先进控制算法，提高电流控制的精准性和稳定性。

② 增强系统鲁棒性：构建多层级容错架构，采用强鲁棒控制策略，提高系统的抗干扰能力，提高系统在面临异常工况时运行的稳定性。

③ 实现智能化控制：集成人工智能和机器学习技术，提升系统的策略迭代优化能力和自我学习能力，实现控制参数的自主进化，并构建起具备环境自适应能力的智能化控制架构。

④ 优化电池充放电策略：基于电池的各项相关数据和驾驶行为信息，构建动态能量管理模型，提高充放电策略的智能化程度，进而实现延长电池使用寿命与能量转换效率最大化的目标。

随着新能源汽车的快速发展，电流控制技术正不断革新。具体来说，电流控制技术的未来方向如表 4-3 所示。

表 4-3　电流控制技术的未来方向

技术方向	具体内容
高度集成化	集成电流控制算法与热管理、均衡策略，在同一系统级芯片中整合多速率控制模块，从设计层面提高电流控制的高效性
智能化与自主化	综合运用人工智能、机器学习等技术手段，提高电流控制系统的智能化水平，实现控制策略的自主进化
绿色环保	采用环保的材料和设计理念，构建绿色制造体系，加强能源回收，在生产和使用中减少碳足迹，降低电流控制对环境的影响

电流控制技术是新能源汽车电池管理系统的核心调控单元，可精准控制电池的充放电电流，有效抑制电池极化效应，规避热失控风险，保障电

池安全性能，延长电池使用寿命，提升系统能效，在技术层面为新能源汽车的发展提供强有力的支持。

4.2.4 温度管理技术

温度保护功能指的是BMS系统中的热管理功能，主要涉及冷却、加热和温度均衡等几种情况，能够有效控制电池温度，确保电池始终在合适的温度范围内以最佳状态运行。具体来说，当电池处于高温或低温环境时，温度可能会对其状态产生影响，此时BMS系统可以发挥温度保护功能的作用，根据实际情况来对电池进行冷却或加热处理；当动力电池内部的各个单体电池的温度各不相同时，部分电池可能会出现过热现象，进而影响到整个动力电池的使用寿命，此时BMS系统可以通过温度均衡的方式来对单体电池的温度进行调整，确保各个单体电池在温度上的一致性。

温度保护功能中的电池冷却主要包括风冷、液冷和直冷三种冷却模式。风冷指的是借助自然风或车内制冷风的流通来带走电池表面热量，降低电池温度；液冷指的是借助冷却管路中的冷却液来带走电池产生的热量，降低电池温度；直冷指的是借助制冷剂来降低电池温度。其中，风冷和液冷都是目前应用较多的电池冷却方式，能够将电池产生的热量转移到其他地方，同时起到冷却和加热的作用。

在新能源汽车中，BMS的温度控制功能是保障电池性能与使用寿命的关键，可通过优化热管理方案来抑制电池组内异常放热反应，实现对热失控风险有效防范，进而达到提高能量利用效率和系统安全可靠性的效果。具体来说，温度管理技术如图4-7所示。

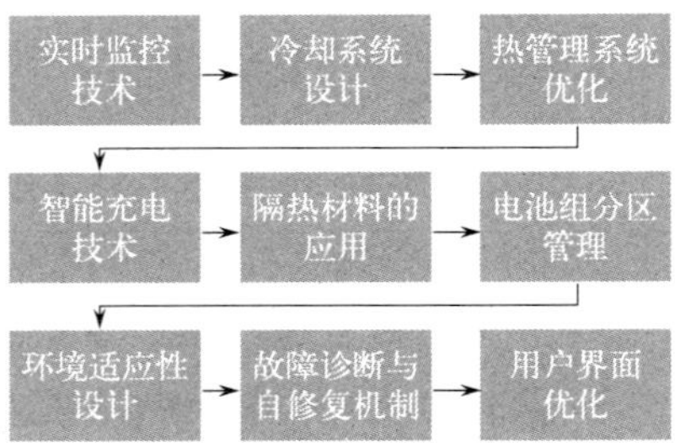

图4-7　温度管理技术

① 实时监控技术：综合运用高精度的传感器设备和数据采集技术，动态采集电池组温度分布数据，以便及时掌握温度异常波动情况，为实现快速电池维护构建预警防护体系。

② 冷却系统设计：在掌握电池工况特征的基础上构建自适应热管理系统，在充放电过程中以液冷或风冷的方式智能调控热交换速率，确保电池

温度持续处于效能最优区间。

③ 热管理系统优化：充分发挥热管理系统的作用，动态优化电池组温度控制方案，集成运行模式切换、拓扑结构优化、智能算法迭代等功能模块，通过热管理实现对电芯工作温度的精准调控。

④ 智能充电技术：利用智能充电算法，综合分析电池当前温度数据及历史数据，根据分析结果预测充电需求。一般来说，系统可以通过环境温度阈值判断双向调节电流通量。当环境温度较高时，降低充电速率，防止出现电池过热问题；当环境温度较低时，提高充电速率和能量利用率。

⑤ 隔热材料的应用：以高性能隔热材料作为电池组与外部环境之间的热传导屏障，通过热阻调控的方式防止出现电池表面温度异常升高等情况，提高电池组的热稳定性。

⑥ 电池组分区管理：采用模块化热管理架构，将电池系统划分为多个具有独立温控设备的温控区域，通过分区梯度管理精准调控区域温度，确保电池组温度均衡，防止出现由局部热聚集引发的安全隐患。

⑦ 环境适应性设计：采用多模态环境参数感知技术，在综合考虑地理和气候条件的情况下构建适应性较强的智能温控体系。一般来说，系统可利用气候特征自识别算法动态调节热交换参数，在极寒工况下提高冷却系统效率，在高温环境中提高电池散热能力。

⑧ 故障诊断与自修复机制：以智能化的方式实时监控电池管理系统，及时发现和诊断故障。在检测到温度异常风险时，系统将触发自主补偿机制，自动处理异常问题。

⑨ 用户界面优化：构建可视化交互界面系统，集成温度阈值自定义与充电策略动态调整功能，让用户可以实时掌握电池热状态，为用户监控和管理电池温度提供方便。

4.3 BMS 方案设计与整体测试

4.3.1 BMS 的总体架构

新能源汽车凭借着其环保特性与能效优势，在全球交通领域产业升级的当下有着巨大的应用潜力。其中，动力电池作为车辆的核心储能与驱动单元，是新能源汽车发挥其节能、环保优势的关键，并直接影响着车辆的续航里程、动力表现、安全性和使用寿命。因此，实现对新能源汽车电池组荷电状态的精准管控，防止电池出现热失效、电压失衡等安全问题尤为重要。这一目标的实现需要融合多种先进技术，构建基于多维需求特征的智能化电池管理系统，以提升新能源汽车的运行稳定性，延长其使用寿命。

新能源汽车电池管理系统应支持跨终端设备的并行处理与实时运作，其兼容的终端包括汽车终端、CAN通信总线、云端服务器和上位监控终端。

① 汽车终端。主要负责采集电池电压、温度等运行参数，同时响应中央控制单元的操作指令。该部分包括终端传感器、终端执行器和电池状态监测模块。

② CAN通信总线。是车载通信的骨干网络，主要用于电池组内部的数据传输，同时负责将上层控制指令精准传输至执行终端。

③ 云端服务器。采用分布式存储架构，接收来自CAN终端的电池数据，通过加密验证体系实现数据的高机密性、高完整性存储。

④ 上位监控终端。该终端是人机交互的核心节点，兼容多种用户终端设备，从而为用户提供可视化的电池监控、管理界面。当用户下达指令后，该终端会借助CAN总线将指令注入系统，向下传递至执行单元。平台内置的智能诊断算法能够实现海量电池数据的特征提取与模式识别，从而辅助用户制定控制决策。

集中式和分布式是新能源汽车电池管理系统设计的两种常用拓扑结构。

① 集中式拓扑结构的优点在于技术经济性高、总线资源利用率高等，但与此同时该结构也存在可靠性不足、场景适应能力有限等缺点，仅适用于小容量、低电压的工况。从技术角度来看，该架构采用单一控制节点集成管理所有的电池检测单元，借助菊花链实现主控制器与各个采样模板的连接。

② 分布式架构的优点在于能够更好地实现电池组内部资源的精准、高效配置，从而灵活地使用不同规模与电压等级的电池组需求。从技术角度来看，此种架构采用模块化设计，在设计主控单元的同时增设多个子控制模块，各个子模块通过独立通信节点实现本地化数据的采集与预处理，同时不同的通信节点能够适应不同工况下的传输需求。在电池管理系统开发过程中，可选择采用分布式拓扑结构，以实现电池管理系统的弹性化设计。

4.3.2 BMS的硬件设计

（1）CAN通信节点设计

在汽车电子架构体系里常用的FlexRay、LIN及CAN三种总线协议中，CAN总线凭借其在实时性与可靠性之间的平衡优势，成为当前车载网络部署的首选方案。因此，在新能源汽车电池管理系统设计过程中，可采用CAN总线协议作为核心通信架构。

（2）网络模块设计

网络模块硬件设计即构建具有高可靠性的传输通道，以便为系统内的数据提供安全稳定的传输环境。在新能源汽车电池管理系统设计过程中，可采用 TCP/IP 协议构建具备超高可靠性的以太网传输模块，通过物理层与协议层的协同优化确保数据传输的实时性与完整性。在技术实施过程中，将 ENC28J60 芯片作为核心控制单元打造网络传输模块，并在 SPI 串行外设接口的支撑下实现与主控单元的高速数据交换。验算结果显示，该网络模块的传输速率达到了较高的水平，在 10Mb/s 以上。基于上述设计成果，为芯片设置双接口，借以对 LED 灯实施控制，通过灯光闪烁呈现当前状态。

（3）采集模块设计

该模块包含多种类型的传感器，可用于采集电池组的温度、电流、电压等多项参数，据此掌握电池状态，可经由 CAN 总线上传以上数据。

（4）均衡控制模块设计

通常情况下，动力电池组由多个单体电池组集成而成，各个子电池组往往存在电压与容量方面的偏差，这会导致电池内部结构在长期运行过程中出现结构老化速率阶梯，从而影响整个电池组的能效发挥和使用寿命。

均衡控制模块则用于避免这种情况的发生，在新能源汽车电池管理系统均衡控制模块设计期间，通过集成中央控制器与分布式控制单元，实现各单体电池组的状态监测与实时调控。在均衡控制期间，系统通过电感储能原理构建双向 DC/DC 变换器拓扑，实现电池系统内部的能量由高总量电池转移到小容量电池中，从而消除电池系统内部各单体电池之间的状态差异，提升整体电池系统的性能发挥与循环寿命。

（5）主控制器模块设计

作为电池管理系统的关键控制中枢，该模块承担着多元数据整合与存储的任务，并辅助用户实现对电池组运行状态的可视化监控。从构成上看，该模块集成了微处理器与芯片，能够实现电池组电压均衡度、容量衰减率等多参数的并行计算，同时控制电池状态，使其始终处于最优效能区间。

4.3.3 BMS 的软件设计

LabVIEW Embedded Module for ARM Microcontrollers 是 LabVIEW 嵌入式开发套件中的特定功能模块。该模块是针对 ARM 架构微控制器设计的图形化开发工具，具有工具链深度整合、通信协议层即插即用、硬件抽象层支持等优势。在 BMS 软件设计中，应用该模块完成 BMS 采集终端设计，通过图形化编程环境实现 32 位 RSIC 架构处理器的快速开发部署。该工具整合了 LabVIEW 与 RealView MDK 两类开发工具，两者都具有嵌入式的特性，使用户得以更顺畅地使用嵌入式编程。在通信相关配置方面，该工具部署了 CAN 局域网通信 V1、TCP 以太网通讯 V1 等接口，借此可进行硬件通信，帮助用户实现高效编程。

在电池管理系统的采集终端软件开发中，开发人员应重视需求的驱动作用。以某新能源汽车电池管理系统采集终端软件设计为例，该系统采用模块化的开发范式，构建包含多元数据采集与分析、控制指令执行、服务器登录与接入等功能的功能聚合体。开发流程中通过演示系统版本的方式完成所有功能的开发与设计，并在系统集成测试阶段评估系统数据采集精度、指令响应速度、运行鲁棒性等性能指标，最终得到集成终端 LCE 显示屏控制、网络接入、数据收发与解析程序的采集终端软件程序。

基于此，上位机监控系统设计应成为新能源汽车电池管理系统顶层架构设计的重点。在该系统的设计过程中，需要遵循工业互联网架构标准，引入能够处理多维度数据、执行实时数据路由转发任务并检测系统异常的第三方数据服务平台，并将该平台作为数据中继器。同时该服务平台接口层应严格在相关标准的指导下设置，同时预留模块化扩展接口支持未来功能升级。在上位机系统设计的工作实践中，基于 LabVIEW 2016 开发环境构建具备人机交互特性的监控终端，通过 N1 工具包中的网络通信模块实现 TLS 加密传输通道的快速部署，为后台与服务器基础功能的实现提供支撑，同时保证系统登录与数据传输操作的标准化。

4.3.4 BMS 的整体测试

为保证上述提出的新能源汽车电池管理系统功能具有较高的安全性与可靠性，需对其功能实现过程展开验证。选用整体测试方法，以四块单体电池作为模拟分析对象，并统计测试期间所需检测的数据类型，具体如表 4-4 所示。

表 4-4　整体测试数据信息

数据名称	范围与量程	数据长度	性质	数据类型
电池组电流	−1200 ~ +1200	4	数值	浮点数
电池组电压	0 ~ 322	4	数值	浮点数
单体电流	−300 ~ +300	4	数值	双整数
单体电压	0 ~ 65	4	数值	双整数
SOC 值	0 ~ 100	4	数值	浮点数

续表

数据名称	范围与量程	数据长度	性质	数据类型
温度	−45 ～ 210	4	数值	浮点数
电量信息	400	2	数值	整数
状态信息	1	1	开关量	布尔量
运行信息	1	1	开关量	布尔量

参照表 4-4 内容，选取状态信号（布尔型）与电量信息（整数型）作为检测样本，分别验证电池管理系统对离散量及模拟量的处理能力。针对电池管理系统采集到的数据，利用上位机程序和终端程序加以处理，此部分数据将被用作电池管理功能测试的参考资源。

MDK 开发工具可以作为电池管理系统开发的技术底座，主要负责终端控制程序的交叉编译，其生成的 C 代码能够经 USB OTG 接口将代码写入硬件平台，完成数据下载后即可登录服务器和终端，完成电池相关功能的测试，并汇集终端部件运行数据。登录后操作终端可以实时显示电池电压温度，同时通过人机交互界面获取工况控制指令，并将指令下发至汽车终端，与此同时通过 LED 灯实现电池状态的可视化展示。

在系统测试过程中，数据服务器和上位机检测平台展现出良好的功能特质。其中，数据服务器实现了远程状态监测、设备资产管理、数据转发和异常告警等功能，其内置引擎在线解析实时数据流，当发现参数异常后即发出告警。上位机监控平台则完成了完整的交互流程，为用户提供手动登录和信息读取两种登录方式，优化用户登录体验。

第 5 章
新能源汽车充电系统

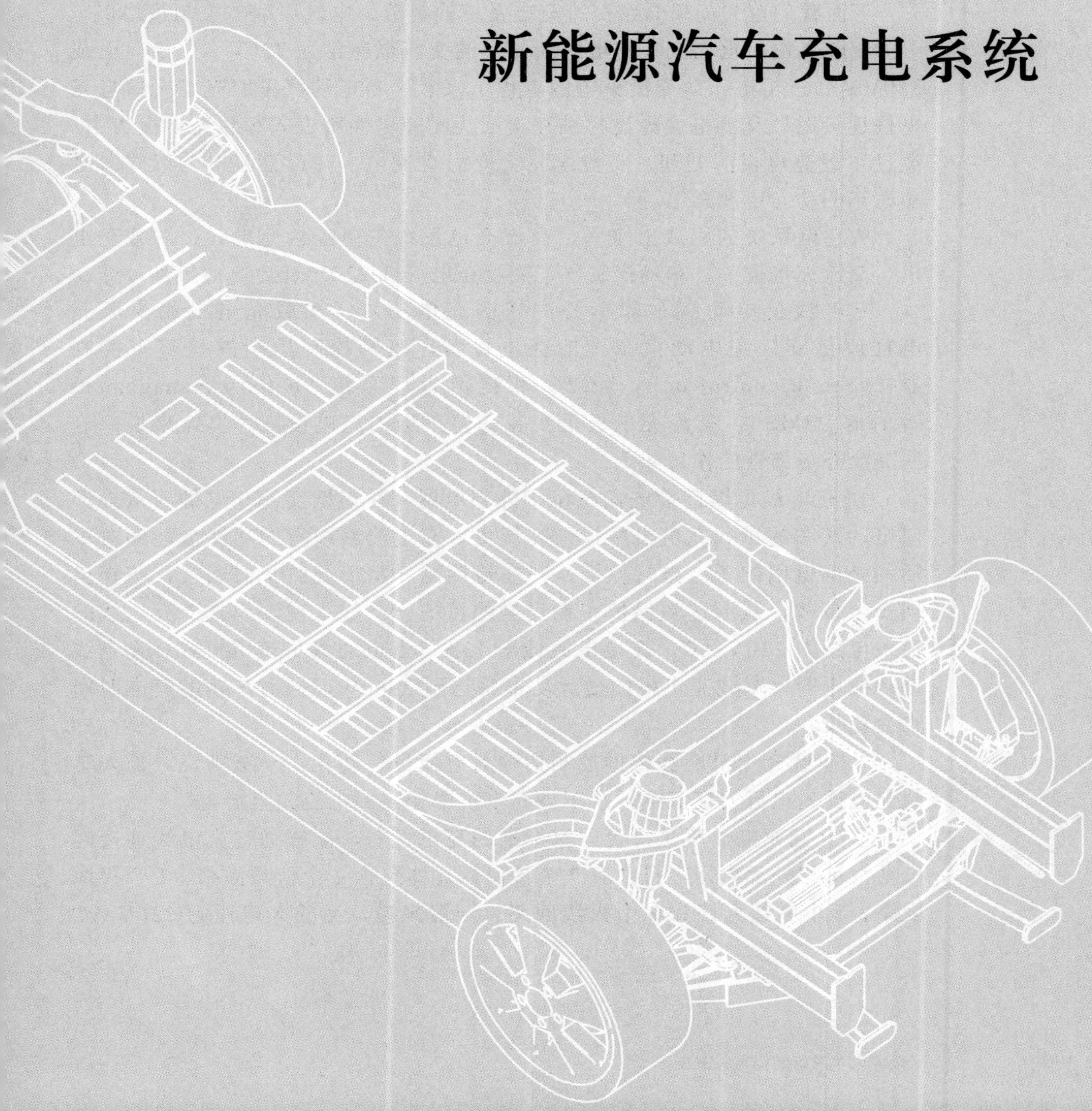

5.1 交流充电系统原理与控制策略

5.1.1 交流充电系统的组成

近年来，纯电动汽车快速发展，并凭借节能、环保等优势不断扩大应用范围，同时纯电动汽车的充电需求迅速上涨，电动汽车行业需要积极采取相关措施，保障车辆充电的安全性、高效性和便捷性。

电动汽车的充电情况主要与充电系统、电气原理和控制策略有关。从充电方式上来看，纯电动汽车既可以使用交流电进行慢充，也可以使用直流电进行快充，但使用不同充电方式的纯电动汽车通常具有不同的充电系统、电气原理和控制方式。

下面我们首先简单介绍交流充电系统的组成、电气原理与控制策略。

一般来说，电动汽车充电时所使用的交流电通常为 220V AC 单向电或 380V AC 三相电。从交流充电的过程上来看，当电动汽车的充电接口与充电桩连接时，交流电会经过标准充电插头和充电插座进入车载充电机当中，经过车载充电机的处理，交流电将会变为直流电，并以直流电的形式为电动汽车的动力电池充电。

从充电系统的组成上来看，交流充电系统主要包含充电线、车载充电机、交流充电插座、车辆控制器、交流充电桩或 220V 交流电源等部件。

充电线是电动汽车随车必配送的充电工具，车载充电机和交流充电插座是安装在电动汽车上的充电设备，车辆控制器指的是整车控制器（vehicle control unit，VCU）和电池管理系统（battery management system，BMS），交流充电桩是安装在停车场的充电设施。具体来说，这些交流充电部件的作用如下：

① 充电线可以连接电动汽车和外部电网，并借助交流充电插座从外部向电动汽车的车载充电机中输入交流电。充电线线缆上的功能盒能够对车辆和外部电网的状态进行检测，并在检测到异常情况时及时断电，防止出现安全事故，从而达到保护车辆安全的目的。一般来说，模式 2 充电线的输入电压为 220V AC，充电电流低于 13A，当电动汽车使用模式 2 充电线进行充电时，车载充电机的最大功率将达到 2860W，同时车辆的充电时间也会变长。

② 车载充电机能够根据控制指令对电流进行转化，一般来说，输入车载充电机的电流为交流电，从车载充电机中输出的电流为直流电。

③ 交流充电插座是符合国家标准的充电设备，能够通过充电线连接起电动汽车和外部电网，且共有 7 个接口，具体包含 2 个信号回路、1 个接地回路、1 个零线回路和 3 个火线回路。一般来说，当输入电压为 220V AC

或 380V AC 时，电动汽车应与火线接口相连接。

④ 车辆控制器具有一定的监控和检测功能，能够实时监控车辆状态，检测各项相关数据，并据此向车载充电器发送控制指令，实现对其工作状态、工作电流和工作电压的有效控制。

⑤ 交流充电桩是用于连接电动汽车和外部电网的充电设施，具备检测车辆和外部电网状态的功能，能够根据检测结果判断是否需要断电。一般来说，交流充电桩的供电电压为 220V AC 或 380V AC，具体供电电压与输出功率有关，当交流充电桩的输出电流低于 32A 时，供电电压则为 220V AC，当交流充电桩的输出电流超过 32A 时，供电电压则为 380V AC。由此可见，交流充电桩的充电时间和充电功率之间存在反比关系。

5.1.2 交流充电的电气原理

交流充电方式可分为模式 1、模式 2 和模式 3 三种。其中，模式 1 不符合国家标准要求，也无法保证充电的安全性，因此已经被禁用；模式 2 充电的电气原理图如图 5-1 所示；模式 3 充电的电气原理图如图 5-2 所示。

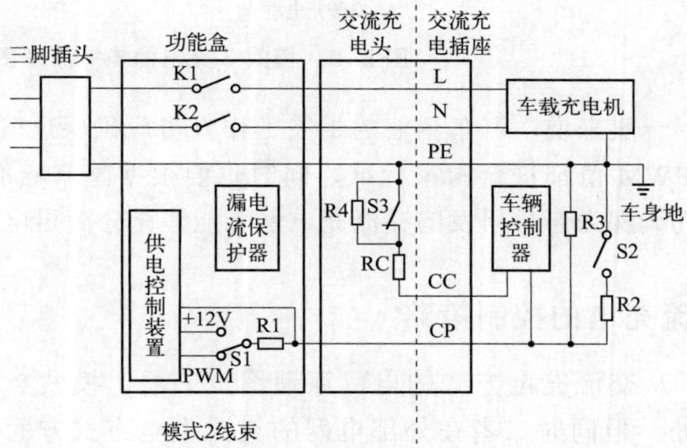

图 5-1　模式 2 充电的电气原理图

《电动汽车传导充电系统 第 1 部分：通用要求》（GB/T 18487.1—2023）是我国用于对电动汽车非车载传导充电供电设备进行规范的一项国家标准。交流充电的电气原理图、检测和控制均必须符合该标准中的各项相关要求。同时，为了为用户提供方便，相关开发人员也要根据汽车厂商的要求来增添或调整交流充电系统的功能，例如，为交流充电系统增加充电提示或充电进度显示功能后，用户可以更直观地了解车辆当前的充电状态。

交流充电系统可以根据连接确认（connection confirm，CC）信号来判断充电插头与充电插座之间的连接情况，也可以根据控制功能引导

（control pilot，CP）信号来判断电动汽车当前所连接的供电设备的供电能力。电动汽车可以采集CC信号的信号值数据，并据此得出RC阻值和线束容量等相关数据信息，也可以采集脉冲宽度调制（pulse width modulation，PWM）的数据，并据此确定电动汽车当前所连接的供电设备的供电能力。

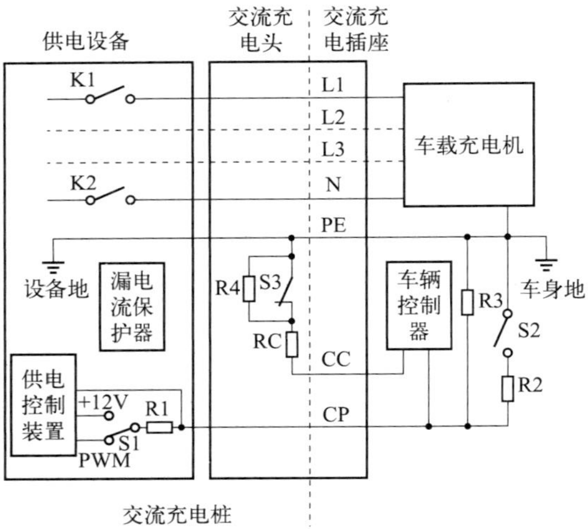

图5-2　模式3充电的电气原理图

一般来说，汽车企业的相关工作人员应确保电气原理图中所有的电阻值和PWM值都符合国家标准，同时也要根据国家标准来对控制器进行判断，从而确保为自身研发的交流充电系统能够充分满足电动汽车的充电需求。

5.1.3　交流充电的控制策略

从交流充电方式的电气原理图上来看，模式2和模式3存在许多相似之处，但同时二者在外部电网的交流供电方式方面也存在一定的差异。具体来说，交流充电的控制策略主要涉及以下几项内容：

①交流充电系统通过车载充电机实时监测充电连接确认（connection confirmation，CC）和控制导引（control pilot，CP）信号，依据信号特征分析结果，动态评估充电线缆承载能力及供电设备输出功率参数。

② 当电动汽车未处于工作状态且充电插头与充电插座相连接时，交流充电系统可以借助车载充电机来实现对CC信号和CP信号的检测，同时车载充电机也可以根据实际信号检测情况来实现自唤醒。

③ 当车载充电机已实现自唤醒后，还会进一步唤醒车辆控制单元（vehicle control unit，VCU）和蓄电池管理系统（battery management system，BMS）。

④ 当车载充电机环境已唤醒 VCU 和 BMS 后，将会以交流充电的方式来为电动汽车充电，同时也会对电动汽车当前的状态进行检测，以便及时发现车辆故障和电量不足等问题。

⑤ 车载充电机可以向 BMS 传输充电线束状态信息和供电设备信息，在数据信息层面为 BMS 的蓄电池管理工作提供支持。

⑥ 当 BMS 系统接收到来自车载充电机的线束工况数据与供电参数时，系统将根据实时监测数据动态下发充电启停指令。

⑦ 充电桩的供电控制模块持续采集 CP 信号数据，通过持续解码车辆端反馈的状态参数（如绝缘阻抗、准备状态等），动态执行供电保持 / 中断的决策逻辑。

⑧ 在接收到来源于 BMS 的指令后，车载充电机将会根据指令内容选择进入工作状态或停止工作。

为了确保电动汽车充电的安全性，用户在将充电插头插入充电插座时应确认已完全插好，同时电动汽车和交流充电桩也会检测充电接口的连接情况，并在确认电动汽车与充电桩之间连接完好后再开始充电。

从操作方式上来看，电动汽车交流充电的操作具有复杂度低、便捷度高等特点，当用户需要为电动汽车充电时，只需将连接电动汽车的充电线的插头插入交流充电桩的插座即可。

对于处于充电状态的电动汽车，当外部电网未向车辆供电时，为了降低电量消耗，车辆会自动进入休眠状态；当外部电网开始向车辆供电时，车辆的交流充电系统将会自动进入工作状态，及时检测车辆当前的电量情况，并根据检测结果来判断是否继续为车辆充电，如果检测结果为电量已充满，那么交流充电系统和车辆都会停止工作，以便降低电量消耗，如果检测结果为电量未充满，那么交流充电系统将会继续为车辆充电。

5.2 直流充电系统原理与控制策略

5.2.1 直流充电系统的组成

直流充电指的是直流充电系统借助直流充电桩向电动汽车中输入直流电。一般来说，当电动汽车采取直流充电的方式进行充电时，外部电网中的电流为 380V AC 的三相电，直流充电桩可以将其转化为直流电，并借助充电插座和充电插头将其输入到电动汽车的动力电池当中，进而达到为电动汽车充电的目的。

从充电系统的组成上来看，直流充电系统主要包含直流充电插座、车辆控制器和直流充电桩等部件。

直流充电插座是安装在电动汽车中的充电接口，与车辆的动力电池相连，同时也可以通过充电线来接入外部电网；车辆控制器主要包括 VCU 和 BMS；直流充电桩是安装在停车场中的充电设施。具体来说，直流充电系统中的各项部件主要具备以下作用：

① 直流充电插座：电动汽车与外部电网之间的接口，主要包括 1 个具备 2 个接口的控制器局域网总线（controller area network，CAN）通信回路、1 个具备 2 个接口的低压辅助供电回路、1 个接地回路、2 个信号回路、2 个高压回路（包含 1 正 1 负），这些回路共有 9 个接口。除此之外，汽车行业还需确保直流充电插座符合国家标准。

② 车辆控制器：能够对电动汽车的状态进行实时监控，并根据监控到的信息来向直流充电桩发送控制指令，进而实现对直流充电桩的工作状态、输出电流和供电电压的有效控制。除此之外，汽车行业还需确保车辆控制器所发出的控制指令符合《非车载传导式充电机与电动汽车之间的数字通信协议》（GB/T 27930—2023）的要求。

③直流充电桩：作为停车场电力基础设施的核心设备，直流充电桩通过内置整流装置将 380V 三相交流电转化为可调压直流电，经由专用充电接口直接对电动汽车动力电池进行大电流快速补能。一般来说，直流充电桩具有功率大的特点，能够快速完成充电，减少充电时间。

5.2.2 直流充电的电气原理

直流充电系统只能使用模式 4 来为电动汽车充电。具体来说，模式 4 直流充电的电气原理图如图 5-3 所示。

一般来说，直流充电的电气原理图、检测和控制都要符合《电动汽车传导充电系统 第 1 部分：通用要求》（GB/T 18487.1—2023）这一国家标准中的各项相关要求。

CC 信号可分为 CC1 和 CC2 两种，直流充电桩可以根据 CC1 信号来对充电插座与充电插头之间的连接情况进行检测，而电动汽车则需要借助 CC2 信号来实现对二者之间的连接情况的检测；CAN 信号通道主要包括 S+ 和 S−；辅助电源主要包括 A+ 和 A−，不同类型的电动汽车通常使用不同的电压，例如，当充电车辆为乘用车时，供电电压为 12V，当充电车辆为大巴车时，供电电压则为 24V。我国的国家标准中并未标明电动汽车在充电时必须使用辅助电源，因此用户在为车辆充电时可以从自身需求和实际情况出发，选择是否使用辅助电源。

除此之外，为了充分满足电动汽车的直流充电需求，汽车行业还需确保直流充电的电气原理图中的所有电阻值均符合国家标准，并在遵循国家标准的基础上使用控制器来完成各项关于直流充电的判断。

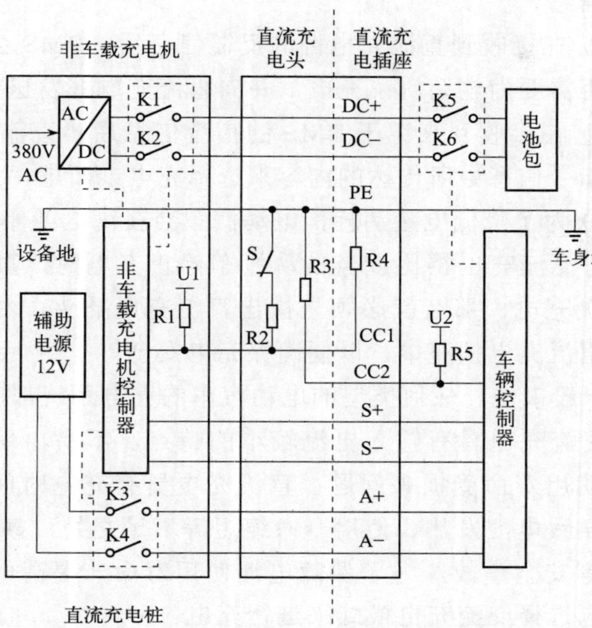

图 5-3 模式 4 直流充电的电气原理图

5.2.3 直流充电的控制策略

在符合国家标准的前提下，直流充电的电气原理图和相关通信协议还应符合国际格式和内容的标准。直流充电系统在为电动汽车的动力电池充电时，可以利用 BMS 和直流充电桩来进行信息交互和检测，利用 VCU 来进行辅助判断，从而达到提高执行控制的便捷性的效果。具体来说，直流充电的控制策略主要涉及以下几项内容：

① 当电动汽车不使用辅助电源时，充电电源为车辆的外部电压，存在稳定性和可靠性不足的问题。

② BMS 可以对 CC2 信号进行检测，并借助 CAN 信号通道来进行信息传输，实现与直流充电桩之间的信息交互。

③ 当电动汽车未处于工作状态且直流充电插头已完全插入直流充电插座时，BMS 将会对 CC2 信号进行检测，若 BMS 能够检测到 CC2 信号，那么车辆控制器则会实现自唤醒。

④ BMS 在实现自唤醒后会继续唤醒 VCU，并利用相关指令信息对车辆进行控制，将车辆状态转换到直流充电状态。

⑤ 直流充电桩可以对 CC1 信号进行检测，并根据检测结果来对直流充电插头与直流充电插座之间的连接情况进行判断。

⑥ BMS 可以向直流充电桩传输信息，也可以接收来源于直流充电桩的反馈信息。

⑦ 在接收到直流充电桩的反馈信息后，BMS 会结合车辆状态信息来判断是否需要为电动汽车充电，并向直流充电桩发送相应的指令信息。

⑧ 在接收到来源于 BMS 的指令信息后，直流充电桩可以结合 CC1 信号和指令信息中所传达的内容来选择充电或断电。

⑨ 为了降低电量消耗，电动汽车会在满电或停止充电时进入休眠状态。

与交流充电相比，当电动汽车停止充电时，直流充电系统若要对其进行二次充电，那么就必须先拔出直流充电插头，然后再次将直流充电插头插入直流充电插座中，以便确保充电安全。

一般来说，任何类型的电动汽车的充电系统都应符合国家标准。

交流充电具有输入电流较小的特点，不易出现电池发热、电池故障和电池使用寿命受损等问题；直流充电具有充电时间短的优势，但同时也存在易导致电池发热、使用寿命缩短等不足之处，甚至可能会引发电池起火、爆炸等安全事故。为了保障电池使用寿命，提高电池充电的安全性，电动汽车应选择交流充电模式来进行充电。

与此同时，汽车行业还需进一步优化控制策略，借助车辆控制器来对电池进行实时监测，以便及时发现并采取相应的措施处理过热、过压、过充、过流和绝缘阻值异常等问题，确保电动汽车充电安全。

5.3 车载充电机原理与充电策略

5.3.1 车载充电机的工作原理

车载充电机（on-board charger，OBC）是一种具有电流转换功能的设备，通常装配在电动汽车（electric vehicle，EV）和插电式混合动力电动汽车（plug-in hybrid electric vehicle，PHEV）当中，可以将充电站的交流电压转换为直流电压，确保车辆电池可以通过充电站完成充电。

OBC 通过将住宅、公共充电桩的交流电转换为直流电的方式为车辆充电，输出功率通常为 3.6 ～ 22kW。一般来说，OBC 可以用居民家中的电源插座为电动汽车充电，具有较高的便捷性。

在电动汽车中，OBC 中应用了高频开关电源技术，可以将 220V 的交流电转化成高压直流电为动力电池充电，让车辆有充足的能源，在电能方面保证车辆运行的稳定性。除此之外，OBC 还具备一定的保护功能，能够为电动汽车提供过压、欠压、过流、欠流等多种保护措施，在充电异常时及时断电，防止车辆在充电过程中出现各类安全问题。

车载充电机的工作原理如下，220V的交流电会先经过电磁干扰（electromagnetic interference，EMI）滤波器，在完成滤波后借助AC-DC转换器将交流电整流为直流电，再经过功率因数校正器（power factor correction，PFC）来提高电压，然后通过开关和变压器进一步变频升压，最后经过谐振电路（inductor-inductor capacitor，LLC）第二次整流滤波，输出高压直流电，为电动汽车的动力电池充电。

① 主回路：主回路电路可划分为前级和后级，一般来说，前级指的是PFC模块，能够提高输入的功率因数，抑制高次谐波；后级指的是LLC模块，即直流-直流转换器，能够将电流和电压调整至符合电池充电要求，并将用电的分支电路与整个电气系统隔离，保证车辆充电的安全性。

② 控制电路：控制电路可以借助传感器、ECU和绝缘栅双极晶体管（insulate-gate bipolar transistor，IGBT）等设备接收信号，并进行充电控制，实现金属-氧化物半导体场效应晶体管（metal-oxide-semiconductor field-effect transistor，MOSFET）控制、充电状态监测、充电桩握手和电池管理系统（battery management system，BMS）通信等诸多功能。

③ 线束及标准件：线束和标准件可以连接起主电路和控制电路，以及固定元器件和电路板。

5.3.2 车载充电机的常见故障

① 12V低压供电异常。若充电机12V模块存在异常，那么BMS、仪表等则会缺乏唤醒信号的唤醒，无法实现与充电机之间的信息通信。一般来说，当12V模块处于未上电状态时，可以根据电池在交流上电时是否发出继电器闭合声来判断12V模块有无异常，除此之外，也要对低压保险盒中充电唤醒的保险、继电器以及充电机端子进行检查。

② 充电机检测的电池电压不满足要求。这一故障指的是OBC在动力电池电压不在工作范围内的情况下会认为电池不满足充电的要求，因此即便BMS处于可正常工作的状态，OBC也不会正常工作。一般来说，造成这类故障的原因主要有高压插件端子退针、高压保险熔断、电池电压超出工作范围等。

③ 充电机检测与充电桩握手不正常。充电机在工作状态下实施双向通信监测，若握手信号反馈异常或恒流输出中断超过设定阈值，控制单元将立即启动断电程序，先关闭功率模块，再释放充电枪机械锁止机构，最后切换至故障安全状态，确保充电枪的插拔动作均处于断电状态下，从而达到延长充电枪端子寿命的效果。

5.3.3 车载充电机的充电方式

现阶段，OBC 大多采用如图 5-4 所示的几种方式充电。

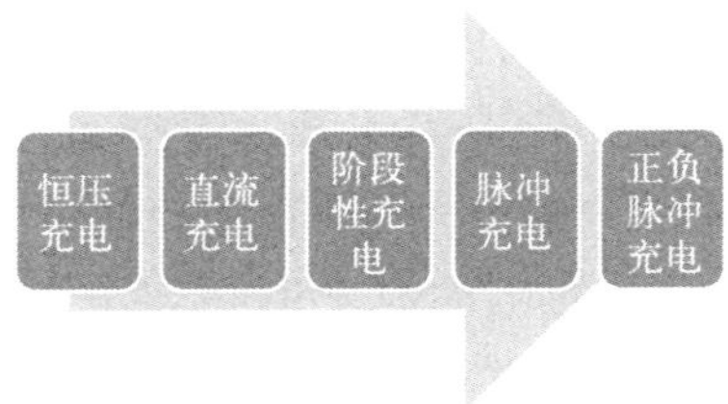

图 5-4　车载充电机的充电方式

（1）恒压充电

当 OBC 采用恒压充电的方式为动力电池充电时，充电电压并不会发生变化，充电电流与充电时间之间存在反比关系，也就是说，若充电时间越来越长，那么充电电流则会越来越小，在充电电流降至一定数值后，电池则停止充电。

恒压充电具有能耗小、控制难度低、操作方便等诸多优势，可以防止电池出现过充问题，但若待充电电池的初始电压值较小，充电初期的充电电流则较大，这可能会引发电池极化问题，进而导致充电速度受到影响。除此之外，在充电过程中，电池的温度越来越高，可能会出现电池被烧坏的情况，进而引发安全事故。由此可见，开始充电时，系统会自动控制充电强度，将电流保持在电池健康充电区间，避免过大电流损伤电池组。

（2）直流充电

在直流充电模式下，OBC 遵循 CC-CV 标准充电曲线，初始阶段以恒定大电流快速补能，当电池电压接近额定值时自动切换至恒压模式，通过逐渐降低的浮充电流完成末段电量补充，并补偿静态损耗；当充电电压达到 BMS 设定的截止阈值时，系统自动终止充电流程。这种采用恒定电流充电的方式可以将电流保持在电池组可接受范围内，有效防止出现电流过大的问题。

（3）阶段性充电

阶段性充电将整个充电过程划分为两个或三个阶段。具体来说，在第一阶段，采用恒流充电，利用较大的充电电流来提高充电效率，并让电池的电压达到一定值；在第二阶段，采用恒压充电，利用略低于恒流充电的电流向动力电池充电，以便达到减少电池产气量的效果；在第三阶段，采用浮充充电，利用涓流充电（maintenance charging）继续为动力电池充满剩余电量，并在充电电流低于一定数值时停止充电。这种充电方式集成了恒压充电和恒流充电的优势，可以在一定程度上防止出现电池极化、电池过充和大电流充电等问题，是当前应用较广的一种充电方式。

（4）脉冲充电

采用脉冲充电策略时，OBC 通过周期性通断形成充电 - 弛豫交替的工作模式，这种间歇式能量输入允许电解液在脉冲间隔期间实现离子再分布，显著降低浓差极化，并通过控制焦耳热累积速率，让电池在充电电流较大的情况下也可以有效控制温升，并在综合提升能量转换效率的同时，实现充电时长缩减和循环寿命延长。

（5）正负脉冲充电

正负脉冲充电可以看作优化升级后的脉冲充电，充电过程主要由正脉冲充电、间歇休息和负脉冲充电三部分构成。当 OBC 采用正负脉冲充电的方式为动力电池充电时，先快速注入电能，然后让电池短暂休息，最后进行瞬时电能回抽。这种充电方式可以有效消除电池极化现象，提高电池的电化学反应速度，降低电池温度，让电池可以使用大电流充电，进而获得更高的充电效率和更长的电池寿命。

传统的恒压、恒流和阶段性充电模式均采用连续电流输入，导致电池持续极化并引发各类问题。一般来说，欧姆极化会改变温升速率，电化学极化会造成析气量增加，浓差极化会导致电池充电效率衰减。相比之下，脉冲充电技术通过离散化电流输入可有效降低极化电压，在提升充电速度的同时延长电池使用寿命。

5.3.4 车载充电机的发展现状

当前我国部分 OBC 企业已成功打入国际供应链体系，典型代表为深圳市得润电子股份有限公司（控股 Meta System S.p.A.），其作为标致雪铁龙新一代电动平台全球核心供应商，提供的液冷式车载充电器已实现规模化配套，且配有 IMSPCB 和 Bottom Entry，具有较好的散热效果、较高的散热效率和充电效率。近年来，新能源汽车动力电池的容量越来越大，以慢速充电的方式为纯电动汽车充电需要花费大量时间，为了缩短充电时间，需要提高 OBC 的功率，同时也要增强对各类交流充电桩的兼容性。

各类新能源乘用车标准配置包含 OBC、电机控制器、高压配电单元及 DC/DC 等核心部件。当前行业存在两类典型集成方案，其中，一类是电机控制器主导的“电驱 + 充电”集成，由电控厂商主导开发；另一类是车载电源主导的“电源 + 充电”集成，采用 OBC 与 DC/DC 深度耦合设计，由电源供应商掌握核心技术。

电机控制器、DC/DC 控制器、OBC 之间的集成具有一定的复杂度，通常需要由整车企业来主导整个产品研发过程，但现阶段的实现难度较大，成功案例较少。就目前来看，OBC 是新能源汽车中的一项独立器件，部分

OBC 企业正在推动产品向集成化的方向发展，并开始向新能源汽车行业提供集成化的 OBC 产品。

近年来，电动汽车的数量不断增多，装配 OBC 的车辆也越来越多，许多电动汽车已具备直流快速充电功能。与此同时，OBC 可以适配 800V 高压平台，且 800V 高压平台的普及度也日渐提高，为了让一些大容量电池可以快速充电，还需进一步提高 OBC 的输出功率。

随着电动汽车行业的快速发展，未来的OBC需要具备高电压、大电流、低损耗、高耐热性和小尺寸等特性，同时也要实现双向充电功能。

OBC 具有转换功能，可以将高压电池组的直流电转换为可用于外部各项工作的交流电，而分立式高压元件是车载充电机中的重要组成部分。快速充电已经成为电动汽车未来的发展方向，因此 OBC 拓扑所需的功率进一步提高，OBC 呈现出向高功率发展的趋势，同时在成本、效率和功率密度等方面的需求也日渐突出。

OBC 技术的发展在一定程度上提升了新能源汽车的实用性和大众化程度，未来，各项相关技术不断发展，OBC 的智能化和集成化程度将越来越高，并实现双向充放电等功能。总而言之，OBC 行业的发展能够促进我国汽车行业转型升级，实现跨越式发展。

5.4 新能源汽车的充电桩系统设计

5.4.1 充电桩的基本原理和技术参数

传统交流充电装置存在许多系统性缺陷，如结构冗余、能量转换效率低下、安全防护薄弱等，难以充分满足当前的新能源汽车充电需求。为了解决这一问题，新能源汽车行业需要开发新的充电系统，并充分保证充电系统的可靠性和适应性。

（1）充电桩的基本原理

充电桩可通过电网接口实现交直流转换，利用充电插头完成电能传输，通过显示屏实时显示充电量、费用、充电时间等相关数据。从实际操作上来看，用户可以在充电桩的人机交互界面刷充电卡，并完成充电参数设定和交易凭证生成。

充电桩是一种电能转换装置，主要包含电源、电子元器件和控制电路等组成部分。从工作原理上来看，首先，可通过输入端为车载电池充电；其次，在电网侧采用三相桥式整流与 LC 滤波的方式进行能量预处理，并基于绝缘栅双极晶体管（insulate-gate bipolar transistor，IGBT）拓扑结构完成交流 / 直流（direct current/alternating current，DC/AC）高频脉冲宽度调制（pulse width modulation，PWM）；再次，充分发挥磁耦合谐振技术的作用，借助高压线圈产生的磁场形成感应电流，并驱动发电机运行；最后，利用输出端向车载电池充电，并实现对充电过程的闭环控制。

充电模块可分为前级全桥与后级半桥两种拓扑形态。其中，前级全桥架构融合了高频磁隔离技术，可有效隔离输入端和输出端，精准转换电压/电流；后级半桥架构中具有全控型功率器件，可灵活切换能量流动方向，连续调节输出电压。

从工作方式来看，充电桩既可以快速充电，也可以慢速充电。具体来说，快速充电指的是通过大功率直流快充的方式迅速为电池组注入大量能量；慢速充电指的是以恒流-恒压智能涓流充电的方式缓慢地向电池组注入能量，可延长电池循环寿命。不仅如此，充电桩还可以从搭载车型适配数据库与用户场景模型出发，根据车辆动力参数规划最优充电方案。

（2）充电桩的主要技术参数

充电桩的技术参数主要涉及功率密度、电压等级、电流等级和接口标准体系。具体来说，功率密度直接决定充电速度。充电桩大多采用千瓦级量化表征，就目前来看，家用充电桩的电力规格大多为220V/32A，公共充电桩的电力规格大多为380V/63A，超级充电桩的电力规格大多为750V/200A。

充电桩的电力规格应适配车辆动力架构与补能场景。除此之外，电压等级对充电桩的充电效率和安全性也有着决定性影响。为了保证充电的安全性和可靠性，应设置一定的安全冗余，增强故障容错性能，因此充电桩大多采用低压直流架构。与此同时，也可以借助中压直流拓扑结构来提高充电效率，结合液冷散热系统与动态均流技术优化载流容量设计，防止出现温度过高的问题，并确保电流等级符合电源容量，提高接口标准的兼容性。

充电接口标准主要包含中国标准双针插孔、欧洲标准三针插孔和美国标准四针插孔三种制式。中国标准双针插孔具有较高的市场覆盖率，可以满足我国大多数新能源车型的充电需求。

中国标准双针插孔的充电桩以电子器件为主要控制元件，大多采用多阶段充电策略，可自动解析电池化学特性参数，掌握各类电池的电压与荷电状态之间的映射关系，完成电池组的安全高效能量传输。总而言之，这种充电桩具备结构设计合理、运行可靠性强、智能化程度高和环保性能强等诸多优势，可以在电动汽车充电方面发挥重要作用。

5.4.2　充电桩的总体设计

电动汽车充电桩主要包含前级电路、功率因数校正电路和后级全桥逆变器三部分。前级电路配置三相桥式整流模块，可高效转换AC/DC；功率因数校正电路融合了空间矢量调制技术，可以通过控制IGBT和截止时间实现对输入电流的波形调节；后级全桥逆变器采用LLC谐振全桥拓扑，可以将直流电源转换为高频交流电源，并完成充电任务。

（1）前级电路

前级电路主要由三相不可控整流电路和滤波电容两部分构成。从实际应用上来看，需要选择符合电动汽车型号的元器件，并设置合适的参数，充分保证充电性能和可靠性。同时也要选择合适的滤波电容，并掌握其电流承受能力，抑制开关瞬态电压应力，对电流进行降噪等处理，集成预充电电阻与继电器构建浪涌电流抑制策略，防止出现损害设备的情况。不仅如此，还要充分发挥滤波器的作用，配置谐波治理单元，解决在电动汽车充电时出现的各类谐波问题。

（2）功率因数校正电路

功率因数校正电路是保证输出电压电流波形质量的关键，大多以交错并联的功率因数校正（power factor correction，PFC）变换器为核心控制单元，可以优化调整输入电流波形相位，实现谐波抑制，也可以利用反馈控制算法优化功率因数，提高功率因数的稳定性，增强能量转换性能，减少能源浪费。

（3）后级全桥逆变器

后级全桥逆变器主要用于电源转换和为电动汽车电池组充电，大多采用双极性倍频正弦脉宽调制（sinusoidal pulse width modulation，SPWM）策略，可实现高频正弦波输出，也可以通过对IGBT模块的导通和截止时间的控制优化电池管理，动态管理电池组温度，减少功率器件温度波动，在出现过流、过热等情况时及时采取切断电流等处理方法，延长设备使用寿命。

新型电动汽车使用充电桩充电的过程主要包含6个环节。具体来说，充电桩工作流程如图5-5所示。

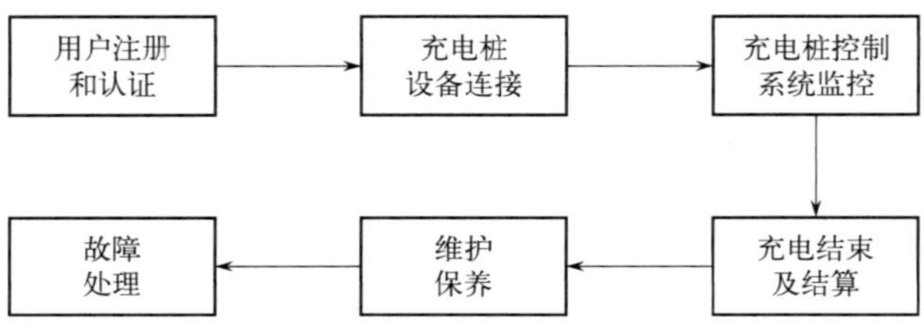

图5-5　充电桩工作流程

在充电过程中，充电桩可充分发挥智能化技术的作用，脱离人的管理和控制。不仅如此，还集成了多重安全防护机制，可以有效防范由过载、短路、漏电等引发的风险，实现系统级故障容错与安全运行保障。

5.4.3 充电桩的硬件设计

电动汽车充电桩的拓扑架构是实现电能高效传输的通道，就目前来看，大致可分为串联式、并联式和混合式三种类型。具体来说，串联式拓扑具有软开关特性与宽增益范围优势，在350kW大功率充电场景中占据主导地位。为了实现安全高效充电，系统需要确保充电桩的输出功率处于安全工作区且符合相关标准的要求。

从硬件设计方面来看，充电桩包含主控模块、功率开关模块、电流检测模块、电压检测模块和辅助电源等多个组成部分，采用一种基于单片机控制的直流变换器进行充放电，可以保证充放电的高效性，充分满足电池组在功能和性能方面的要求。具体来说，充电桩的硬件系统如图5-6所示。

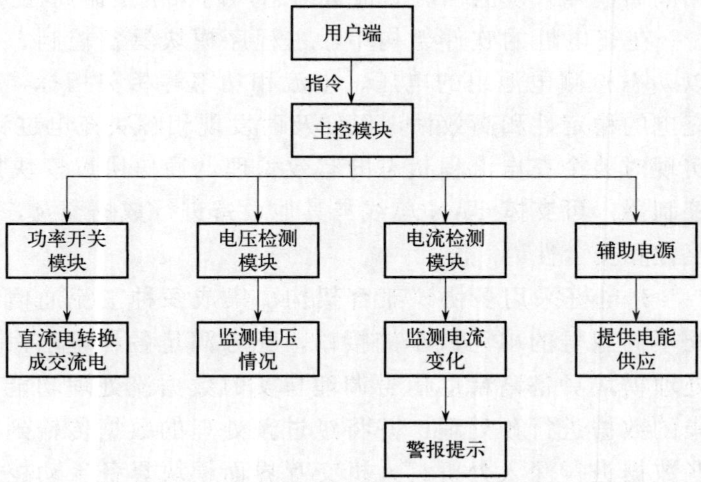

图5-6 充电桩的硬件系统

在充电桩的硬件系统架构中，主控模块处于核心地位，主要用于接收来源于用户端的各项指令信息；功率开关模块具有双向功率流控制功能，可通过控制电路中的高压元器件实现对电压/电流的有效调节；电压检测模块可实现对充电桩各支路电压的有效监测，保证设备稳定运行；电流检测模块中装配有闭环霍尔传感器，可实现对交流电网输入电流的实时监测，充分保证设备运行的安全性；辅助电源可输出多路隔离电压，为充电桩的各功能模块供电。

用户需要在完成充电鉴权的前提下通过主控模块找出附近可用插座，并选择最佳接入方式将车辆与充电桩连接；随后，功率开关激活运行，并进行 DC/AC 能量转换，输出符合相关标准的交流电为车辆充电；同时，电流检测模块开始运行，实时监测电流变化情况，并在发现异常情况时迅速切断电源，及时发出报警信号；除此之外，充电桩的保护电路，可以在过压、欠压、过流等工况下保护设备中的功率器件，防止出现设备损坏的问题。

总而言之，充电桩具有结构简单、可靠性强、充电效率高等诸多优势，可以在多种电动车充电场景中发挥作用，充分满足车辆充电需求。

5.4.4 充电桩的软件设计

从软件设计方面来看，充电桩集成多重安全机制，采用控制器局域网（controller area network，CAN）总线与上位机通信，并综合运用数据加密和冗余校验等方式，防止出现用户信息泄露问题，同时确立权限管理机制，限制未授权人员访问各项数据文件，并部署异常处理框架，及时发现和隔离故障并发出相应的报警信息，确保全生命周期数据安全。

在充电桩的软件架构中，主程序模块具备控制、调度和监测功能，可以动态检测电池组的电压、电流和功率等相关指标，并根据这些指标衡量充电的稳定性和高效性，以便及时发现和解决充电过程中出现的各类问题，实现对整个充电流程状态的有效管理。通信协议模块集成了 CAN FD 总线控制器，可支撑 CAN 总线与其他设备进行数据交互，并充分保证数据的完整性和安全性。

充电桩采用多协议兼容架构，集成多种主流通信协议栈，可自适应匹配不同型号的电动汽车的接口，充分满足各种电动汽车的充电需求。数据处理模块具备高精度信号调理与实时数据流处理功能，可以对传感器所采集的数据进行预处理，并将经过预处理的数据传输到上位机中，以便对这些数据进行深入分析。人机交互界面模块具备手动控制和自动控制两种模式，用户可以根据自身实际情况选择合适的模式，通过可视化的操作界面设置相关参数，查询相关信息。

电动汽车与充电桩的通信架构需构建低延时、高可靠的传输通道。就目前来看，主流方案采用多模冗余设计，如 ZigBee、Wi-Fi 等。

在无线通信协议选择层面，ZigBee 是一种基于低功耗网络协议的无线网络技术，传输距离相对较小，大多用于小型设备之间的短距离通信。Wi-Fi 是一种无线局域网技术，具有较强的多用户并发性能，数据传输速率较高，覆盖范围较广，可满足充电桩视频监控等高带宽业务传输需求。

从实际应用方面来看，应在综合考虑应用场景和需求等多项相关因素的基础上选择合适的通信协议。对以 Wi-Fi 为通信协议的电动汽车充电桩来说，既可以快速传输数据，也可以保证安全性能，在电动汽车充电桩中的应用较为广泛。究其原因，Wi-Fi 可以为充电桩提供更高的数据传输速率和更可靠的信息交互环境，且具有较强的兼容性，可以广泛应用到不同型号的电动汽车当中。

第 6 章
新能源汽车底盘控制系统

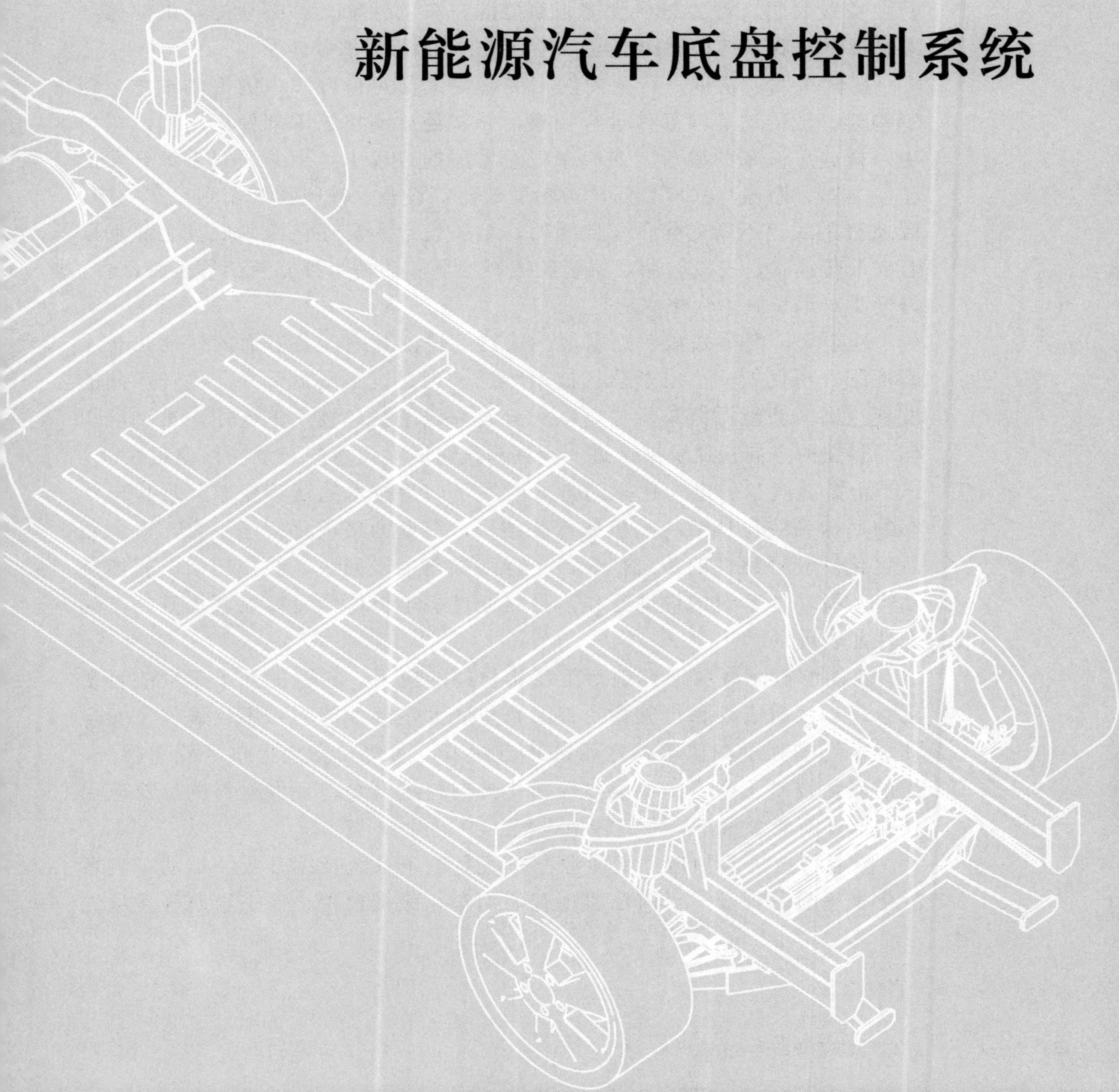

6.1 新能源汽车底盘设计与优化

6.1.1 汽车底盘技术的发展

新能源汽车是环保型汽车，能够在不借助燃油的情况下使用电力或氢能源运行，减少对环境的污染，因此新能源汽车逐渐成为汽车产业发展的重点。与传统汽车相比，新能源汽车所使用的能源为可再生的环保能源，既不会污染环境，也不会产生资源过度消耗的问题；传统汽车以柴油、汽油等化石燃料为能源，且配套资源消耗强度过大，会形成资源压力和环境压力。

作为新能源汽车的能源中枢，动力电池系统直接决定整车性能边界。行业实践表明，若要进一步增强新能源汽车的性能，就必须提升电池循环寿命，优化底盘结构，构建电 - 机 - 热协同的新型承载体系。

在汽车发展初期，行业内的相关研究人员对自行车中的滚动轴承、钢管构架、链传动等零部件进行调整，并将经过调整的零部件应用到汽车当中，构成了汽车的底盘。在汽车行业发展的过程中，相关研究人员开发出了差速器、摩擦片式离合器、齿轮变速器等设备，并将其应用到汽车当中，因此汽车底盘不断变化。与此同时，相关设计人员还在汽车底盘上添加了万向节传动轴、充气轮胎、锥齿轮主减速器和后桥半独立悬架等多种部件，进一步对汽车底盘优化完善。

近年来，汽车底盘快速发展，成熟度日渐升高，各方面的性能也在不断增强。不仅如此，电子信息技术的进步也为汽车底盘带来了更加广阔的发展空间，新能源汽车行业可以充分发挥电子信息技术的作用，推动汽车向高科技的方向快速发展，进一步提高汽车底盘技术的安全性和稳定性。

新能源汽车的电动化驱动方式引发了底盘技术的连锁变革。现代电动车的底盘系统已从单纯的机械承载结构，演变为集成化智能平台，既承载着优化驾驶舒适性的传统使命，更深度参与能量回收、线控转向、智能制动等新型功能系统的协同运作，最终通过机电一体化设计显著提升整车动态性能表现。

新能源汽车底盘通过创新工艺和材料的应用，显著提升了车辆的轻量化水平、续航表现和行驶稳定性。新型底盘零部件的引入不仅确保了安全性能，还增强了车体柔韧性和抗冲击能力，为驾驶安全提供了双重保障。当前底盘技术正朝着高性能与轻量化方向持续升级，环保材料的广泛应用更助推了新能源汽车的绿色转型进程。

随着科技进步加速，新能源汽车底盘电子系统持续升级，推动车辆智能化水平显著提升，目前已实现智能泊车、碰撞预警、自主导航等多项先进功能，这些创新技术不仅优化了整车操控性能，更大幅改善了用户的驾乘体验。

新能源汽车采用创新的模块化设计，实现了车身与底盘的可分离结构，赋予底盘设计更大的灵活度。其电气化架构优化了空间利用率，显著提升了实用性能。同时，承载式底盘的应用有效减轻了整车重量，不仅延长了电动续航里程，更全面优化了车辆的驾驶表现。

在底盘设计方面，相关设计人员需要综合考虑可能会影响整车性能的各项指标。一般来说，底盘工程包含车轮、转向系、制动系以及前后悬架设计配置，汽车的基本性能主要涉及动力性、经济性、制动性、操稳性、平顺性和耐久性，其中，制动性、操稳性和平顺性与底盘工程相关。除底盘悬架部件本身的牢固程度外，底盘设计也是影响车架车身受力情况和耐久性的一项重要因素。

6.1.2 新材料和新工艺的应用

汽车底盘是汽车的重要组成部分，影响着汽车的整体运行性能，稳定的汽车底盘可以有效保证汽车性能的稳定性。新能源汽车的结构特性决定了其电池系统主要依托底盘进行承载，这要求设计人员必须高度重视底盘结构的优化设计。在技术层面，需要重点提升底盘对电池模块的承载能力，同时构建完善的安全防护体系，通过系统性设计消除外界环境因素对电池安全性的潜在威胁，从而为驾乘人员提供可靠的安全保障。

从技术安全角度考量，新能源汽车电池若长期处于潮湿环境，将引发一系列连锁反应，首先，会导致底盘金属部件发生电化学腐蚀，继而可能造成结构性连接失效，出现电池性能损坏、爆炸燃烧等风险。因此相关设计人员必须不断学习新技术，创新优化新能源汽车底盘设计，提高汽车底盘的安全性和可靠性，保证汽车的整体性能和使用安全性。

在各项汽车电子辅助功能的作用下，汽车的主动安全性和驾驶实时性不断提升。新能源汽车中所装配的底盘电子控制系统正在向电子化、智能化和网络化的方向快速发展。具体来说，该系统主要包含泊车辅助系统（park lenk assistent，PLA）、胎压监测系统（tire pressure monitoring system，TPMS）、自适应巡航控制系统（adaptive cruise control，ACC）、可调阻尼控制系统（adjustable damping control system，ADC）、ABS/ASR/ESP集成控制系统以及车道偏离和驾驶员警示系统等。

未来，汽车底盘将会向轻量化的方向发展，对轻质合金材料和高强度钢的需求将大幅上涨，对铝合金、镁合金等材料的使用也将日渐增多。在汽车底盘发展过程中，相关研究人员需要优化创新汽车底盘设计，充分满足汽车零部件在重量方面的要求。

稳定的底盘零件可以保证汽车的安全性，为了进一步提高新能源汽车的各项性能，如强度、柔韧性、抗疲劳和抗损坏等，还需充分利用管材液压成形技术，以压力加工的方式减轻车架和车桥的重量，减少成本支出。

近年来，新能源汽车行业不断提升底盘铸件的各项性能和精确度，打造薄壁、轻质、高性能、精准化的底盘铸件，同时推动铸造生产过程向绿色铸造的方向发展，加强废物利用，提高铸造的清洁性、高效性、节能性、节材性和环保性。在底盘零部件的机械切削加工方面，进一步提高技术及生产线的柔性化程度，以便满足不同的生产需求。

未来，切削加工技术将会向高效、精密、柔性化和自动化的方向发展，高速加工、敏捷制造、智能化加工和绿色加工等技术将快速发展，并被逐渐应用到新能源汽车底盘制造当中。与此同时，汽车零件的防护性电镀工艺也将优化升级为无铬达克罗工艺，进一步提高锌合金镀层的耐蚀性、耐热性、环保性和加工性能，降低其氢脆性和摩擦系数。

近年来，新能源汽车底盘在环保方面的要求越来越高，各大汽车企业正不断加大对各类环境友好零件的开发力度，为新能源汽车提供绿色轮胎、低滚动阻力轮胎、不含铅的车轮平衡块、不含六价铬的新零件涂层和电动转向系统等新型环保零部件，大力推动底盘技术向绿色环保的方向快速发展。

6.1.3 汽车底盘的创新设计策略

在底盘设计方面，新能源汽车以传统汽车底盘设计为基础，通过取消燃油发动机的方式提升底盘的安全性，保障车辆性能，减少汽车运行对环境的污染，提升车辆驾乘人员的舒适性，优化驾乘体验。

就目前来看，新能源汽车在车型设计方面与传统燃油汽车之间不存在较大差别，但行业内的相关设计人员基于传统汽车车型对汽车底盘进行了创新优化。与传统燃油汽车相比，新能源汽车底盘在悬架、制动、传动系统等方面采用了新型设计，具有更大的底盘空间，可以承载新能源电池，同时底盘设计的创新和完善也大幅提升了新能源汽车的使用性能。

新能源汽车通过电力驱动系统的创新应用，实现了对传统内燃机的革命性替代。这种动力系统的根本性变革，不仅显著降低了化石能源消耗和尾气排放，更对整车架构设计提出了全新要求。特别是在底盘系统方面，需要构建与电驱特性相匹配的安全防护体系，这是确保新能源汽车整体安全性能的关键技术支撑。在新能源汽车底盘设计过程中，相关设计人员需要充分考虑汽车底盘对电池的承载问题，最大限度提升新能源汽车的性能，充分保证新能源汽车的安全性。

近年来，新能源汽车底盘设计不断创新，许多新能源汽车开始采用滑板式底盘设计，进一步提高自身的动态性；在新能源汽车技术迭代进程中，底盘轻量化已成为重要发展趋势，通过采用高强度复合材料和结构优化设计，有效降低底盘自重，从而提升电池的续航能力；不仅如此，科学合理的新能源底盘电池组布置也可以起到增强性能的作用，同时也可以在一定程度上提升驾驶的安全性；除此之外，新能源汽车还采用了高质量的底盘设计材料，能够有效防止汽车材料对寿命和整体性能造成不良影响。

（1）采用滑板式底盘

新能源汽车采用动态性较强的滑板式底盘设计，可以在一定程度上提高实用性，同时还使用了更好的零件系统，具备底盘自由度高、车身与底盘互相独立、车身设计空间充足、车辆操控性强、车辆重心低等诸多优势。不仅如此，滑板式底盘设计还可以在新能源汽车发生撞击事故时充分发挥冲击力抵抗功能的作用，减轻撞击力度和座舱变形力度，最大限度保证车辆驾乘人员的人身安全。在车辆维护方面，也可以凭借底盘零部件数量少的优势减少零件拆卸任务，降低新能源汽车维护的难度和复杂度，为新能源汽车维护人员的工作提供方便。

（2）汽车底盘电池组布置

电池是新能源汽车的重要组成部分，在新能源汽车底盘设计方面，科学合理的电池布置可以有效保证新能源汽车性能。一般来说，各类新能源汽车在电池组布置方式方面存在一定差别，其中，纯电动汽车采用底盘一体化电池包设计，实现能量存储与结构承载的有机统一；插电混合式电动汽车则面临更复杂的空间分配挑战，需要在底盘区域同时集成高压电池组和传统动力总成，通过精密的空间规划确保两个系统协同运行时的安全性。

（3）汽车底盘设计材料

新能源汽车需要使用高质量的底盘设计材料，如 TRIP 钢、三聚磷酸铝等，现代底盘工程采用耐热复合材料构建热隔离屏障，这不仅可以有效阻隔电池热辐射可能引发的材料讲解风险，其特有的分子结构还同步提升了底盘的抗塑性形变能力和环境腐蚀耐受度，形成多维度安全防护体系，降低新能源汽车底盘被腐蚀的可能性，有效提升新能源汽车的性能。

6.1.4 汽车底盘工艺轻量化设计

新能源汽车底盘设计具有轻量化的特点，可以有效提升新能源汽车的性能和续航能力。一般来说，新能源汽车需要借助电力发动和运行，电力的消耗情况受路程与车身重量等因素的影响，轻量化的底盘设计可以大幅降低车身重量，减少电力消耗，增加续航里程，提高新能源汽车的驾驶性能。

新能源汽车行业正通过电池系统创新推动轻量化技术突破。在保持现有电池容量的前提下，采用高能量密度电芯设计和模块化集成方案；同时优化底盘空间布局架构，通过三维排布技术和热管理系统创新，构建更高效的能源存储与分配体系，优化结构设计，通过改变底盘形状、使用由高质量材料打造的空心底盘等方式来降低汽车底盘重量，提升新能源汽车的质量和整体性能。

轻量化是汽车底盘设计的主要目标之一，采用中空、复合等结构能够降低底盘产品的重量，同时确保产品性能达到相关要求。服务于底盘轻量化的需求，目前较为常用的成形技术有内高压成形、热压成形、液压成形、发泡铝成形等。

6.1.4.1 成形工艺

传统扭力梁多采用 4 ～ 7mm 厚钢板冲压成形工艺。为确保整车刚度要求，该结构需加装稳定杆，导致总成重量增加。当前行业普遍采用封闭变截面管状结构作为主要轻量化解决方案，此类扭力梁使用的成形工艺有液压成形、钢管冲压成形和热成形，钢管厚度约为 3mm。

管状扭力梁的轻量化效果较钢板成形扭力梁更好，可达到 15% 左右。封闭管状结构无须安装稳定杆，可节省一部分零件成本，并且能够大幅提升零件的强度和刚度。钢管冲压成形和液压成形的焊接需要用到热轧高强钢材料，如 DP600、FB590、S460MC 等。对零件强度要求较高的车型会采用 CP800、DP800 等强度更高的钢材料，并选用激光焊接工艺以确保焊缝质量。

6.1.4.2 液压成形

液压成形工艺使用低碳钢或低合金钢焊接钢管作为原材料，通过液体介质传递压力，并依靠模具实现工件塑性成形。液压成形可实现副车架的轻量化，减少部件所需的零件数量，提升焊接和装配工序的作业效率，帮助企业节省生产成本，且使用此工艺制造的副车架拥有良好的减振性能。目前，液压成形已广泛应用于多家车企的多个车型。

铝合金副车架需用到多种成形工艺。铝合金类型有铸造铝合金和变形铝合金，各类成形工艺的使用材料和应用车型如表 6-1 所示。铝合金副车架轻量化效果良好，可达 40% 左右。

表 6-1 铝合金副车架成形工艺分析

序号	成形工艺	使用材料	应用车型
1	铸造成形	铸造：A356、AlSi11、AlMg5Si2Mn 等 挤压：6005A、6060 等 铝管：AlMg3.52Mn、6061 等	奥迪 Q3、奔驰 C 级、大众途观等
2	铝管液压成形		大众辉腾
3	挤压 + 钢板冲压成形		奔驰 S 级、阿尔法罗密欧等
4	铸造 + 挤压成形		雪铁龙 C5、凯迪拉克 CTS 等
5	铸造 + 挤压 + 铝管液压成形		奥迪 A4、A6、Q5，宝马 5 系等

6.1.4.3 铸造工艺

镁合金铸造最为常用的工艺为压力铸造，此类工艺的优点在于设计和制造较为灵活。镁合金和铝合金因其优异的流动填充性能，特别适用于大型薄壁铸件的成形加工，同时具备显著的成本控制优势，相比于冲压件和加强筋焊接构成的钢制子系统拥有较为明显的优势。

（1）低压铸造

低压铸造可用于生产高强度和高结构效率的大型薄壁铸件，比如发动机支架等。

（2）真空压铸

真空压铸在压射前使用，能够起到减少压射室和铸型型腔压力的作用。真空压铸工艺制造的铸件内部不会携带空气，可用于制造性能出色的大型薄壁铸件。如果选择真空压铸，则目标铸件应具备良好的力学性能，可利用热处理使铸件达到性能要求。相较于常规压铸，真空压铸在能力上有所拓展，同时拥有经济性方面的优势。目前相当一部分铸造企业已经配备了真空压铸工艺。

（3）真空辅助压铸

真空辅助压铸可使用简单的真空系统，能够降低镁压铸件的气孔率。传统压铸工艺生产的铸件不宜进行热处理，这是由于铸件内部疏松结构中残留的气体在受热时会膨胀形成气泡。而采用真空辅助压铸技术可显著降低气孔率，使后续对压铸件实施热处理时避免气泡缺陷的产生。

（4）高真空压铸

真空辅助压铸的改进版，此工艺需用到铸模和浇注系统、强力真空系统、真空阀和控制系统等。

6.1.5 汽车底盘优化的注意事项

为了优化新能源汽车底盘设计，相关工作人员需要选用高质量的底盘设计材料，尽可能防止底盘受各项外界因素影响，减轻汽车底盘重量，以便增加新能源汽车的续航里程，提升新能源汽车的整体性能。新能源汽车的发展不仅需要革新底盘材料体系，更需要突破性创新底盘结构设计技术，通过提高底盘系统整体质量来增强车辆性能表现，从而优化驾乘舒适度，最终实现产品市场竞争力与环保效益的双重提升。

新能源汽车普遍采用承载式车身结构，其副车架往往难以完全承担车身质量分配功能。因此，动力总成部件的设计过程中，工程师需优先确定悬置点位置。同时，必须深入开展车身量化分析，充分利用CAE仿真技术，以避免因悬置设计空间不合理导致的整车布局困难问题。

非承载式车身结构的汽车具备大尺寸车架特征，其承载能力由于承载式结构，能够容纳完整的动力系统布局。这要求新能源汽车设计人员在开发过程中，必须系统规划各部件的位置分布，以简化整车布置方案，同时通过优化重心设计等方法来有效控制车身总重量。

当前新能源汽车市场呈现快速增长态势，消费者接受度不断提升。然而行业普遍存在底盘设计创新不足的问题，多数车型仍沿用传统燃油车的底盘架构，这种设计滞后性严重制约了新能源汽车的性能释放。这要求整车研发团队必须加快底盘系统的专项优化，通过技术创新突破现有功能局限。

相关设计人员需要从以下三个方面入手来完善新能源汽车底盘设计。

① 汽车底盘设计平台。在新能源汽车底盘开发过程中，必须保持底盘架构及各子系统的设计稳定性。

② 转向系统和传动系统。不再使用存在各类弊端的传统发动机，而是基于原有框架优化汽车底盘子系统，选用新开发的转向系统和传动系统。从实际操作上来看，可以继续使用原有的子系统底盘设计方案，但要更换存在问题的发动机。

由此可见，在底盘设计方面，若要有效优化真空源，则要安装真空动力泵，同时也要对架构进行适当调整，并进一步完善新的动力系统的减速器接口。在完成零部件设计工作后，还需充分发挥计算机辅助工程（computer aided engineering，CAE）技术的作用，运用悬置系统来弱化噪声。

③ 车体后舱布局与子系统所采用的设计方案密切相关，当设计方案改变时，车体后舱的布局也会随之变化。从实际操作上来看，可以详细核算新能源汽车荷载质量，保证悬架系统的安全系数，并在此基础上进一步调整悬架系统的任务，对前后轴荷分布特性进行系统分析，据此提取悬架系统重构的关键参数及四轮定位参数，最终通过Adams多体动力学仿真完成

参数验证与优化，尽可能保证设计方案符合实际情况，以便缩短开发周期，减少在开发成本方面的支出。

6.2 分布式驱动汽车底盘集成控制

6.2.1 汽车底盘集成控制技术

近年来，工业水平和汽车生产制造技术飞速发展，人民生活水平不断提高，我国的汽车保有量也越来越多。电动汽车具有机械噪声小、排放污染少等诸多优势，且可使用各类可再生能源，能够降低我国交通对石油等燃料的依赖性。因此，发展电动汽车将成为我国推进“交通强国”战略和实现“双碳”目标过程中的一个重要途径。

电动汽车驱动系统主要从两个维度进行分类，如图 6-1 所示。

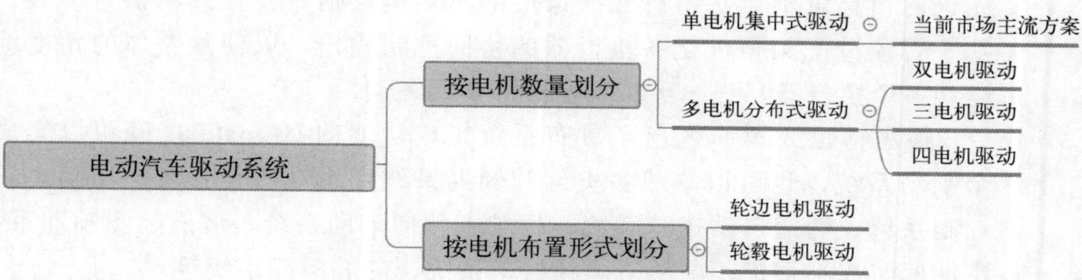

图 6-1 电动汽车驱动系统的主要分类

多电机分布式驱动电动汽车采用独立电机控制架构，其技术优势主要体现在如表 6-2 所示的三个方面。

表 6-2 多电机分布式驱动电动汽车的技术优势

技术优势	具体内容
独立转矩控制	各电机可独立调节对应车轮转矩，实现精准的转矩分配与状态监测
双向动力输出	电机兼具驱动与制动双重功能，显著扩展了底盘控制系统的工况适应范围
控制性能跃升	相较单电机集中式驱动，具有更完善的机械结构和线控系统，以及更高的整车可控性

现代车辆控制技术发展催生了以下三大技术趋势。

① 线控系统普及：涵盖转向、驱动 / 制动、悬架等核心系统的线控化改造。

② 驾驶辅助升级：从基础防抱死刹车系统（antilock brake system，ABS）到 L2+ 级智能驾驶功能的层级化部署。

③ 控制复杂度提升：主要涉及动力学 / 运动学强耦合特性、多 ECU 分布式控制架构和控制系统间的目标冲突与执行干涉风险。

由此可见，这类电动汽车还需通过底盘集成控制的方式解决各项问题。

就目前来看，相关研究人员已经展开对分布式驱动电动汽车底盘集成控制技术的研究，且已开发出多种控制系统和集成控制技术，如差动制动/驱动系统、制动防抱死系统、主动前轮/后轮/四轮转向系统、电动助力转向系统、制动防抱死系统、电液复合制动系统与主动/半主动悬架系统的集成控制技术、防侧翻控制系统的集成控制技术等，用于实现车辆纵-横向动力学集成控制、车辆横-垂向动力学集成控制、车辆纵-垂向动力学集成控制和车辆纵-横-垂向动力学集成控制。

在电动汽车中，底盘集成控制有助于化解子系统之间的冲突，打破单个子系统的局限性，通过系统架构的简化设计与安全阈值的扩展，实现多目标协同控制工况下整车动力学性能的全局优化。现阶段，国内外企业正不断加大对底盘集成控制相关技术的研究力度，并开发出一些相关产品。

具体来说，采埃孚最新研发的 VMC CubiX 底盘集成协调控制器，通过先进的目标解耦算法将感知决策层的车辆运动指令转化为可执行参数，并基于智能分配策略优化各执行器的协同控制输出，以便从整体的角度综合运动各个执行器，进一步实现期望的车辆运动。

德国博世公司研究出了具有系统集成功能的 IBooster，既可以集成各个制动系统，也可以集成各类驾驶辅助系统和主动安全系统，如动态转矩控制系统、弯道自动控制系统、驾驶人转向辅助系统、坡道起步辅助系统、主动偏航控制系统、主动防侧翻保护系统、陡坡缓降系统等。

美国天合汽车集团研究出了集成制动控制系统（integrated brake control，IBC），可实现真空制动助力和防滑控制功能，在混动、电动等多种汽车的车辆动力总成中发挥着重要作用。不仅如此，系统也可以最大限度提升制动能量回收效率，并实现驾驶辅助系统中的各项功能。

美国苹果公司研发出一种由车辆智能感知单元、车辆运动控制单元和底盘运动执行器控制单元构成的车辆底盘集成控制系统，能够借此明确运动意图，根据运动意图进一步确定底盘运动请求。

就目前来看，关于集中式驱动电动汽车集成控制器的研究和产品越来越多。从实际研究情况上来看，当前分布式驱动电动汽车底盘集成控制器的发展主要受限于车辆电子电气架构设计和车载控制器计算资源，导致各类底盘集成控制器难以落地应用，且实现量产的电动汽车较少，因此并未出现可广泛应用的相关产品。

6.2.2 汽车底盘集成控制架构

现阶段，电动汽车的集成控制架构大致可分为三种类型，分别为分散式控制架构、集中式控制架构和分层式控制架构。

（1）分散式控制架构

在分散式控制架构中，子系统分别装配有与其控制功能相对应的传感器，用于获取车辆状态信息，且各个子系统可以从自身控制目标入手，利用控制器向执行器发送相应的指令。传统汽车的底盘控制通常采用分散式控制架构，可以基本实现集成控制，但难以达到纵-横动力学解耦的效果，也无法有效规避系统控制功能冲突的问题。具体来说，分散式控制架构如图6-2所示。

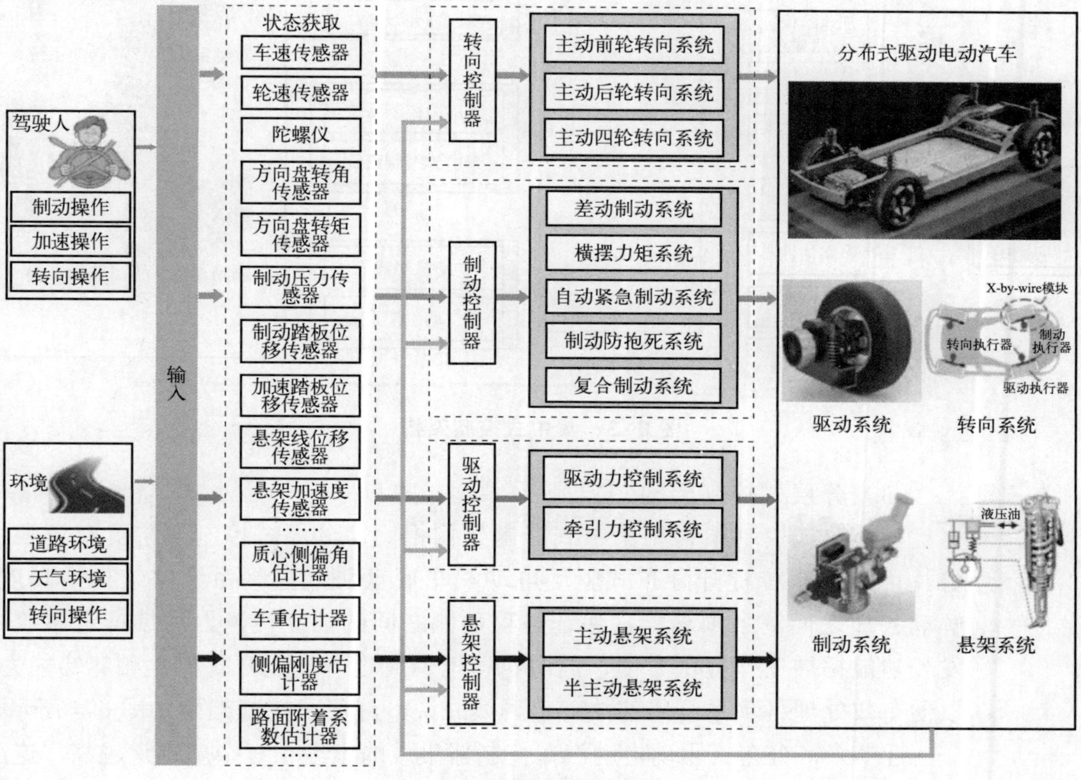

图6-2 分散式控制架构

（2）集中式控制架构

在集中式控制架构中，分布式驱动电动汽车底盘集成控制系统可以从控制需求出发，获取各项车辆信息，并将这些车辆信息传输到集中控制器当中，共享各项车辆信息，也可以通过全局协调控制策略或优化算法的设计，实现对各个子系统执行器的精准指令分配。在集中式控制架构设计中，需优先确立系统级控制目标作为设计基准，最大限度发挥控制性能，同时也要设计容错机制，以便解决功能可扩展性不足和系统可靠性未知等问题。具体来说，集中式控制架构如图6-3所示。

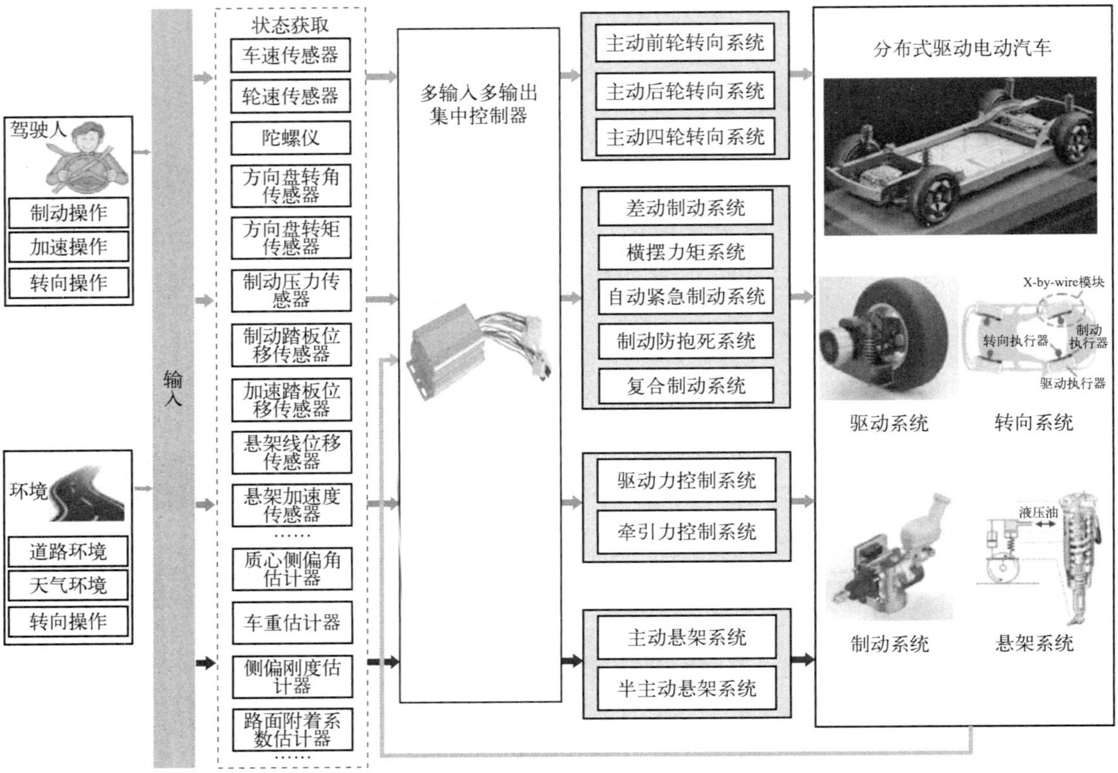

图 6-3 集中式控制架构

（3）分层式控制架构

与分散式控制架构和集中式控制架构相比，分层式控制架构具有更多优势，可以进一步提升分布式驱动电动汽车底盘集成控制系统的结构清晰度，解耦各级之间的各项功能，保证各项功能之间的独立性，为后续推进系统开发和功能拓展工作提供方便，同时也可以借此进一步提升鲁棒性和容错能力，以便有效处理各项系统局部故障。具体来说，分层式控制架构如图 6-4 所示。

近年来，分布式驱动电动汽车控制器集成的难度和复杂度越来越高，这严重制约了集成控制器的性能表现，相比之下，分层式架构因其对分布式驱动电动汽车底盘集成控制技术的适配性优势，正成为该领域的关键研究方向。

6.2.3 汽车底盘动力学集成控制

在分布式驱动电动汽车中，各轮转矩具有独立性和可控性，因此车辆底盘的自由度较高，可以充分满足智能驾驶在车辆底盘多自由度控制方面的需求，与此同时，也可以有效支撑智能驾驶与整车机电系统之间互相协同，实现协调控制。

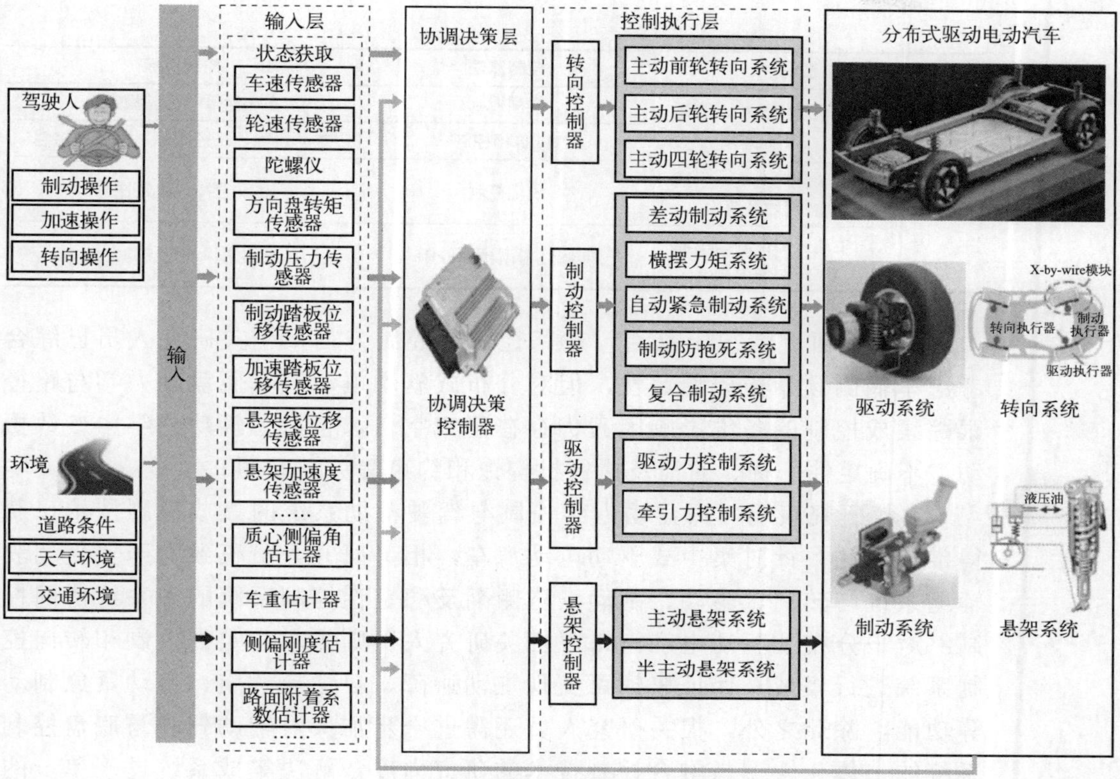

图 6-4　分层式控制架构

具体来说，驾驶辅助系统与底盘动力学系统集成控制方案如表 6-3 所示。

表 6-3　驾驶辅助系统与底盘动力学系统集成控制方案

集成系统		控制算法	控制目标
路径跟踪系统	路径跟踪系统、横向运动控制	最优预瞄控制、反馈 PID 控制	路径跟踪、横向稳定性
		模型预测控制	路径跟踪、操纵稳定性
		全局快速终端滑模控制	横向稳定性、路径跟踪
		模型预测控制	路径跟踪、横向稳定性
		模型预测控制、滑模控制	路径跟踪、横向稳定性
	路径跟踪系统、横向稳定性系统	模型预测控制	路径跟踪、横向稳定性
		模型预测控制、滑模控制	路径跟踪、横摆稳定性
		鲁棒模型预测控制	路径跟踪、横向稳定性
		模型预测控制	机动性、横摆稳定性、路径跟踪精度
	路径跟踪系统、制动能量回收系统	分层式协同控制	路径跟踪、制动能量回收
	路径跟踪系统、能量优化管理	非线性模型预测控制	最小化能耗、路径跟踪
自适应巡航控制、稳定控制		生态驾驶算法	自动避障、自动紧急制动
自动紧急制动系统、制动防抱死系统		逻辑阈值控制	紧急制动安全性

续表

集成系统		控制算法	控制目标
主动避障系统	主动避障系统、路径跟踪系统	模糊控制	主动避障、行驶稳定性
		H_∞鲁棒控制	主动避障、路径跟踪、操纵稳定性
	主动转向系统、主动避障系统	最优控制	主动避障、轨迹跟踪
	主动避障控制、车辆稳定性控制	非线性模型预测控制	主动避障、行驶稳定性

从实际研究情况上来看，在路径跟踪控制方面，相关研究人员已综合考虑车辆侧倾和横向稳定性，但对分布式驱动电动汽车底盘动力学与路径跟踪集成控制的多维影响因素仍存在研究空白，包括车辆动力学中参数摄动、不确定性干扰、时滞及执行机构饱和约束等关键问题。

当前研究表明，底盘动力学控制与驾驶辅助系统的集成控制技术已获得学界关注。针对集中式驱动电动汽车，相关研究人员正致力于实现驾驶辅助系统与转向、驱动、制动、防侧翻及稳定性控制系统的多系统协同控制；对于分布式驱动电动汽车，相关研究人员则需对稳定性控制和转向控制系统进行集成，保证车辆可实现主动避障、自适应巡航、自动紧急制动等功能。除此之外，相关研究人员还需进一步加大对辅助驾驶与底盘控制系统的一体化协调与融合控制技术的研究力度，解决集成系统过于单一的问题，以便充分发挥分布式驱动电动汽车在动力学控制方面的优势。

6.2.4 底盘的容错控制及域控制

（1）容错控制

分布式驱动电动汽车通常采用被动容错或主动容错的方法进行容错控制。其中，被动容错具有结构设计简单、实现难度低等优势，可以在可靠镇定、完整性控制和联立镇定方面发挥重要作用，但同时也存在控制范围不足的缺点，无法以鲁棒控制的方式处理全部故障，当分布式驱动电动汽车的控制维数较高或故障源较为复杂时，该方法则过于保守；主动容错控制技术通过实时调节控制器参数或重构控制器架构，针对特定故障模式实施动态补偿，有效抑制故障影响，确保系统在异常工况下的运行性能。

现阶段，分布式驱动电动汽车容错控制研究聚焦动力性能维持和行驶稳定性保障两大核心目标。其技术价值主要体现在应对以下三类典型故障场景：

- 传感器信号失效；
- 驱动系统异常；
- 底盘执行机构故障。

现代主动容错控制系统需实现故障特征的双重识别，主要包括故障源精确定位和失效模式分类。研究现状表明，学术界正着力突破单一执行器故障工况下的底盘控制策略，重点探究多失效模式的耦合作用机制，通过构建面向多机构执行器故障的容错控制体系，实现车辆全域行驶安全防护的目标。

（2）域控制

近年来，汽车开始向电控化、智能化和网联化的方向快速发展，汽车电控单元（electronic control unit，ECU）的数量越来越多。就目前来看，普通乘用车中通常装配有 25 个 ECU，一些高端车型中所装配的 ECU 已有上百个。

传感器数量和融合算法的增加在一定程度上促进了汽车升级发展，但同时也带来了许多问题：其一，ECU 数量堆砌造成硬件资源冗余；其二，多 ECU 并行导致物料成本呈指数级增长；其三，异构传感器数据难以实现跨系统耦合；其四，线束拓扑复杂化引发整车布线工程难题。这些结构性缺陷严重制约了智能网联功能的拓展。为了突破技术瓶颈，现代电动汽车亟须重构电子电气架构，通过域集中式控制实现提升控制系统实时响应能力、构建安全冗余机制和搭建可扩展的智能网联平台三项目标。

域控制器（domain control unit，DCU）是控制与特定区域或域相关的一组车辆功能的计算机，可通过区域化功能整合有效解决传统分布式 ECU 架构存在的信息安全隐患和计算资源冗余问题。从功能域划分体系上来看，采用模块化设计理念将整车电控系统结构划分为以下五大功能域：

- 动力域：集成发动机管理、能量回收等安全关键型功能；
- 底盘域：统筹转向、制动等车辆动态控制系统；
- 座舱域：管理人机界面（human machine interface，HMI）、信息娱乐等交互功能模块；
- 高级辅助驾驶域：实现环境感知、决策规划等自动驾驶功能；
- 车身域：控制灯光、门窗等基础电子单元。

各功能域在保持目标独立性的同时，通过 CAN 总线等车载网络协议与中央网关进行数据交互，形成完整的信号传输拓扑。

在硬件整合方面，新一代域控制器采用异构计算架构，搭载多核 SoC 芯片，集成高性能 GPU 处理单元，通过虚拟化技术实现 ECU 功能聚合，大幅提高硬件复用率。与此同时，系统级优化还可以实现资源协同、效率提升和智能演进，以便跨域共享传感器数据与计算资源，降低总线负载，为各项车联网应用提供基础平台。

在分布式驱动电动汽车领域，现阶段针对基于域控制架构的底盘控制器的研究较少，行业内的各个企业也并未开发出这类产品。为了推动汽车向智能化、网联化的方向快速发展，汽车行业需要大力研究高度集中式的电子电气架构，并将其作为分布式驱动电动汽车控制系统解决方案，同时也要充分发挥域控制器的作用，集成车辆的各个控制系统。

6.3 分布式驱动汽车集成控制策略

6.3.1 纵 - 横向动力学集成控制

在分布式驱动电动汽车的纵向动力学控制系统中，其核心优势体现在可针对各车轮分别精准施加驱动力矩或制动力矩，这种控制方式呈现出两个显著特征：其一，各车轮的力矩输出可根据实际行驶工况进行差异化调节；其二，控制系统的工作区域与轮胎力饱和状态之间不存在显著耦合关系。由此可见，车辆可以充分发挥纵 - 横向动力学集成控制的作用，借助差动制动系统、电液复合制动系统、制动防抱死系统、牵引力控制系统等控制系统，进一步提升纵向动力学性能，借助主动前轮 / 后轮 / 四轮转向系统、直接横摆力矩控制系统等控制系统，实现横向动力学控制。

纵 - 横向动力学集成控制的目标主要涉及纵向动力性和横向稳定性两项内容。在实现控制目标的过程中，需要充分考虑各项相关因素，如子系统有效工作区域、轮胎力等，并采用分层式集成控制架构，实现基于转向系统和直接横摆力矩控制的集成控制。

从控制决策方面的角度来看，纵 - 横向动力学集成控制已经开始采用基于智能算法的决策方法。就目前来看，相关研究人员正不断加大对纵 - 横向动力学集成控制的研究力度，在研究过程中，还需综合考虑多项相关因素，如智能优化算法计算量、算法训练时间、控制协调切换策略的平稳程度、纵 - 横向轮胎工作区域与非线性车辆系统状态等，以便保证车辆在极限工况下运行的稳定性。具体来说，纵 - 横向动力学集成控制方案如表 6-4 所示。

表 6-4 纵 – 横向动力学集成控制方案

集成系统		控制算法	控制目标
转向系统与直接横摆力矩系统	主动前轮转向系统、电子稳定性系统	基于 KKT 条件的优化	操纵性、灵活性、横向稳定性
		模糊逻辑控制、滑膜控制	横向稳定性、操纵灵活性
	主动前轮转向系统、直接横摆力矩系统	基于最优成本理论 LQR	操纵稳定性、路径跟踪
		切换控制	操纵稳定性
		模型预测控制	经济性、操纵稳定性
		多智能体理论	横向稳定性、减小驾驶人负荷
		非光滑控制	纵向性能、横向稳定性
		人机共驾架构	横向稳定性
	主动四轮转向系统、直接横摆力矩系统	Stackellberg 博弈论	横向稳定性

续表

集成系统		控制算法	控制目标
转向与驱动/制动系统	转向系统、驱动系统	模型预测控制	横摆稳定性、轮胎滑移率
	转向系统、驱动系统	解耦控制	操纵稳定性、鲁棒性
	转向系统、驱动系统	混合理论切换控制	操纵稳定性
	转向系统、驱动/制动系统	优化控制	操纵稳定性、经济性
	主动转向系统、驱动系统	模型预测控制	横摆稳定性
	主动后轮转向系统、驱动系统	前馈+反馈控制	轮胎磨损、横向稳定性、纵向防滑
	主动前轮转向系统、驱动/制动系统	基于稳定性优先级的协调控制	操纵稳定性
	主动前轮转向系统、制动防抱死系统	多智能体理论	制动安全性、操纵稳定性
	主动前轮转向系统、差动制动系统	模型预测控制	横摆稳定性
	主动前轮转向系统、制动防抱死系统	规则控制	操纵稳定性
驱动/制动系统与直接横摆力矩系统	驱动系统、稳定性系统	模糊集理论	横向稳定性、路径跟踪
	制动防抱死系统、直接横摆力矩系统	规则控制	操纵稳定性、制动安全性
	再生制动系统、直接横摆力矩系统	规则控制	横摆稳定性、能量回收率
驱动/制动系统、稳定性控制系统与转向系统	四轮驱动系统、主动前轮转向系统、电子稳定控制系统	加权伪逆控制分配	操纵稳定性
	制动防抱死系统、主动前轮转向系统、直接横摆力矩系统	模糊逻辑控制	操纵稳定性、缩短制动距离

6.3.2 横-垂向动力学集成控制

现阶段，在车辆横向动力学控制方面，通常假设车辆侧倾角始终处于某一范围当中，却忽视了垂直动力学。横-垂向动力学集成控制综合横向动力学和垂直动力学，可抑制路面不平度变化及轮胎-路面附着系数突变引发的车身姿态扰动，显著提升车辆动态稳定性表现，有效防止出现侧翻等问题。一般来说，在分布式驱动电动汽车中，车辆横向动力学控制大多使用转向系统，车辆垂向动力学控制大多使用防侧翻控制系统、半主动悬架或主动悬架等悬架系统。

就目前来看，关于横-垂向动力学集成控制的研究大多面向集中式驱动电动汽车，需要借助分散式控制架构或分层式控制架构实现横 - 垂向集成，通过改变车轮垂直载荷的方式调整轮胎与路面之间的附着条件，进而达到提升车辆动力学性能的效果。一般来说，在采用横 - 垂向动力学集成控制策略的电动汽车中，分布式驱动电机大多装配在轮辋当中，非簧载质量较高，垂向运动特性也不同于其他汽车。但现阶段相关研究人员的研究仍停留在悬架系统层面，关于分布式驱动电动汽车的横 - 垂向动力学集成控制的研究相对较少。

具体来说，横 - 垂向动力学集成控制方案如表 6-5 所示。

表 6-5　横 – 垂向动力学集成控制方案

<table>
<tr><th colspan="2">集成系统</th><th>控制算法</th><th>控制目标</th></tr>
<tr><td rowspan="8">转系与悬架系统</td><td>主动四轮转向系统、主动悬架系统</td><td>解耦控制</td><td>安全性、舒适性</td></tr>
<tr><td>悬架系统、转向系统</td><td>解耦控制</td><td>操纵稳定性、安全性</td></tr>
<tr><td>主动前轮转向系统、主动悬架系统</td><td>模糊逻辑控制</td><td>安全性、操作性</td></tr>
<tr><td>主动转向系统、半主动悬架系统</td><td>分散式协同控制</td><td>横向稳定性、侧倾安全性</td></tr>
<tr><td rowspan="4">电动助力转向系统、主动悬架系统</td><td>模型预测控制</td><td>平顺性、操纵稳定性</td></tr>
<tr><td>随机次最优控制策略</td><td>操纵稳定性、乘坐舒适性、安全性</td></tr>
<tr><td>优化控制</td><td>操纵稳定性、乘坐舒适性</td></tr>
<tr><td>优化反馈控制</td><td>操纵稳定性、安全性</td></tr>
<tr><td rowspan="3">稳定性系统与悬架系统</td><td>电子稳定性控制系统、主动悬架系统</td><td>H_∞鲁棒控制</td><td>乘坐舒适性、稳定性</td></tr>
<tr><td>横摆稳定性系统、半主动悬架</td><td>分布式协同控制</td><td>横摆稳定性、侧倾稳定性</td></tr>
<tr><td>主动悬架、车身瞬态动力学</td><td>多目标优化算法</td><td>舒适性</td></tr>
</table>

6.3.3　纵 - 垂向动力学集成控制

当车辆处于行驶状态时，悬架系统可以与制动系统集成，并借此实现对轮胎的法向反力的间接调节，以便最大限度发挥制动效能。由此可见，即便在较为紧急的情况下，纵 - 垂向动力学集成控制也可以保障车辆驾驶安全。

具体来说，纵 - 垂向动力学集成控制方案如表 6-6 所示。

表 6-6　纵 – 垂向动力学集成控制方案

<table>
<tr><th>集成系统</th><th>控制算法</th><th>控制目标</th></tr>
<tr><td rowspan="2">制动防抱死系统、主动悬架系统</td><td>优化控制</td><td>最小制动距离、稳定性、乘坐舒适性</td></tr>
<tr><td>模糊神经控制</td><td>能量回收率、平顺性</td></tr>
<tr><td>制动系统、半主动悬架</td><td>优化分配控制</td><td>最大轮胎力、最小制动距离</td></tr>
<tr><td>制动系统、悬架系统</td><td>模糊控制</td><td>能量回收性能、制动安全性</td></tr>
</table>

续表

集成系统	控制算法	控制目标
差动制动系统、前后轴牵引力控制系统、主动抗侧倾控制器	优化分配控制	高速侧向稳定性
垂向减振系统、纵向制动系统	耦合控制	平顺性、舒适性

现阶段，针对分布式驱动电动汽车的驱动 / 制动系统与悬架系统集成控制的研究大多与制动防抱死和主动悬架集成控制相关，除此之外，也有部分研究涉及差动制动与悬架系统集成控制等内容。从实际研究情况上来看，制动防抱死与主动悬架集成控制可以有效缩短车辆的制动距离和制动时间，部分纵 - 垂向动力学集成控制方案的应用还可以提升车辆的平顺性和舒适性。

分布式驱动电动汽车振动负效应是影响集成控制的一项重要因素。就目前来看，部分研究人员已经展开关于振动负效应、振动中的车路耦合以及车桥耦合机理等内容的研究，但在主动悬架与牵引力控制系统集成控制方面，相关研究较少。

6.3.4 纵 - 横 - 垂向动力学集成控制

相关研究人员大多从控制系统的实时性和控制精度等方面入手，展开对纵 - 横 - 垂向动力学集成控制的研究。一般来说，纵 - 横 - 垂向动力学集成控制的控制方法大致可分为两种类型，一种是基于权重分配的协调控制，另一种是基于优化的协调控制。

具体来说，纵 - 横 - 垂向动力学集成控制方案如表 6-7 所示。

表 6–7 纵 – 横 – 垂向动力学集成控制方案

集成控制架构	集成系统	控制算法	控制目标
基于子系统权重分配	四轮转向系统、四轮驱动系统、主动悬架系统	模型预测控制	操纵性、横向稳定性、纵向滑移率和乘坐舒适性
	滑移控制系统、侧向稳定性控制系统、防侧倾控制系统	模型预测控制	横向稳定性、防侧倾、纵向滑移率
	四轮独立转向系统、直接横摆力矩系统、主动悬架系统	滑模控制	车身姿态、行驶稳定性、舒适性
	主动前轮转向系统、直接横摆力矩控制系统、主动悬架系统	切换控制策略	乘坐舒适性、操纵稳定性
基于子系统协调优化	主动抗侧倾控制系统、直接横摆力矩控制系统、主动后轮转向系统	轮胎力优化控制	操纵稳定性、行驶安全性
	电子稳定控制系统、四轮驱动系统、主动抗侧倾控制系统、电子悬架系统	基于规则的最优控制分配	提高动态响应、高速下的转向能力

续表

集成控制架构	集成系统	控制算法	控制目标
基于子系统协调优化	差动制动系统、差动转向系统、主动悬架系统	混合层次协同优化方法	提高驾驶平顺性及舒适性
	差动制动系统、差动转向系统、主动悬架系统	线性加权聚合的单目标优化	转向灵敏度、驾驶平顺性
	纵向 / 横向 / 垂向轮胎力	约束优化	控制车身姿态、操纵稳定性

近年来，针对基于子系统权重分配的协调控制的研究越来越多。具体来说，基于权重分配的协调控制如图 6-5（a）所示。控制系统可以从车辆状态、行驶工况和驾驶意图出发，在此基础上综合运用多种控制算法，如模型预测控制、滑模控制、切换控制、优化分配控制等，充分分配各个子系统的权重。但这种方法对个人经验的依赖性较强，实际结果和最终效果易受主观因素影响，且离线规划方案在车辆实际运行中可能出现适应性调整延迟。

通过子系统协同优化控制，可以系统性地提升底盘全局动力学性能，实现多目标优化控制。具体来说，基于优化的协调控制如图 6-5（b）所示。该方法在提升实时控制精度的同时，确保了工况适应性，但随着子系统数量的增加，导致优化目标高维化和约束条件复杂化，存在陷入局部最优解的风险。

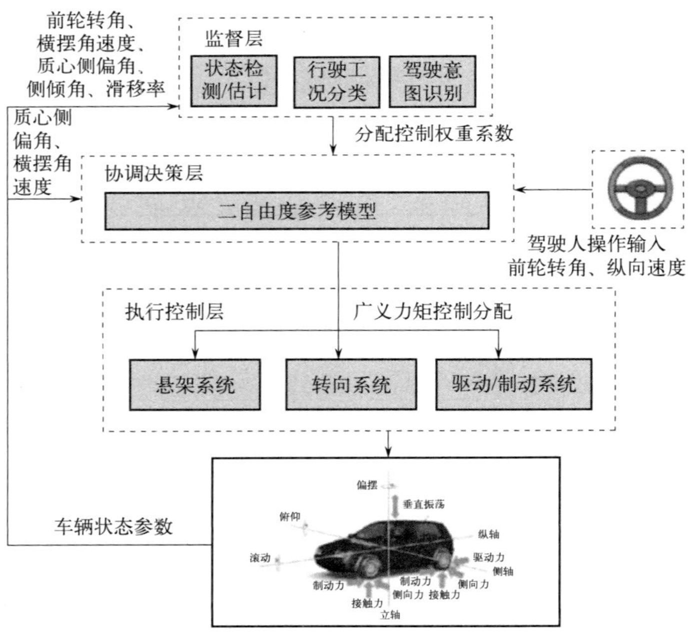

(a) 基于权重分配的协调控制

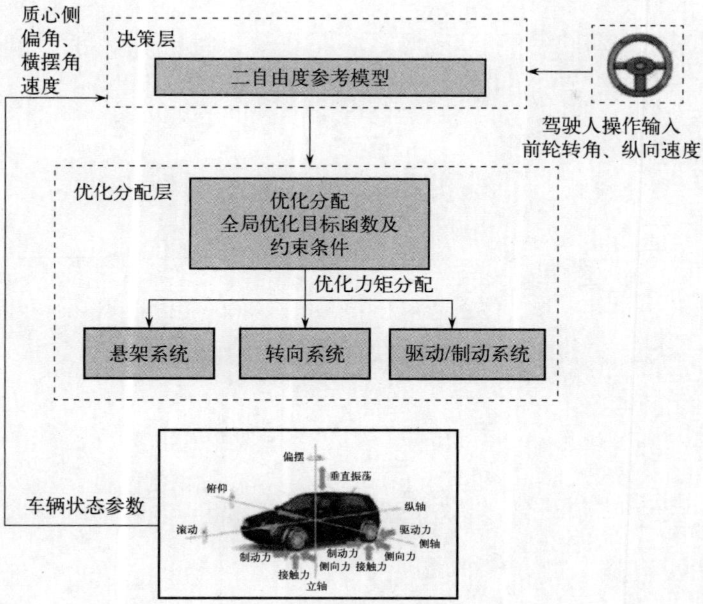

(b) 基于优化的协调控制

图 6-5　驱动 / 制动、转向系统和悬架系统分层集成控制

NEV New Energy Vehicles

第 7 章

新能源汽车热管理系统

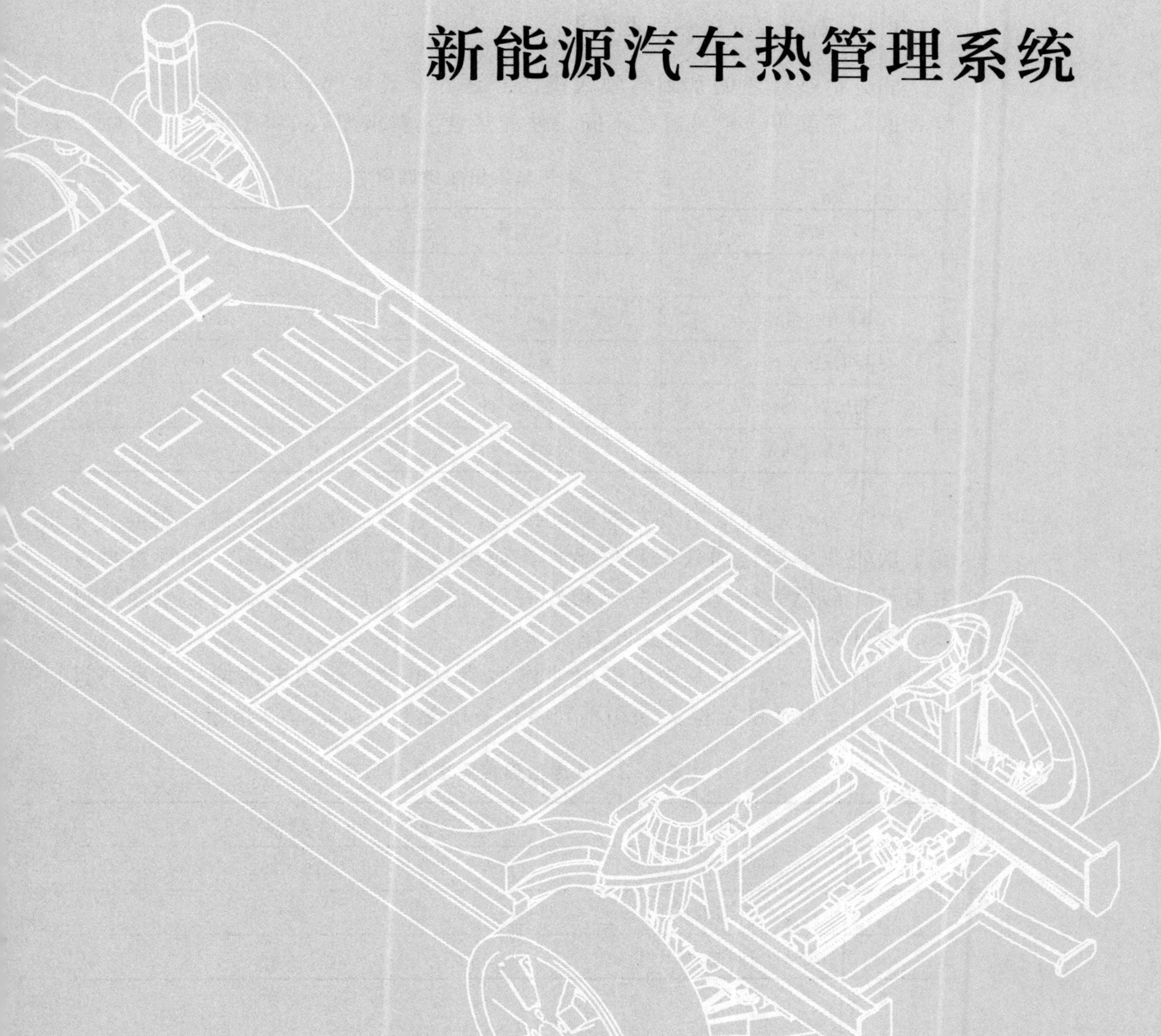

7.1 新能源汽车整车热管理系统

7.1.1 汽车整车热管理系统构成

在各种类型的新能源汽车中，纯电动汽车在综合能效、环境保护方面具备优势，不过受到动力电池能量密度和材料特性等因素的影响，其在续航里程上存在短板。此外，由于未像传统燃油汽车一样设置发动机热系统，纯电动汽车的热系统需要同时承担多项任务，包括车室环境控制、主要部件温度控制、除霜除雾等，以应对各类环境和气候条件。因此，为确保车辆的安全运行，给驾乘人员带来舒适的用车体验，需开发高质量的电动汽车整车热管理系统。

7.1.1.1 新能源汽车热管理需求

乘员舱热管理关系到驾驶人员的舒适性，具体的管理项目有温度、湿度、送风温度等。乘员舱在不同条件的热管理需求如表 7-1 所示。

表 7-1 乘用车乘员舱空调需求

项目	夏季	冬季
车内温度 /℃	24 ～ 28	18 ～ 20
车内相对湿度 /%	40 ～ 65	>30
车内气流速度 /（m/s）	0.3 ～ 0.4	0.2 ～ 0.3
新风量 /（m^3/h）	20 ～ 25	15 ～ 20
热负荷 /kW	3.0 ～ 9.3	1.5 ～ 6.0

动力电池是纯电动汽车的驱动装置，其温度控制非常关键，在很大程度上决定车辆运行的效率和安全性。如果动力电池温度过高，则很容易发生漏液、自燃等情况，对车辆和驾驶人员安全造成严重威胁；如果温度过低，则电池的充放电性能会出现衰减。

目前，电动汽车多采用锂电池作为动力电池，此类电池能量密度高且重量轻。锂电池的温控需求和不同条件下的热负荷如表 7-2 所示。

表 7-2 锂电池温控需求及热负荷

项目	参考值
电池温控范围 /℃	15 ～ 40
电池单元温差 /℃	＜ 5
当前主流车型电池容量 /kW · h	50 ～ 100

续表

项目	参考值
60km/h 车速下发热功率 /kW	0.18
120km/h 车速下发热功率 /kW	3.6
1C 快充发热功率 /kW	1.5 ～ 3.0
2C 快充发热功率 /kW	4 ～ 8

更高的能量密度、更宽阔的工作温度区间、更快的充电速度是动力电池的发展趋势，这对于动力电池温控提出了更高的要求。在不同的路况和充放电模式下，温控负荷会发生变化，对此动力电池温控需保持电池组间温度场的均匀，避免出现热失控的情况；同时，在严寒、高温、高湿等极端环境工况下，也需实施恰当有效的温度控制。

与电池同为电动汽车“三电”系统的组成部分，电机和电控负责车辆的能量输出。电机工作过程中的热量主要来自线圈电阻和机械摩擦，温度过高会给电机带来内部短路、磁体退磁等负面影响。电动乘用车电机、电控的温控需求及电机发热功率如表 7-3 所示。

表 7–3　乘用车电机、电控温控需求以及电机发热功率

项目	参考值
电机励磁线圈温度 /℃	＜ 170
控制器半导体元件温度 /℃	＜ 225
电机冷却水温 /℃	＜ 80
电控冷却水温 /℃	＜ 70
紧凑型乘用车电机发热功率 /kW	2.5 ～ 6.0
中型乘用车电机发热功率 /kW	6 ～ 10
大型乘用车电机发热功率 /kW	10 ～ 15

电动汽车的逐步应用推广使用户对车辆动力的需求持续增长，为此需提高车辆电机的功率、转矩及转速，随之而来的将是更高的发热量，这对电机系统的热管理提出了更高的要求。

7.1.1.2　新能源汽车整车热管理系统构成

新能源汽车整车热管理系统由座舱、电池、电机电控各部分的热管理系统组成。在座舱热管理系统中，空调冷风和热泵暖风（或 PTC 暖风）分别发挥制冷和制热作用，以实施座舱温度的控制，系统的零部件有电动压缩机、电子膨胀阀、蒸发器、冷凝器、热交换器等。

（1）电池热管理系统

电池的温度关系到其安全、使用寿命和性能表现，因此需通过电池热管理系统实施有效的温度控制。电池的理想工作温度为 20 ～ 35℃，温度过高或过低都会对电池造成不利影响。电池充放电过程中的温度控制也很重要，如果温度过高，可能会导致电池分解、腐蚀、起火，严重情况下还会发生爆炸；如果温度过低，则电池的容量和功率容易出现衰减，并发生电池短路的情况。

（2）汽车空调系统

汽车驾驶舱热管理是保障用车舒适性的关键。在驾驶舱制冷方面，新能源汽车与燃油汽车的原理总体上比较接近，只是在两点上存在差异：第一，燃油汽车可将发动机作为压缩机的驱动装置，而以电池为动力装置的电动汽车需采用电动压缩机；第二，燃油汽车的动力系统与空调制冷系统彼此独立，而在电动汽车上两者相互联结。在驾驶舱制热方面，燃油汽车空调系统可利用发动机的剩余热量进行加热操作；电动汽车通过 PTC 来加热，这一制热方案存在明显局限，会对车辆的冬季续航造成较大影响，相比之下，制热效率更高的热泵系统可能成为电动汽车未来的选择。

（3）电驱动及电子功率件热管理冷却系统

新能源汽车的电机、电控以及电子功率件等部件的耐受温度比较低，同时车辆运行经常需要面对高电压、高电流的环境，因此需另外添加冷却装置实现上述部件的有效散热。

在冬季寒冷气候下，电动汽车的续航里程会发生缩减，为车辆使用带来不便，出现这种情况的一部分原因是低温会削弱蓄电池的充放电能力。为解决此问题，需通过加热将蓄电池工作温度保持在适宜区间。另外，在低温环境下，车辆需要将更多的电能用于车内加热，这也会造成续航里程降低。具体而言，当环境温度低于 0℃时，车辆耗能会随着温度的下降而持续升高，比如 -10℃的车辆续航里程仅为 22℃的一半。

除温度外，行驶速度也是影响电动汽车续航里程的重要因素。当车速达到 60km/h 以上时，车辆的耗能会随速度的上升而持续增加。

考虑低温对电动汽车的续航里程和整体性能的影响，许多企业越来越重视整车热管理系统，尤其是制热功能。PTC 是目前市面上主流的汽车制热部件，其优点在于结构简单、成本低，但是能耗方面的缺陷较为明显。相较于 PTC，热泵的技术壁垒更高，但其常温条件下的能效比（COP）可达 2 以上，理论能耗远远低于 PTC。不过，热泵在性能上同样存在一定问题，在低温环境下，以 R134a 为冷媒的热泵系统制热效果不佳，需利用 PTC 发挥辅助加热作用。

7.1.2 汽车整车热管理发展历程

电动汽车整车热管理的发展经历了单冷配合电加热、热泵配合电辅热、宽温区热泵与整车热管理耦合三个阶段，呈现出集成化、智能化的发展趋势，这个过程中热管理系统的环境适应能力不断提升。

各发展阶段电动汽车热管理系统的架构如图 7-1 所示。

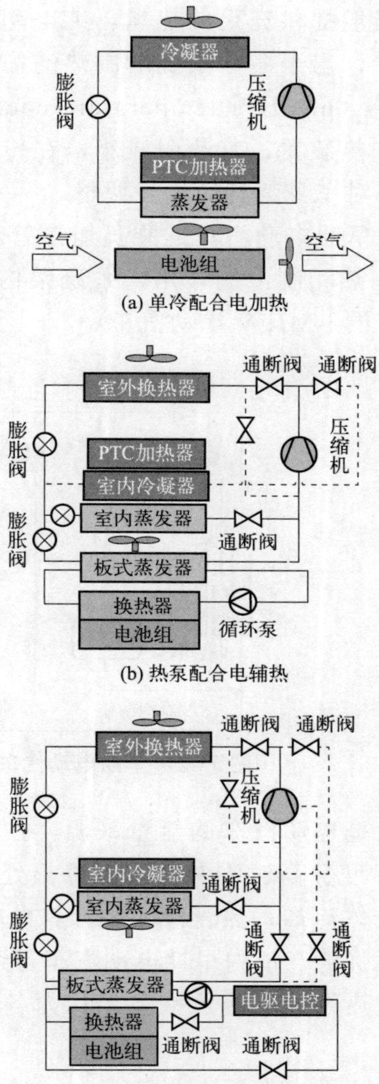

图 7-1　电动汽车热管理构型发展趋势

（1）第一阶段：PTC 供热

在电动汽车产业发展的初期，车辆热管理技术研发主要是基于燃油汽车技术框架进行改动，这一时期车辆热管理系统的组成部分有座舱空调、车窗除雾装置、动力部件温控装置等。

在制冷方面，纯电动汽车和燃油汽车均利用蒸汽压缩循环达到空调制冷的效果，而两类汽车采用的空调压缩机驱动方式并不相同，分别为直接驱动和间接驱动，动力来源则分别为电和发动机。

燃油汽车的发动机在运行过程中会产生较多的余热，能够在冬季寒冷环境下为乘员舱提供充足的热量。纯电动汽车的情况则与之不同，电机产生的余热较少，出于冬季乘员舱制热的需要只能另外加装加热装置。正温度系数加热器（positive temperature coefficient，PTC）是早期电动汽车选用的额外加热装置，其热阻较小，在传热效率方面有着出色表现，且使用该设备不必对车身架构做过多调整。

综上，在早期电动汽车的乘员舱热管理系统中，由 PTC 和蒸气压缩制冷循环发挥制热和制冷的作用，系统架构示例如图 7-2 所示。此架构来自三菱公司生产的 i-MIEV 电动汽车。

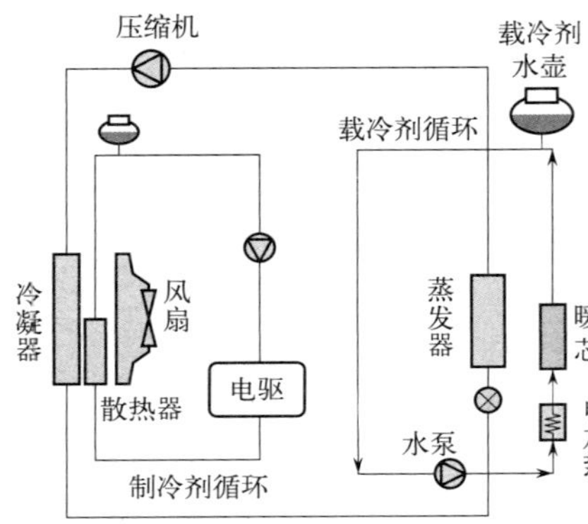

图 7-2 早期电动汽车热管理系统

动力电池是电动汽车的能量来源，在车辆行驶过程中通过放电产生热量，当电池温度升高时需对其实施降温处理。常用的电池降温冷却方法有空气冷却、液体冷却、热管冷却等。其中空气冷却具备结构简单、成本低、维护难度小等优势，成为早期电动汽车普遍采用的汽车冷却方案。

此阶段，热管理系统的整体架构为各子系统彼此独立，分别执行各自的热管理任务。

（2）第二阶段：热泵技术应用

冬季电动汽车的供热会产生较高的能耗，而 PTC 制热的 COP 在 1 以下，供热时的能耗较高，不利于延长电动汽车的续航里程。相比之下，热泵技术的能源利用效率更高，能够通过蒸气压缩循环调用低品位热量，其制热时的 COP 可达到 1 以上。因此，此阶段车企开始采用热泵系统作为电动汽车热管理系统的制热方案，以增加车辆在冬季的续航里程。

宝马、一汽奔腾、红旗、上汽荣威等汽车品牌在其旗下的车型上使用了热泵系统，宝马 i3 电动汽车热泵系统如图 7-3 所示。不过，低温条件下热泵系统的制热量会出现明显衰减，在制热时需要其他装置的辅助，为此车企将热泵与 PTC 结合，形成低温环境下的电动汽车乘员舱制热方案。

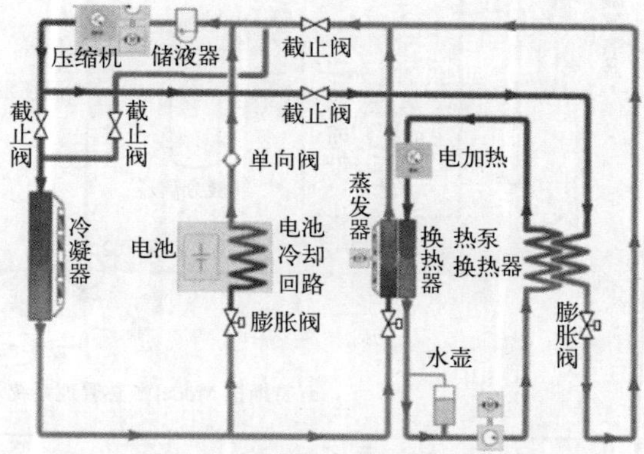

图 7-3 宝马 i3 电动汽车热泵系统

动力电池容量与功率的增大使其在运行过程中需承受更高的热负荷，这对于温度控制提出了更高的要求，因而液冷代替传统空冷结构成为主要的电池温控方式。此外，动力电池正常工作温度接近人体的适宜温度，考虑到这一点，可将换热器并联到乘员舱热泵系统，同时为乘员舱和动力电池制冷。换热器和二次冷却能够间接地对动力电池起到散热的作用，这是电动汽车整车热管理系统集成化的体现。不过，总体来说此阶段的热管理系统集成化只做出了初步尝试，只涉及电池与乘员舱制冷的整合，并未对电池和电机的余热加以利用。

（3）第三阶段：宽温区热泵及整车热管理集成一体化技术发展

在低温环境下，热泵空调的性能表现不佳，制热效率和制热量都需要提升，对此研发人员开发了一系列性能优化方法。设置二次换热回路，在对动力电池和电机系统实施冷却操作时，回收两部件产生的余热，用于低温工况的制热。此即余热回收式热泵空调，相较于传统热泵空调可提供更多的制热量。

余热回收式热泵各子系统的耦合程度更高，这意味着电动汽车整车热管理系统的集成化程度有了进一步提升，这一集成式热管理系统已应用于多个电动汽车车型，包括特斯拉 Model Y、大众 ID4.CROZZ 等，具体的系统架构如图 7-4 所示。不过，如果遇到环境温度极低且余热回收量较少的情况，仅凭余热回收无法提供足够的制热量，此时仍需借助 PTC 来辅助制热。

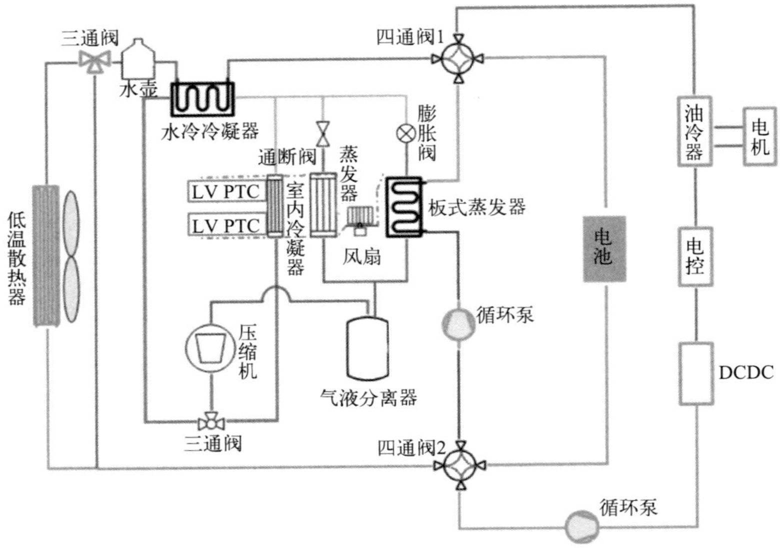

(a) 特斯拉 Model Y 热管理系统

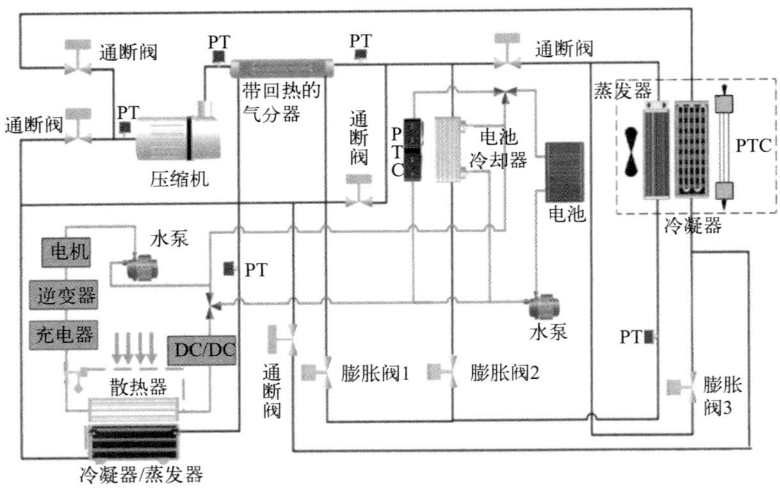

(b) 大众 ID4.CROZZ 热管理系统

图 7-4　集成热管理系统

得益于电动汽车整车热管理集成程度的持续提高，可通过增加电机发热量来回收更多的余热，使热泵系统在低温环境下能够产生足够的制热量，从而在不依靠 PTC 辅助的条件下满足车辆制热需求，同时减少热管理系统的空间占用。此外，针对低温工况下热管理系统能耗过高的问题，也可通过回风利用的方式加以解决。低温环境下，回风利用能够大幅降低电动汽车对制热量的需求和制热能耗，并且不会造成车窗起雾或结霜。这一阶段，电动汽车整车热管理系统对极端环境的适应能力持续增强，集成化程度不断上升，同时变得更加绿色环保。

7.1.3 汽车动力电池热管理系统

动力电池热管理系统可以按照冷却方式所使用的冷却介质分为风冷、液冷、相变材料冷却、热管冷却和制冷剂直接冷却五种类型，且这五种冷却方式在作用原理和系统结构方面均存在许多不同之处。

（1）风冷

风冷是利用空气流动驱散动力电池组产生的热量，其技术路径可分为自然冷却和强制冷却两种。其中，自然冷却指的是汽车行驶过程中借助外界的空气来降低电池组温度，强制冷却指的是利用风机来降低电池组温度。

动力电池风冷系统主要利用低温空气来为动力电池降温，在降低动力电池温度的过程中，该系统需要充分发挥风扇和蒸发器等设备的作用，将低温空气引到箱体内，从而达到利用空气带走热量的目的。当风扇处于工作状态时，低温空气会进入箱体内部，并按预定流速经过模组和电池外表面，带走电池产生的热量；当电池系统处于密闭状态时，该系统需要充分利用蒸发器，防止外界空气进入箱体当中。

从该系统的结构上来看，相关工作人员需要重点关注以下几项内容：

① 在电池排布方面，各个单体电池以及电池模组之间均需专门为空气保留缝隙，确保空气可以穿过电池间的缝隙并带走电池所产生的热量。具体来说，方形电池和圆柱形电池具有强度和刚度系数较高的特点，电池与电池之间均需保留空隙，以便冷却系统对电池进行降温；软包电池的刚度及刚度系数较低，为保证导热效果，需在电池间布置导热材料。

② 在系统设计方面，相关设计人员需要综合考虑结构、成本、密封性、空气流通阻碍等诸多因素，确保风道设计的科学性和合理性，以便凭借良好的风道设计提高电池散热的均匀性和空气流通的畅通性。

③ 在蒸发器型号选择方面，相关开发人员需要综合考虑制冷量、电池数量、箱体空间、生产成本和压缩机型号等各项相关因素，确保蒸发器能够充分满足动力电池的散热需求。

④ 在风扇型号选择方面，相关开发人员需要将风扇的风量和风压与预定标准进行比对，确保风扇符合预定标准的要求，能够为动力电池冷却系统提供流量和流速均能达到预定标准的冷却空气。同时也要综合考虑电压、噪声、风扇尺寸、风扇重量、生产成本和电池包结构空间大小等各项相关因素，从而为动力电池冷却系统选出最合适的风扇。

（2）液冷

动力电池液冷就是利用流动的液体来对电池组进行降温处理。一般来说，液体具有高于空气的比热容，因此冷却效果、冷却速度和电池组温度分布的均匀度都远超风冷。就目前来看，动力电池液冷已经实现了较为广泛的商用，但同时也面临漏液风险大、复杂性高、维护成本高等问题。

（3）相变材料冷却

相变材料冷却就是利用石蜡、水合盐以及脂肪酸等相变材料（Phase Change Material，PCM）来吸热或放热的方式维持温度。PCM 能够储存大量热能，且无须额外的能量消耗，能够在散热方面发挥重要作用。就目前来看，PCM 已经被用于手机等电子产品的电池散热当中。由于 PCM 存在导热率低等不足之处，易造成其自身与电池接触部分熔化的问题，进而影响到系统的换热性能，难以在尺寸较大的动力电池中发挥作用。由此可见，相关研究人员需要及时解决以上各项问题，积极推动 PCM 冷却在汽车动力电池领域落地应用。

（4）热管冷却

热管冷却就是利用热管以及热管中的水、乙二醇、丙酮等介质来传热，并在此基础上实现新能源汽车热管理。具体来说，热管两端分别具有蒸发和冷凝的作用，能够吸收电池组的热量，也能够加热电池组。热管冷却系统是现阶段最为理想的一种动力电池热管理系统，就目前来看，相关研究人员正在研究和推进其在新能源汽车领域的应用。

（5）制冷剂直接冷却

制冷剂直接冷却就是利用 R134a 等制冷剂来降低汽车座舱内的温度。此种冷却方式遵循的制冷原理为蒸发吸热，采用的制冷装置为蒸发器，在制冷量和制冷效率上具备优势。

具体来说，动力电池冷却系统的优缺点如表 7-4 所示。

表 7-4　动力电池冷却系统的优缺点

冷却方式	优点	缺点
风冷	低成本；便于应用；高度商业化	散热效率低；空间占比大；噪声问题
液冷	散热效率高；高度商业化；较为紧凑	存在漏液风险；复杂性相对较大；维护成本高
相变材料冷却	温度均匀性较好；能量储存；较为紧凑	机身重量较大；存在流动性；尚未商业化
热管冷却	高紧凑性；高效率；高生命周期	成本较高；尚未商业化
制冷剂直接冷却	制冷效果好；制冷量大；响应速度快	成本较高；尚未商业化

7.1.4　汽车电机电控热管理系统

当新能源汽车处于运行状态时，电机和电控元件也会随之运转并产热，但高温会缩短电机和电控系统的使用寿命，降低电机和电控系统运行的可靠性，为了确保电机和电控系统稳定运行，系统还需通过风冷、液冷等方式来对电机和电控系统的温度进行控制。

（1）电机、电控风冷

风冷换热系统可以借助翅片来扩大换热面积，提升换热效率，同时此类系统拥有成本优势，也无须用到复杂的工艺，多用于小型电机。电机和电控的风冷系统同样有自然风冷和强制风冷两种类型，其中，自然风冷可以直接与电机和电控系统进行换热，强制风冷则需要利用功率可以针对电机和电控系统的发热情况进行调整的风机来完成各项强制风冷措施。

（2）电机、电控液冷

液冷系统中具有环绕电机的封闭管道，且管道中充满了水、变压油、水和乙二醇混合液（体积分数 50% 或 35%）等冷却液，能够以循环流动的方式降低电机温度。具体来说，电机液冷系统的管道图如图 7-5 所示。

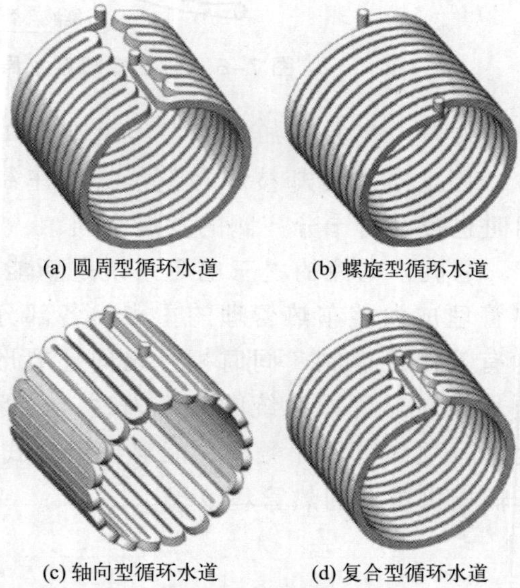

(a) 圆周型循环水道　(b) 螺旋型循环水道

(c) 轴向型循环水道　(d) 复合型循环水道

图 7-5　电机液冷系统的管路图

（3）蒸发冷却技术

蒸发冷却技术是一项经过长期发展的冷却技术，就目前来看，该技术已经被广泛应用于建筑领域以及数据中心和水电站的大型水轮发电机冷却当中。以三峡地下电站的自循环冷却系统为例，系统中的两台机组均以高绝缘、低沸点的 HFC-4310 为介质，能够借助 HFC-4310 沸腾吸收汽化潜热的方式来对机组进行冷却处理。与此同时，该系统也是全球第一个被应用到 700MW 的巨型水轮发电机当中的自循环冷却系统。具体来说，蒸发冷却系统原理图如图 7-6 所示。

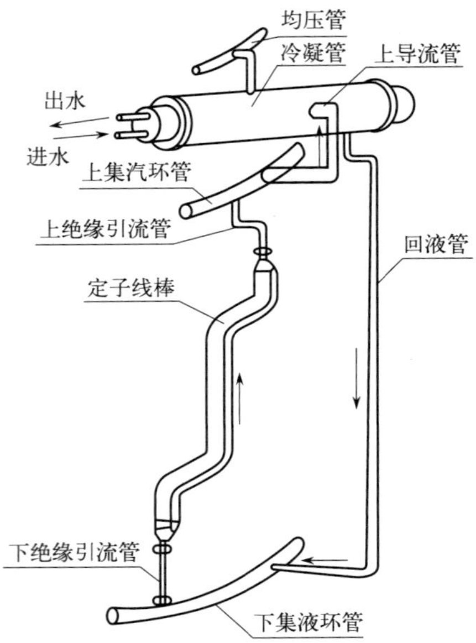

图 7-6　蒸发冷却系统原理图

就目前来看，蒸发冷却技术在纯电动汽车的驱动电机等小型电机中的应用极少，因此蒸发冷却技术在新能源汽车制冷方面的应用具有一定的创新性，同时也存在着十分广阔的发展空间。

电池、电机、电控的“三电”系统是新能源汽车的核心部分，相应地，三者的热管理成为整车热管理的重点。各部分的热管理系统首先应实现对本部分的有效温度控制，同时相互之间还要形成有效协同。因此相关研究人员需要加大对热管理系统的研究力度，确保新能源汽车的热管理系统既能独自处理各项热管理任务，也能够在组合式的模式下发挥出更大的作用，从而为车辆提供更好的热管理效果。

7.2　新能源汽车座舱热管理系统

7.2.1　传统燃油车空调系统结构原理

空调系统除了能够提供舒适的驾乘环境，同时还是汽车热管理工作中的重要部分。当前，大多数汽车空调使用热物理原理调节车内温度，即通过制冷剂和制热剂循环往复蒸发吸热和冷凝放热调节温度。通过空调系统，座舱能够在环境温度较低的时候获得加热后的空气，在环境温度较高的时候获得降温后的空气，从而使得车内温度始终保持在体感舒适的范围内。因此，汽车空调对提升汽车使用体验感意义非凡。

传统燃油汽车空调包括以下四个部分。

（1）压缩机

压缩机的主要功能是为制冷循环提供动力，燃油汽车中一般安装在发电机上。在制冷系统运行过程中，压缩机通过吸气管道将处于低温低压状态的制冷剂气体吸入腔体。在动力单元（如发动机）的驱动下，活塞组件在气缸内进行往复式机械运动，使制冷剂气体经历绝热压缩过程。该物理过程使工质的温度和压力显著提升，最终输出符合系统要求的高温高压的气态制冷介质。

（2）蒸发器

蒸发器的主要功能是进行热交换，包括加热室和蒸发室两部分，通常安装在座舱内。蒸发器利用蒸发吸热的物理原理实现降温。当液态制冷剂流过蒸发器时，加热室提供热量使液体沸腾汽化，吸收空气中的热量，使车厢迅速降温，蒸发室保证这一过程中气液两相完全分离。

（3）冷凝器

冷凝器的主要功能也是进行热交换，通常安装在车厢外部。在工作时，高温高压的过热蒸汽从压缩机中流出，被压入冷凝器，通过风扇强制制冷，使气体液化为中温高压的液态冷媒，并释放出大量热量。

（4）膨胀阀

作为制冷系统关键的节流装置，膨胀阀通过等焓膨胀原理实现工质状态转换。具体来说，膨胀阀的标准安装位置为蒸发箱入口管路，可将中温高压的液态制冷剂降压膨胀，输出为低温低压的雾状两相流制冷剂，为接下来进入蒸发器汽化吸热从而对车厢进行降温创造条件。

为了实现汽车空调的制冷、制热和换气除雾等功能，汽车空调一般包括制冷系统、制热系统和通风系统，三者共同构成了一种联合装置，能够实现对车内有限空间的充分利用。

传统燃油汽车制冷的原理就是由压缩机对蒸发器中流出的高温低压的气态冷媒进行压缩，将其转化为高温高压的气态冷媒，随后气态冷媒进入冷凝器释放热量，变为中温高压的液态冷媒，经膨胀阀降温膨胀为低温低压的雾状的液压制冷剂，流入蒸发器后汽化吸热，实现对车厢的降温并再次流出高温低压的气态冷媒进入压缩机，四个步骤循环往复，实现对座舱的持续制冷，如图 7-7 所示。

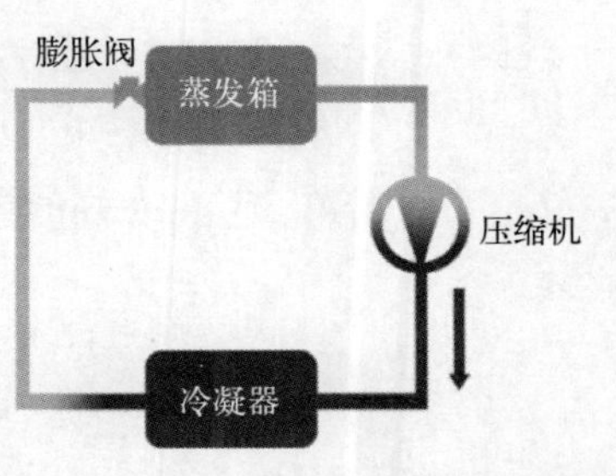

图 7-7　传统燃油汽车的制冷原理

传统燃油汽车制热的原理是通过汽车发动机的余热实现对汽车座舱的加热，发动机产生的热量被冷却液吸收后，温度较高的冷却液流过车辆空调暖风芯体，同时吹风机将外界冷空气吹入，经冷却液加热后进入车厢，实现座舱加热以及除雾除霜，随后冷却水完成散热，温度降低后再次回到发动机进行热交换，完成一次制热循环。

7.2.2 新能源汽车空调系统制热原理

新能源汽车与传统燃油汽车在空调系统上的主要区别在于压缩机驱动方式。传统燃油汽车通过发动机机械传动驱动压缩机，而新能源汽车采用电力直接驱动电动压缩机。虽然二者的制冷原理相同，但电动压缩机具有多项技术优势：一方面，可摆脱发动机转速限制，实现精准控制；另一方面，可有效减少机械能损耗。除此之外，还可以在一定程度上节省安装空间。就目前来看，新能源汽车普遍采用涡旋式压缩机，这种压缩机具有更小的体积、更低的运行噪声和更长的使用寿命，可显著提升能效和空间利用率。

新能源汽车的制热模式颠覆了传统燃油车的热力学架构，在传统燃油车中，发动机运转产生的废热通过冷却液循环系统被二次利用，形成发动机余热回收供暖，而新能源汽车动力总成去发动机化，因而需要采取其他方式实现车厢制热。

（1）半导体制热系统

半导体制热器主要由半导体元件和接线柱组成，热电偶是降温制热的基本元件，其结构如图 7-8 所示。每个热电偶由两个半导体器件连接而成，在接入直流电后，接口处由于电流流动产生热量，加热部分与未被加热部分由于温差发生热传递，从而实现对座舱内部的加热。半导体制热能够实现对车厢的快速加热，但同时对电量的消耗较大。

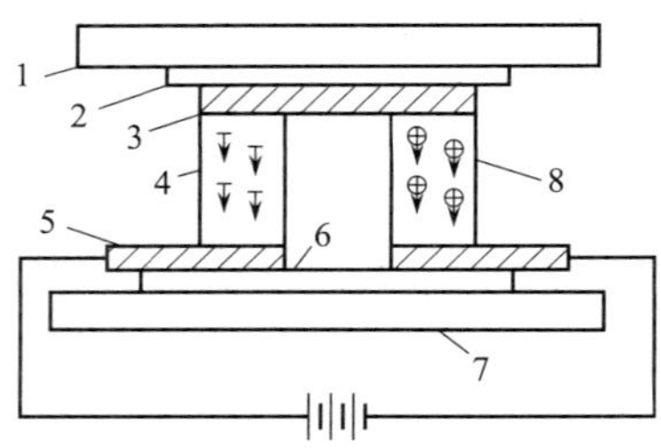

图 7-8 半导体制热原理图

1，7—电绝缘层；2—被冷却物体；3，5—金属片；4—N 型半导体；

6—被加热物体；8—P 型半导体

半导体制热系统高能耗的缺点使其会消耗大量的电能从而导致车辆的续航里程缩短，与新能源汽车空调节能的要求相悖，难以进行大范围应用推广，因而需要人们继续在相关领域进行研究，在保证当前加热效果的基础上降低半导体加热系统的能耗。

（2）PTC 风暖加热

正温度系数热敏电阻（positive temperature coefficient，PTC）的特性是电阻值会随着温度的升高而变大，这就使得其在温度越低时加热速度越快，当温度到达一定值时，加热停止，有利于保持温度的恒定。PTC 风暖加热体系能够实现电能与热能的直接转化，其加热原理与传统燃油汽车类似，区别仅在于以 PTC 风暖加热器代替暖风芯体实现对外界空气的加热。新能源汽车的 PTC 风暖加热系统完全依赖动力电池供电，其工作原理是电流通过陶瓷发热体产生热能，再由风机将热空气送入车厢。这种电热转换模式存在瞬时功率高和持续耗电的特征，会导致续航里程折损、充电频率增加、电池衰减加速。

（3）PTC 水暖加热

在热传导方面，PTC 水暖与风暖系统均需将电能转化为热能，但二者的热传导路径存在差异。水暖系统在对空气加热时以冷却液为介质，先利用电加热装置将防冻冷却液加热至设定温度，随后在高温冷却液流经暖风芯体时通过铝制散热翅片与新鲜空气进行强制对流换热，经热交换后的暖风通过风道分配系统进入座舱，冷却液回到 PTC 处接受加热，不断循环。由于冷却水的比热容更大，相较于空气更为稳定，因而 PTC 水暖加热系统相较于风暖加热系统来说也更加安全可靠。

（4）热泵空调系统

从热力学原理来看，热泵空调系统与传统汽车空调系统均基于制冷剂相变循环实现温度调节，其核心组件构成相似，二者的本质区别主要体现在功能维度，传统系统仅具备单向制冷功能，而热泵空调系统通过四通换向阀等装置，可实现制热 / 制冷模式的无缝切换。其原理如图 7-9、图 7-10 所示，通过四通换向阀，可以让系统内的制冷剂实现逆向流动，因而，在需要制热时，只需要逆转冷媒流向就可以实现座舱增温。此外，由于热泵空调通过制冷剂的物理吸热与放热实现温度调节，并不直接消耗电能，因而能耗较低，已经在部分车辆上实现了应用推广。

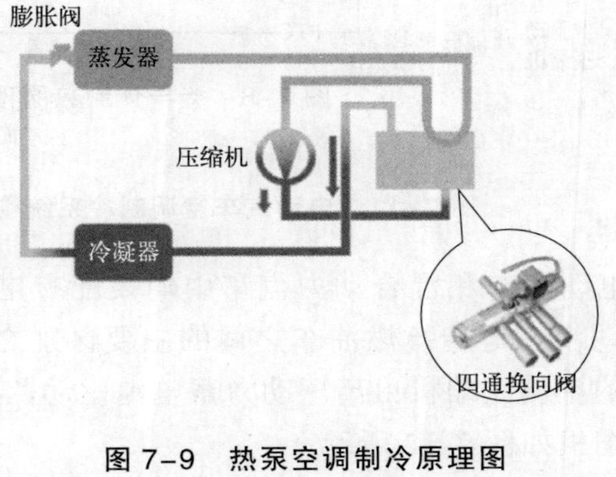

图 7–9 热泵空调制冷原理图

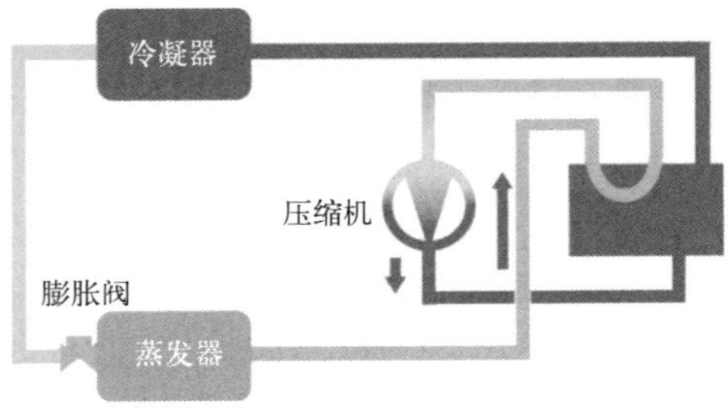

图 7–10　热泵空调制热原理图

7.2.3　电动汽车空调制冷系统及原理

在电动汽车中，电控空调制冷系统主要包含空调箱体、空调管路、电动压缩机、冷凝器、空调控制面板和传感器等部件。具体来说，电动汽车空调制冷系统构成如图 7-11 所示。

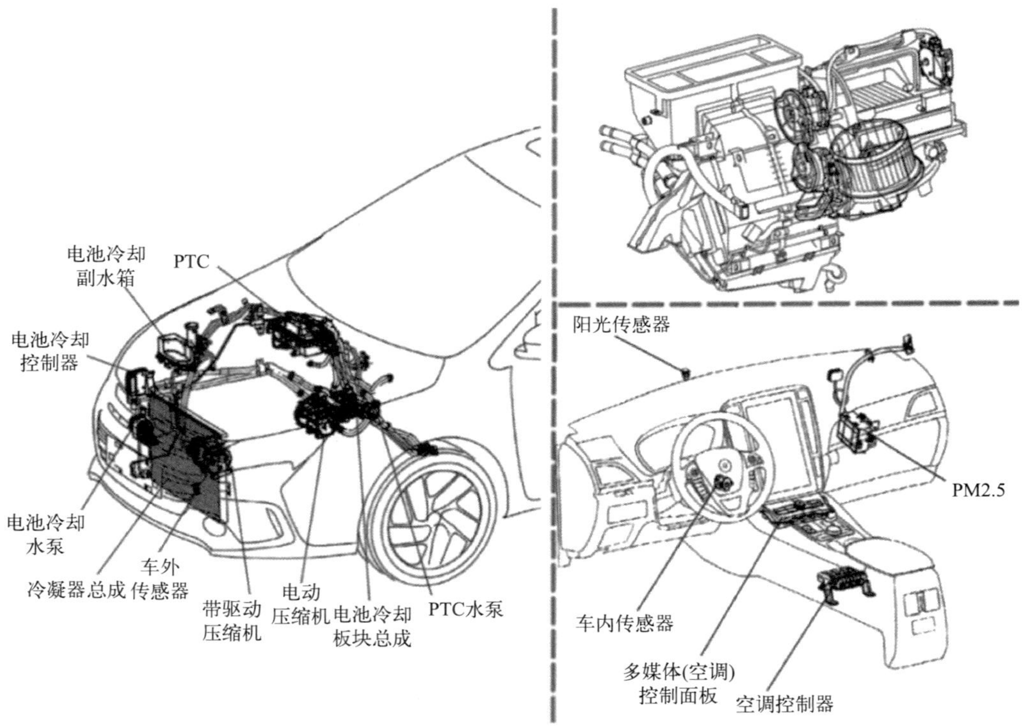

图 7–11　电动汽车空调制冷系统构成

纯电动汽车和混合动力汽车中均装配有电动涡旋压缩机，同时压缩机也是电动汽车与传统燃油车之间的主要区别之一。与传统燃油车相比，电动汽车的空调压缩机由高压动力蓄电池驱动，无须借助发动机。具体来说，电动压缩机如图 7-12 所示。

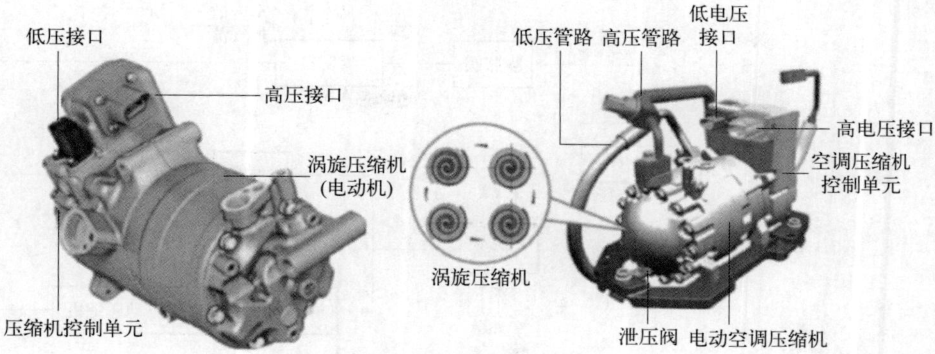

图 7-12　电动压缩机

电动压缩机集成了电子控制单元、电动机和压缩机，且配有高压接口，可以利用高电压对空调制冷系统中的制冷剂进行压缩，保证系统可在各种行驶状况下稳定运行，同时也通过制冷剂循环回路冷却的方式间接为动力电池降温，保障动力电池正常运行。

（1）空调制冷系统的工作原理

从实际工作流程上来看：

① 电动空调压缩机吸入来源于蒸发箱的低温低压气态制冷剂，并通过机械做功的方式将其压缩为高温高压气态制冷剂。

② 高温高压的气态制冷剂经过冷凝器时，会与外界空气或冷却水进行热交换，并在向外界散发热量的同时冷却凝结成高压液态。

③ 在流经膨胀阀等节流装置时，高压液态制冷剂的压力和温度会迅速降低，从而转变成低温低压的气液混合态，并进入蒸发箱当中，在吸收大量热量后蒸发成低温低压的气态制冷剂。

④ 压缩机再次抽走低温低压的气态制冷剂，重新开始循环。不仅如此，空气在流经蒸发箱附近时会降温，鼓风机将经过降温的空气吹入车厢，进而达到降低车厢内温度的效果。具体来说，空调制冷系统的工作原理如图 7-13 所示。

（2）空调热交换器的作用

空调热交换器的性能可以影响电动汽车空调制冷系统的性能。一般来说，冷凝器和蒸发器均属于热交换器，具有金属耗材大、质量大、体积大、布置难度高等特点，会对整个汽车空调装置的质量和汽车的有效容积造成影响。由此可见，为了在保证汽车空调的制冷性能的同时提升经济性，降低车辆负担，节省车内空间，必须使用高效的热交换器。

从实际作用上来看，蒸发器和冷凝器可以支持两种温度不同的流体进行热交换。

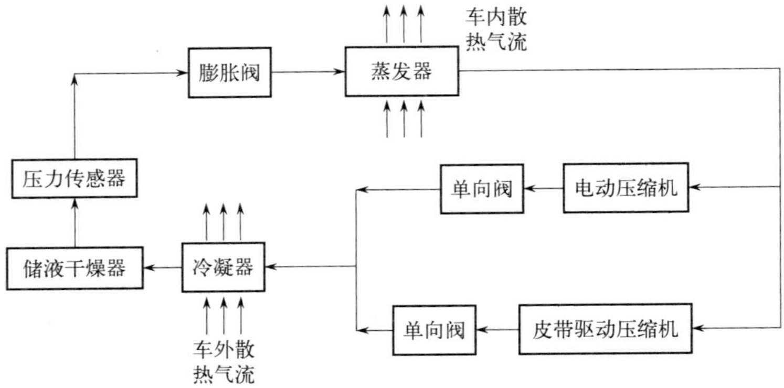

图 7-13　空调制冷系统的工作原理

- 在蒸发器中，管路内的低温低压液态制冷剂可以在吸收管外空气的热量后气化，同时使管外空气的温度下降。
- 在冷凝器中，管路内的高温高压气态制冷剂可以在对外释放热量后冷凝为液体。

蒸发器和冷凝器的换热状态直接影响着空调制冷系统的效率、功耗、体积、制冷量和经济性。

7.2.4　电动汽车空调通风系统及原理

通风系统可以促进空气流通，它不仅能为汽车座舱排出污浊空气、输送新空气，还具备除雾功能，可以对风窗玻璃进行除雾。从工作方式上来看，新能源汽车的通风系统支持自然通风、强制通风和综合通风。

（1）自然通风

自然通风指的是当车辆处于行驶状态下时，车身内外会形成风压差，加速空气流通，促使车外的新空气流入车内。一般来说，当车辆需要自然通风时，则会开启进风口和排风口，通过进风口将新空气吸入车内，并通过排风口将车内的污浊空气排出车外，让处于密闭状态的车辆也可以进行通风换气。

（2）强制通风

强制通风指的是当汽车改变行驶速度时用于置换车内空气的一种方式。具体来说，车速变化会使汽车内外形成的气压差变小，而气压差不足会导致车辆无法吸入新空气，必须借助鼓风机的力量以强制吸入车外空气的方式进行通风。

（3）综合通风

综合通风指的是综合使用自然通风和强制通风两种方式为车辆通风换气，这也是现阶段大多数新能源汽车所使用的通风方式。

一般来说，在新能源汽车中，通风系统应具备如表 7-5 所示的几项功能。

表 7–5　通风系统的功能

主要功能	具体内容
吹面	将空气从仪表板出风口送出，吹向车内驾乘人员面部
吹脚	将空气从吹脚出风口送出，吹向车内驾乘人员的脚部
双向	同时将空气从仪表板出风口和吹脚出风口送出
除霜	将空气从前风窗出风口送出，吹向车辆的前风窗玻璃
混合	同时将空气从仪表板出风口、吹脚出风口和前风窗出风口送出

7.3 汽车热管理系统的控制策略

7.3.1 汽车热管理系统管路结构

热管理系统是一种用于调控车辆内部环境及各部件温度的系统。其中，电池热管理系统在纯电动汽车中发挥着重要作用，当动力电池温度过高时，该系统可以利用电机冷却循环回路和散热器为其散热降温；当动力电池温度过低时，该系统也可以使其升温。

从控制策略上来看，在外部环境温度较低的情况下，热管理系统可以将电机产生的热量通过管路传导至动力电池和座舱，在保证加热情况不受影响的同时充分利用余热；在外部环境温度较高的情况下，热管理系统可以正常制冷，降低各部件及座舱内的温度，防止高温影响各项设备的运行状态和座舱的舒适度。从控制策略的设计方法上来看，热管理系统兼具加热和制冷功能，既能够有效调控各项车载设备和座舱的温度，也能够充分利用电机余热，减少整车能耗，增加动力电池的续航里程，提高纯电动车的经济效益和市场价值。

热管理系统管路结构包含水路、冷媒管路、水电除霜器、PTC 加热器、电机冷却回路、车载空调压缩机、动力电池热管理回路等多个部分。在热管理过程中，可以通过使用三通阀、四通阀、换热板进行热交换的方式调控温度，从而达到制热、余热利用或制冷的目的。具体来说，热管理系统管路结构如图 7-14 所示。

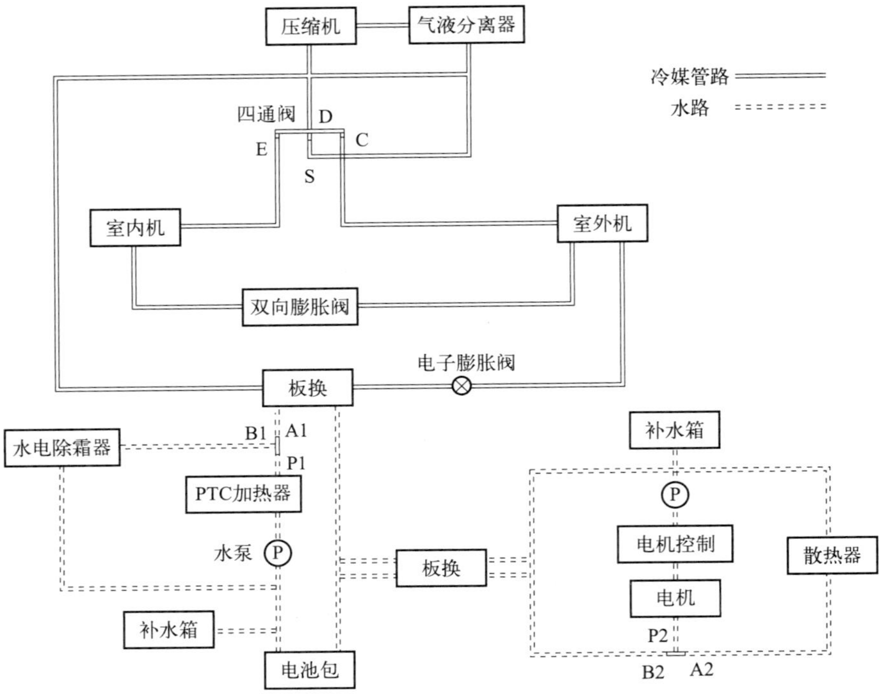

图 7–14　热管理系统管路结构

7.3.1.1　制热

在外部环境温度过低的情况下，热管理系统管路结构需要发挥制热功能。

（1）压缩与冷凝阶段

利用热泵系统中的空调压缩机，将低温低压的制冷剂气体压缩为高温高压气体。随后，高温高压的制冷剂气体进入车内的冷凝器，与车内的冷空气进行热交换，使车内空气温度升高，从而达到制热的效果。同时，制冷剂气体在经过板换时也会向电池包传输部分热量，为电池加热。

（2）PTC 水暖加热阶段

PTC 水暖加热器以正温度系数材料为基础，当电流通过 PTC 材料时，温度上升，电阻增大，此时产生热量为冷却液加热，冷却液可以在封闭的水循环系统中流动，并在流经水电除霜器时将热量传递给暖风系统热交换器，以吹人模式或吹玻璃模式与车内空气进行热交换，进而达到制热的效果。不仅如此，冷却液在流经补水箱后也可以与电池包进行热交换，为电池包加热。

7.3.1.2　余热利用

当车辆处于行驶状态时，运行中的驱动电机会产生大量热量。此时，水泵会驱动防冻液在电机控制器、电机、三通阀 A2-P2 端口和散热器之间循环流动，以带走多余的热量；除此之外，防冻液也可以在电机控制器、电机、三通阀 B2-P2、换热板和水泵之间循环流动，并将电机产生的余热传递给电池包，充分利用余热为电池包加热。

7.3.1.3 制冷

在外部环境温度过高的情况下，膨胀阀会迅速降低液体制冷剂的压力，将其转化为低温低压液体。这些低温低压的制冷剂液体会流经室外机、四通阀 E-S 端口和气液分离器，并在蒸发过程中吸收外部环境中的热量。此外，制冷剂液体还能通过室外机流经换热板，并达到为电池包降温的效果。

7.3.2 热管理系统 CAN 拓扑结构

纯电动车热管理系统可以通过控制器局域网总线（controller area network，CAN）完成指令控制。具体来说，热管理系统 CAN 网络拓扑图如图 7-15 所示。

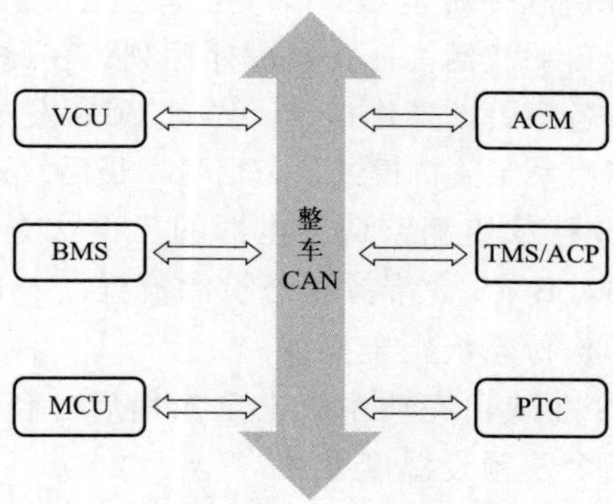

图 7-15 热管理系统 CAN 网络拓扑图

① CAN 网络可支撑纯电动车进行信息通信。CAN 通信具有成本低、效率高、集成性强、可靠度高等诸多优势，在纯电动车热管理系统中可以为各个电子控制器之间的数据传输提供支持。不仅如此，在 CAN 网络中，各个终端设备均与 120Ω 的终端电阻相连接，可以解决信号反射和干扰问题。

② CAN 网络连通了中央控制单元、电池管理系统、微控制单元、辅助控制模块、正温度系数热敏电阻、热管理系统和空调系统，可以支撑这些控制器以 250kbit/s 的波特率传输数据信息。与此同时，整车 CAN 挂载的控制器还需遵循 J1939 协议在报文收发方面的各项要求。

③ 整车控制器主要负责调度信号和分配资源。当车辆出现温度调控需求时，需要先向整车控制器发送需求信号，采集车辆状态信息，随后整车控制器依据这些信息判断用于调控温度的各项设备能否运行。一般情况下，在整车控制器发送使能信号后，热管理系统会根据控制策略进行制冷或制热，满足车辆的温度调控需求。

7.3.3 热管理系统的上下电流程

在纯电动汽车热管理系统中，控制系统通常包含多个控制器，相关设计人员需要为其提供正确的上下电控制流程，以助力各个控制器有效完成上电和信号处理任务。在 CAN 网络的支持下，空调控制面板可以实现与 BMS、VCU、ACM 等其他控制器之间的信息通信，不仅如此，车辆也可以借助整车 CAN 来进行信号监控和控制。

具体来说，热管理系统上下电流程如图 7-16 所示。

（1）BMS 上下电

BMS 的上下电流程主要涉及以下几个步骤：

- 插入钥匙并旋至 ON 挡，整车上电，当 BMS 检测到车辆上电信号后，系统自动激活高压上电程序序列。在此流程初始化阶段，BMS 将依次执行各项关键操作指令，先向 VCU 发送高压系统使能请求信号，再同步输出系统关机模式状态信号，最后发送水冷系统继电器控制指令。
- BMS 持续监测空调继电器的工作状态。当检测到继电器处于断开状态时，BMS 会维持状态检测流程；一旦检测到继电器闭合，BMS 将立即执行系统上电操作。
- BMS 在成功完成系统上电流程后，会主动向空调控制器传输运行模式指令及预设温度参数。
- BMS 通过断开空调继电器的方式切断电池与高压负载的连接，并向自身（电池管理系统，即 BMS 本身）发送关机指令，控制其进入关机模式，完成下电。

（2）VCU 上下电

VCU 的上下电流程主要涉及以下几个步骤：

- 当钥匙转至 ON 挡时，VCU 接收到来自网关转发的唤醒信号后将会发出上电请求，并判断整车状态。若车辆满足上高压的条件，则发送上高压闭合空调继电器的指令；若车辆未能满足上高压的条件，则继续请求上高压。
- VCU 发送指令控制主接触器闭合，接通高压系统的主要电源通路，车辆的高压设备正式接入电路，整车完成上电。

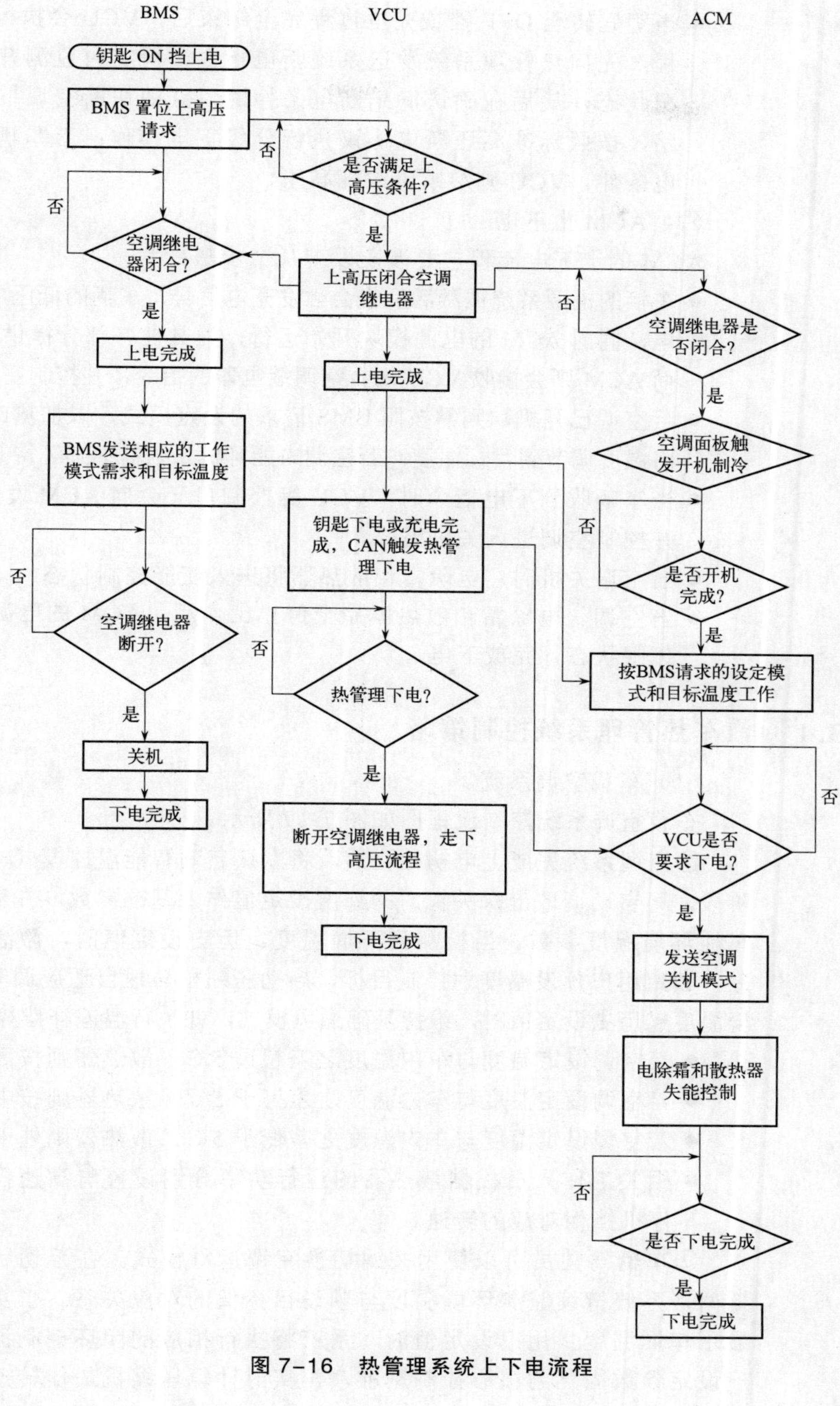

图 7-16 热管理系统上下电流程

- 当钥匙转至OFF挡或充电过程完全结束后，VCU会执行标准下电流程，先向热管理系统发送系统断电指令，再实时监测并评估整车工况状态，最后在确认满足断电条件时，立即切断空调继电器电源回路，按照标准高压断电协议执行分级下电操作；若车辆未能满足下电条件，VCU则继续请求下高压。

（3）ACM上下电

ACM的上下电流程主要涉及以下几个步骤：

- 车辆的电源系统被激活后将会触发充电信号，车辆的低压电源开始为供电，同时ACM的电源模块开始运行，为其他各部分提供稳定的电压，而ACM则会接收VCU闭合空调继电器的指令，并控制空调开机制冷。
- 若空调已开机，则需按照BMS请求的设定模式，以加热或制冷的方式将温度调节到目标温度；若空调未能开机，则需继续等待开机指令。
- 当车辆收到下电指令时，VCU等控制单元会向ACM发送下电指令，并控制空调进入关机模式。
- 当空调关机时，电除霜和散热器将进入使能控制状态。
- 当空调、电除霜和散热器完全停止工作后，ACM的电源模块将进入休眠状态，完成下电。

7.3.4 汽车热管理系统控制策略

（1）车载空调系统

车载空调系统控制流程图如图7-17所示。

①空调系统完成上电初始化后，将默认启动智能温控模式，在温度对比阶段，可自动调取上次关机时的温度设定值作为基准参数，并实时采集当前车厢环境温度参数。当检测到环境温度≥历史设定值时，激活强制制冷程序，锁定用户预设温度为控制目标，启动压缩机转速自适应调节算法；当环境温度＜历史设定值时，维持基础通风模式，并执行温差补偿控制策略。

- 若空调设定温度与车内温度之差超过5℃，散热器则按高速挡运行；
- 若空调设定温度与车内温度之差等于5℃，散热器则按中速挡运行；
- 若空调设定温度与车内温度之差低于5℃，散热器则处于停机挡。
- 相关工作人员根据散热器的运行功率分别设置与高速挡、中速挡和停机挡相对应的转速。

②车辆驾驶员可以使用按键切换空调运行模式。在手动制冷模式运行期间，系统持续监测环境温度与预设目标值的对应关系。当实时监测数据显示车厢温度≥用户设定值时，系统将执行相应的闭环控制流程，先将用户设定参数固化为核心控制基准，再实时计算压缩机最佳转速，最后通过变频驱动模块实现无级调速，确保制冷输出与热负荷精准匹配。

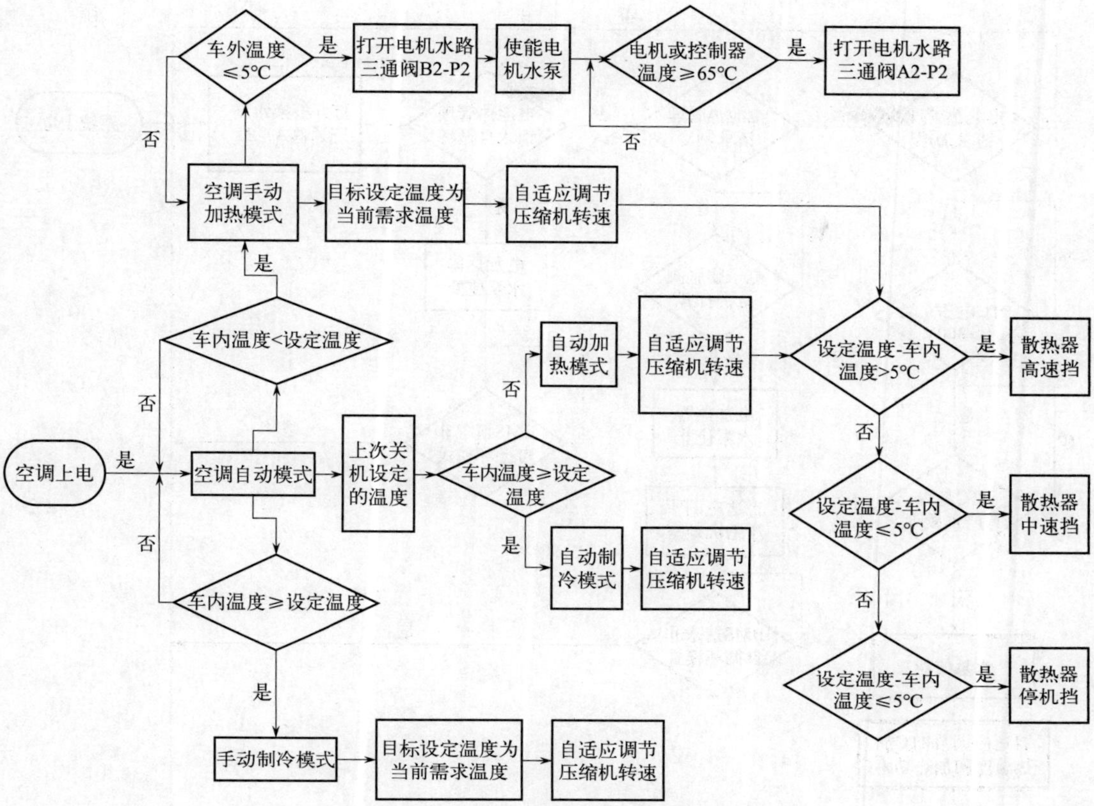

图 7-17 车载空调系统控制流程图

在手动制热工况下，系统执行多级控制策略。在温度调控阶段，持续监测车厢温度与设定温度的差值，当车厢温度＜设定温度时，启动变频压缩机自适应制热算法，达到设定温度后自动切换至智能温控模式。在余热回收阶段，若车内外温差≤ 5℃，车辆处于行驶状态，且驱动电机持续工作，那么空调系统则会激活三通阀控制指令，启动电机冷却循环水泵，实时检测电机及控制器温度（≥ 65℃阈值），并建立余热利用通道，优先保障电池包预热需求，次级分配座舱供暖能量。若车外环境温度＞ 5℃，电机水路的三通阀则处于关闭状态。

（2）动力电池热管理

动力电池热管理系统控制流程图如图 7-18 所示。

①热管理系统在上电初始化阶段，要激活板式换热器循环水路，开启三通阀 A1-B1 通路，向整车控制器发送自循环模式请求指令。当系统处于自循环模式运行时，PTC 加热器上电准备，主循环水泵启动，持续监听 BMS 通信报文，实时监测模式切换请求标志位，维持低功耗待机状态。若已接收到该请求，那么系统将结束自循环；若未接收到该请求，那么系统则需继续等待 BMS 的请求信号。

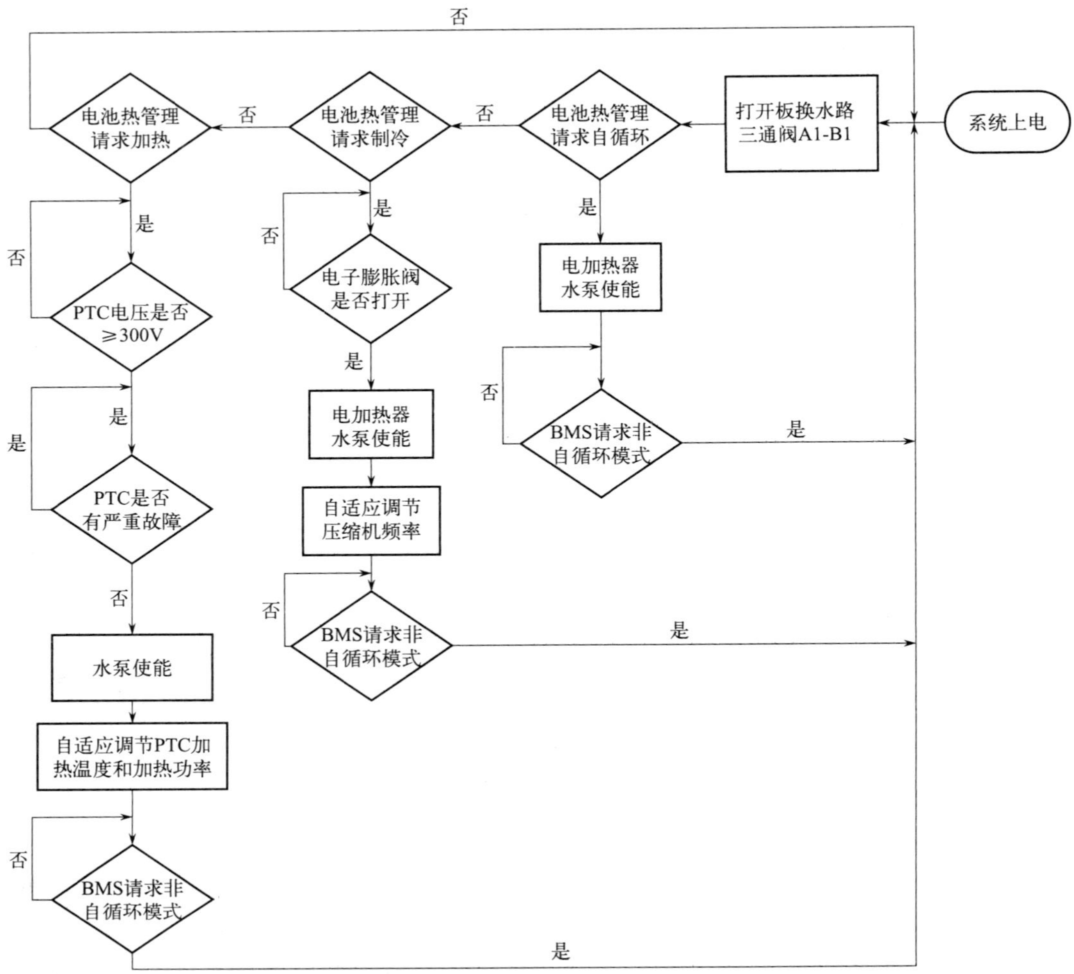

图 7-18　动力电池热管理系统控制流程图

②当电池包的温度高于设定环境温度时，系统会发出制冷请求信号，并获取电子膨胀阀当前状态。若其处于开启状态，自动激活 PTC 加热组，冷却液循环使能，自适应变频压缩机按预设参数启动，系统进入稳态制冷阶段后，将动态调节压缩机工作频率，以维持目标制冷量，并实时监测 BMS 通信总线，持续扫描 BMS 的非自循环模式请求信号，若未检测到信号，则维持当前制冷状态，若接收到有效信号，则立即终止所有制冷单元工作。

③当动力电池包温度低于预设阈值时，系统将自动生成加热请求指令，同步启动 PTC 供电电压诊断程序，通过供电电压稳定性检测、绝缘阻抗测试和历史故障码扫描来验证 PTC 系统状态。在满足一定条件时，水泵联动激活，并实现加热温度动态调节和功率输出自适应匹配。同时监听 BMS 总线通信，响应非自循环模式切换信号，并在未检测到该信号的情况下持续加热，检测到则停止加热。

动力电池热管理系统控制策略采用了多种温度调节模式，如自循环、制冷、加热等，可以有效保证无论车辆处于哪种环境，动力电池的温度始终稳定处于正常工作温度范围内。

7.4 新能源汽车热管理系统案例

7.4.1 Model Y 热管理系统

特斯拉是新能源汽车行业的领军企业。近年来，特斯拉陆续推出并更新了多款用于新能源汽车热管理系统的产品，作为特斯拉第四代热管理系统的核心组件，Model Y 搭载的新型热泵空调系统实现了多项技术突破。一方面，采用多模式热管理，可显著提升极端气候下的能效表现；另一方面，采用高度集成化设计，在缩小系统体积的同时提升热交换效率。除此之外，还使用维修友好架构，可有效缩短常规维护工时。

现代新能源汽车热管理系统呈现高度集中化特征，其核心构成包括电池热管理系统、智能暖通空调系统、能量回收系统等。以特斯拉第四代热管理系统为例，该系统整合电机、电池和电子设备等发热单元构建热网络，可实现全域热源协同控制；具备双向热交换能力，在冷却液温度低于环境温度时可启动逆向吸热模式；采用跨系统联动算法，可持续优化各子系统间的能量分配策略。

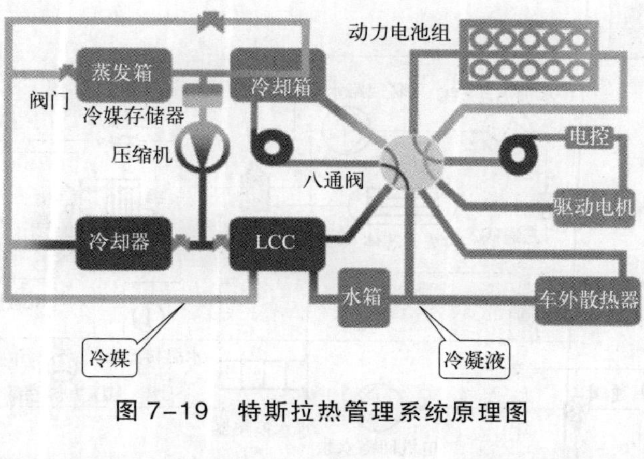

图 7-19 特斯拉热管理系统原理图

特斯拉热管理系统通过集成八通阀实现多模态智能调控（图 7-19）。从功能上来看，通过车载电脑交互界面，驾驶员可手动调节八通阀工作状态，实现对电池系统和动力系统工作模式的自主选择。系统搭载环境 - 电池温度双传感器阵列，可动态调整热泵系统加热强度、加热模式和废热回收路径。在冬季，采用三级热能回收技术，先用电驱回路换热器捕获三电系统废热，再通过热泵系统提升废热品质，并将其输出到乘员舱中，最后在舱内无人时启动热量返送程序，维持三电系统恒温。除此之外，控制系统也可以基于实时工况自动调节风机转速、风门开度和压缩机功率。该系统的创新性在于建立了包含驾驶员指令、环境参数和系统状态的三维控制模型，大幅提高了热能利用率，同时也可以有效控制座舱温度波动。

7.4.2　小鹏 P7 热管理系统

小鹏 P7 是一款中型纯电动轿跑车型，其整车热管理系统应用了一体化储液罐设计和单 PTC 加热方案，能够借助一个四通阀整合全车热量并重新进行热量分配，进而实现整车系统级的热循环。

一体化储罐设计指的是电机、电池、乘客舱三者的膨胀罐一体化设计。采用这种设计方式的方案既具备零部件使用数量少和成本支出少的优势，也能够利用一个四通阀来接通电机冷却水路和电池温控水路，通过循环利用余热的方式来充分发挥电机余热的作用，从而提高系统能量的利用率。

小鹏 P7 的整车热管理系统创新性地搭载了动态可调进气格栅技术，通过实时监测车辆工况和发动机舱温度数据，采用闭环控制算法对格栅开度进行毫米级精准调节。这种智能调控机制可实现进气优化、热场平衡、能量管理和续航增强。具体来说，小鹏 P7 热管理系统原理图如图 7-20 所示。

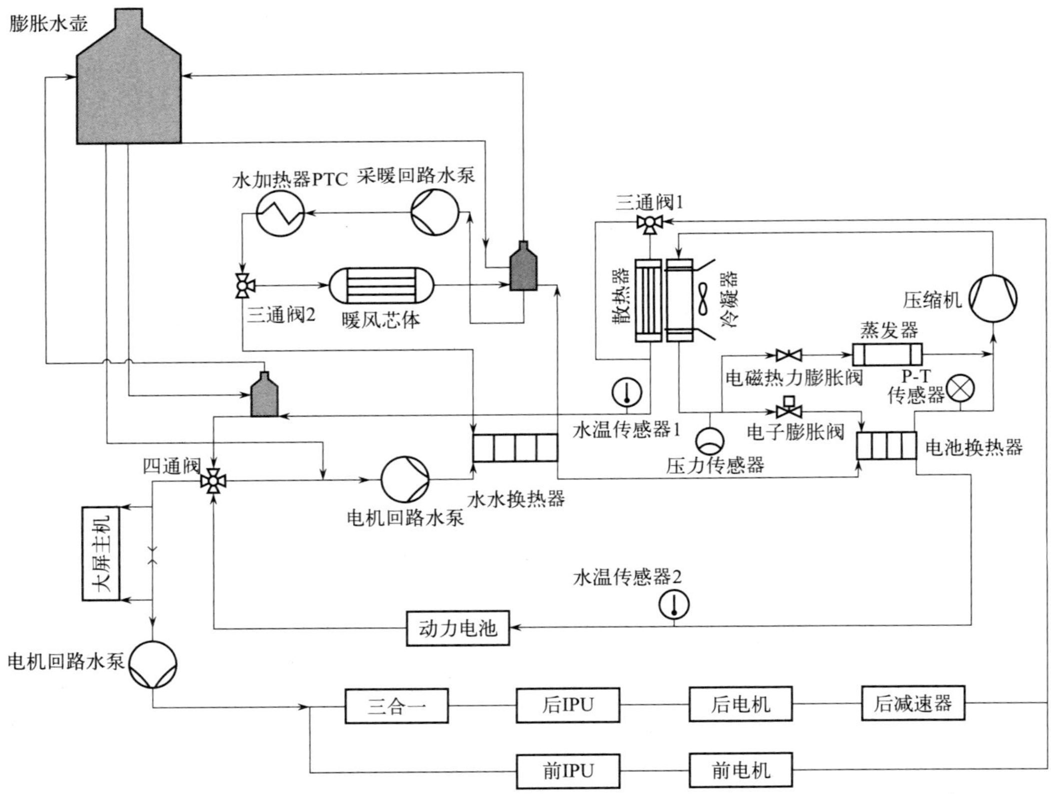

图 7-20　小鹏 P7 热管理系统原理图

7.4.3 威马 EX5 热管理系统

威马 EX5 热管理系统的应用能够保证动力电池使用性能、安全性和寿命，且该系统还装配有主动冷却、电加热和柴油加热系统。其中威马热管理 2.0 系统就具备柴油加热功能，能够在 −30℃的极寒环境中对柴油进行加热处理。具体来说，威马热管理 2.0 系统图如图 7-21 所示。

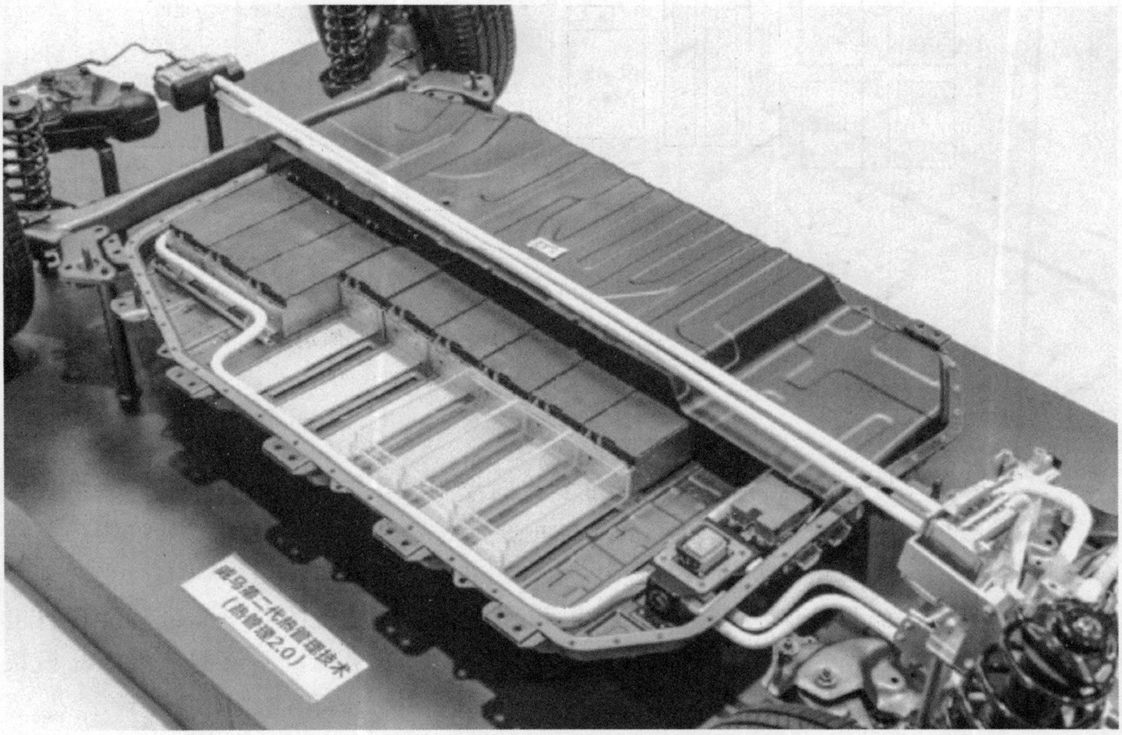

图 7-21　威马热管理 2.0 系统图

威马热管理 2.0 系统通过创新性设计实现温控优化。在独立液冷电池温控方面，采用模块化液冷回路设计，使电池包具备独立温控能力，并精准调控冷却液流量，缩小电池组温度波动范围，提高温度场均匀性，延长电池循环寿命。在柴油加热系统联动方面，集成高效柴油加热装置，在极寒环境下仍可快速提升电池温度至最佳工作区间，并实现与空调系统的热管理协同，将余热用于乘员舱加热，有效提升综合能效比。

7.4.4 理想 ONE 热管理系统

作为理想汽车旗下首款增程式混合动力车型，理想 ONE 搭载了行业领先的第四代全域热管理系统，可通过智能算法协同管理动力电池组、乘员舱、电驱系统和增程器四大核心模块，大幅提高车辆的热利用效率。具体来说，理想 ONE 热管理系统原理图如图 7-22 所示。

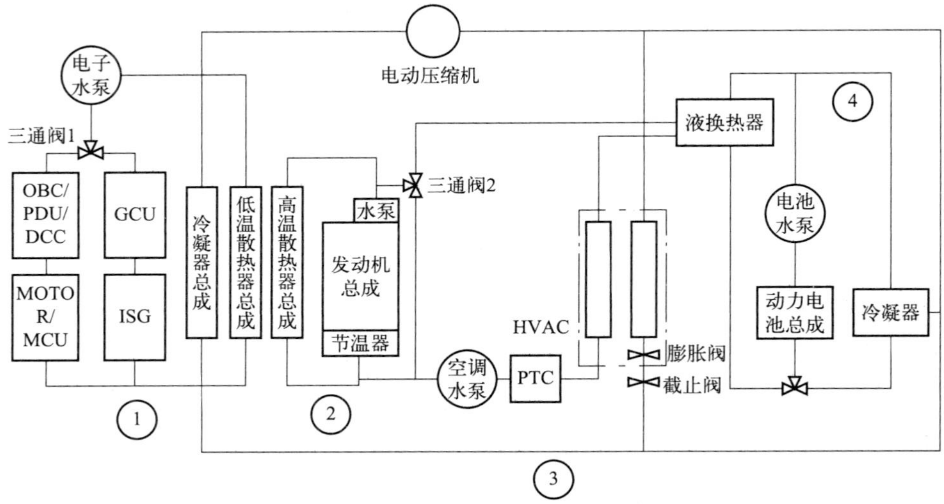

图 7-22　理想 ONE 热管理系统原理图

1—电机电控散热回路；2—发动机散热回路；

3—冷媒制冷回路；4—乘员舱与电池冷却液加热回路

理想 ONE 热管理系统具备多流向控制阀，能够在增程器循环系统、电池组循环系统和空调循环系统之间进行高精度的热量传递和高效的热量利用。该系统可以利用整车控制器（Vehicle Control Unit，VCU）来实现对水泵、流量控制阀、空调压缩机和散热风扇等设备的功率无级调节和对电池、增程器、电动机等设备的温度控制。一般来说，系统的前端冷却模块中包含冷凝器、低温散热器、高温散热器、中冷器和散热风扇五部分。

综上所述，国内外的各个汽车企业和各个车型在热管理方面所采用的技术手段各不相同，近年来，科学技术飞速发展，相关研究人员也加快了对新能源汽车热管理技术的研究速度，力图早日找出能够兼顾续航里程和乘坐舒适性的最佳解决方案，为新能源汽车的发展提供助力。

当前，新能源汽车热管理系统处于产业化应用初级阶段。随着科研机构与主机厂的持续投入，该领域呈现出系统集成化、功能多元化和智能化监控升级的发展趋势。就目前来看，新能源汽车热管理系统需同时兼顾座舱舒适性与动力系统稳定性，通过集成化控制平台对各项核心部件进行实时温度监测与动态调节，将车内和外环境中的热量利用率提升至最高水平。

除此之外，汽车行业的相关研究人员还需注意确保新能源汽车在使用热管理系统时的安全性，并通过提高电池能量利用效率的方式来减少能源浪费，提高车辆的续航里程，进而达到提高用户的驾乘体验和满意度的目的。

参考文献

[1] 高惠民 . 电动汽车分布式驱动技术与应用 (四)[J]. 汽车维修与保养 ,2025(05):51-55.

[2] 彭鹏 , 杨瑞鑫 , 孙万洲 , 等 . 基于容量增量分析的锂离子电池容量估计方法 [J/OL]. 机械工程学报 ,1-10[2025-07-28].

[3] 栾文竹 . 新能源汽车电池管理系统设计与关键技术 [J]. 时代汽车 ,2024(24):98-100.

[4] 张韵文 . 中国新能源汽车产业绿色供应链管理研究 [J]. 中国航务周刊 ,2024(48):71-73.

[5] 郭鸿钧 . 新能源汽车维修保养技术研究 [J]. 汽车测试报告 ,2024(19):44-46.

[6] 何朋蔚 , 刘振宇 , 彭亚山 , 等 . 新能源汽车动力蓄电池中关键金属的开发潜力与碳减排效应研究：以海南省为例 [J]. 中国矿业 ,2024,33(10):12-22.

[7] 王东燕 . 汽车智能底盘的关键技术（五）[J]. 汽车维护与修理 ,2024(19):64-70.

[8] 邓建明 , 龚循飞 , 于勤 , 等 . 新能源汽车电驱动系统关键技术及其发展趋势分析 [J]. 汽车文摘 ,2025(02):18-22.

[9] 蒋帅 , 陈铖 , 段砚州 , 等 . 温度和老化影响下的锂离子电池荷电状态和健康状态联合估计方法研究 [J]. 机械工程学报 ,2024,60(18):266-275.

[10] 王慧慧 . 新能源汽车电机驱动系统传导发射仿真及预测研究 [D]. 北京：北京交通大学 ,2024.

[11] 阮志敏 . 基于主动稳定杆与转矩矢量分配的电动汽车控制策略研究 [D]. 长春：吉林大学 ,2024.

[12] 张晓斌 . 协同发展视角下新能源汽车技术创新的演化博弈研究 [D]. 桂林：桂林电子科技大学 ,2024.

[13] 穆华辉 . 电池均衡技术在新能源汽车中的应用 [J]. 汽车维护与修理 ,2024(10):64-67.

[14] 张世达 . 新能源汽车车载充电机（OBC）技术设计探究 [J]. 汽车维修技师 ,2024(04):99-101.

[15] 王小林 . 新能源汽车电机驱动控制技术研究 [J]. 时代汽车 ,2024(02):103-105.

[16] 张雨 . 燃料电池电动汽车工作原理及发展趋势 [J]. 汽车维修与保养 ,2024,(01):47-50.

[17] 林坡 . 新能源汽车中的电机驱动控制技术分析 [J]. 电子技术 ,2023,52(10):118-120.

[18] 张龙 . 新能源汽车驱动电机关键技术研究 [J]. 时代汽车 ,2023(19):94-96.

[19] 刁德钊 . 新能源汽车驱动电机系统关键技术研究 [J]. 汽车测试报告 ,2023(16):32-34.

[20] 曲亚飞 , 毛红生 . 新能源汽车电驱动系统关键技术及其发展趋势 [J]. 时代汽车 ,2023(15):80-82.

[21] 孙佳 . 锂离子电池荷电状态和健康状态估计方法研究 [D]. 西安：西安理工大学 ,2023.

[22] 曹勇 . 康复外骨骼机器人关节驱动器控制系统研究 [D]. 贵阳：贵州大学 ,2023.

[23] 宁娜 . 新能源汽车底盘设计发展趋势探析 [J]. 汽车测试报告 ,2023(09):67-69.

[24] 王丽丽 . 新能源汽车底盘设计的发展趋势探析 [J]. 时代汽车 ,2023(10):97-99.

[25] 马浩然 , 李佳辉 , 毕崟 . 新能源汽车热管理研究综述 [J]. 汽车实用技术 ,2023,48(08):1-9.

[26] 赵轩 , 王姝 , 马建 , 等 . 分布式驱动电动汽车底盘集成控制技术综述 [J]. 中国公路学报 ,2023,36(04):221-248.

[27] 张世昂 . 纯电动汽车整车热管理系统一维建模及控制策略研究 [D]. 西安：长安大学 ,2023.

[28] 王勇辉 . 质子交换膜燃料电池电动汽车建模与控制研究 [D]. 西安：长安大学 ,2023.

[29] 李胜琴 , 丁雪梅 , 于博 . 双电机驱动纯电动汽车动力系统参数匹配设计及控制策略研究 [J]. 重庆交通大学学报 (自然科学版),2022,41(11):145-152.

[30] 韩颖 , 周欢 . 新能源汽车动力电池的冷却技术研究 [J]. 中国设备工程 ,2022(20):206-208.

[31] 李志申 , 崔庆涛 , 方顺亭 . 新能源驱动电机 NVH 开发研究 [J]. 内燃机与配件 ,2022(19):109-111.

[32] 孙磊 . 电力物联网环境下电动汽车充电优化策略研究 [D]. 沈阳：东北大学 ,2022.

[33] 曾凯 , 林学杰 . 纯电动车热管理系统控制策略设计 [J]. 电脑编程技巧与维护 ,2022(06):99-102.

[34] 邹慧明 , 唐坐航 , 杨天阳 , 等 . 电动汽车热管理技术研究进展 [J]. 制冷学报 ,2022,43(03):15-27+56.

[35] 陈龙华 , 李洪林 , 杨汉立 , 等 . 基于 CAN 总线纯电动汽车的整车控制器 [J]. 计算机科学 ,2022,49(S1):802-807.

[36] 高雨婷 .B 企业新能源汽车充电站扩充选址问题研究 [D]. 北京：北京交通大学 ,2022.

[37] 徐裴行 . 锂离子动力电池荷电状态与健康状态联合估计算法研究 [D]. 南宁：广西大学 ,2022.

[38] 黄玉莎 . 锂离子动力电池荷电状态和健康状态估计 [D]. 合肥：中国科学技术大学 ,2022.

[39] 任晓勇 . 新能源汽车与电机驱动控制技术 [J]. 自动化应用 ,2022(05):95-97.

[40] 乔阳阳 . 纯电动汽车整车控制器设计与研究 [D]. 郑州：中原工学院 ,2022.

[41] 宁圃奇 , 郑丹 , 康玉慧 , 等 .SiC 车用电机驱动研究发展与关键技术 [J]. 电子与封装 ,2022,22(03):4-14.

[42] 尹廷亭 . 新能源汽车与电机驱动控制技术 [J]. 设备管理与维修 ,2022(02):105-107.

[43] 卞鹏 . 新能源汽车电机驱动系统控制技术探究 [J]. 内燃机与配件 ,2021(23):235-236.

[44] 吴君青 . 新能源汽车电机驱动系统控制技术分析 [J]. 时代汽车 ,2021(23):129-130.
[45] 朱光前 . 面向新能源汽车电池监控与管理系统芯片的关键技术研究 [D]. 西安：西安电子科技大学 ,2021.
[46] 李沂洹 , 李慷 , 余渐 . 锂离子电池荷电状态与健康状态估计方法 [J]. 发电技术 ,2021,42(05):537-546.
[47] 鞠彦伟 . 新能源汽车及电机驱动控制技术分析 [J]. 中国科技信息 ,2021(18):67-68.
[48] 高超 . 新能源汽车电机驱动系统关键技术展望研究 [J]. 内燃机与配件 ,2021(17):209-210.
[49] 何复兴 . 基于数据驱动的锂离子电池荷电状态及健康状态估计研究 [D]. 西安：西安理工大学 ,2021.
[50] 高力 , 杨依楠 . 纯电动汽车整车控制器技术及发展 [J]. 汽车实用技术 ,2021,46(06):20-22.
[51] 肖永清 . 信息网络技术驱动汽车底盘控制系统的未来 [J]. 汽车维修 ,2021(01):6-8.
[52] 智东辉 . 基于 Simulink 纯电动汽车整车控制策略仿真 [J]. 汽车实用技术 ,2020,45(16):18-20.
[53] 朱小燕 . 无模组技术在新能源汽车动力电池中的应用与研究 [J]. 科技与创新 ,2020(15):159-161.
[54] 李阳春 . 纯电动汽车整车控制器能量管理策略研究与开发 [J]. 汽车制造业 ,2020(11):17-19.
[55] 李琳 . 锂离子电池荷电状态及健康状态估计研究 [D]. 北京：北京林业大学 ,2020.
[56] 高国鹏 . 某款纯电动汽车整车控制器控制策略开发及仿真验证 [D]. 济南：山东大学 ,2020.
[57] 党美婷 . 基于 dSPACE 的电动汽车整车控制器和电机控制器硬件在环测试研究 [D]. 西安：长安大学 ,2020.
[58] 王嘉明 . 纯电动汽车整车控制器与控制策略研究 [D]. 哈尔滨：哈尔滨理工大学 ,2020.
[59] 陈贺峰 , 刘攀 , 邸云龙 , 等 . 解读新能源汽车底盘设计方向 [J]. 内燃机与配件 ,2020(04):33-34.
[60] 郭昊 . 电动汽车充电系统现场互操作性检测装置研发 [D]. 天津：天津职业技术师范大学 ,2020.
[61] 赵冲 , 王有镗 , 郑斌 , 等 . 新能源汽车动力电池冷却技术分析 [J]. 内燃机与配件 ,2020(01):192-193.
[62] 王吉猛 . 纯电动汽车驱动系统参数设计及优化 [D]. 长春：吉林大学 ,2019.
[63] 彭少辉 , 蒋顺 . 刍议新能源汽车底盘设计方向 [J]. 汽车实用技术 ,2019(21):19-20.
[64] 侯磊 , 范旭红 , 杜长虹 , 等 . 多合一电驱动系统的结构原理及 CAE 仿真分析 [J]. 微特电机 ,2019,47(10):1-5+10.
[65] 李新茹 . 浅谈电动汽车的充电系统 [J]. 汽车实用技术 ,2019(18):15-17+21.
[66] 董伟 . 混合动力汽车的结构原理与维修安全 [J]. 内燃机与配件 ,2019(17):206-207.
[67] 杨德申 . 一种新型 BMS 设计 [J]. 科技风 ,2019(24):9.
[68] 丁荣军 , 刘侃 . 新能源汽车电机驱动系统关键技术展望 [J]. 中国工程科学 ,2019,21(03):56-60.
[69] 罗润 . 纯电动汽车整车控制策略及控制器研究 [D]. 太原：太原理工大学 ,2019.
[70] 许同盟 . 纯电动汽车整车控制器设计与控制策略研究 [D]. 济南：山东大学 ,2019.
[71] 梁乔丹 . 开关磁阻电机转矩脉动结构性抑制方法研究 [D]. 广州：华南理工大学 ,2019.
[72] 王星宇 . 纯电动汽车整车驱动控制策略研究 [D]. 合肥：合肥工业大学 ,2019.
[73] 张玉婷 , 经本钦 . 一种基于模糊 PI 算法的开关磁阻电机 MATLAB 仿真研究 [J]. 电子元器件与信息技术 ,2018(07):63-65+73.
[74] 赵庆斌 . 纯电动大巴车身结构设计与分析 [D]. 沈阳：沈阳工业大学 ,2018.
[75] 慕振博 . 微型厢式物流车主从式电池管理系统研究与设计 [D]. 太原：太原理工大学 ,2018.
[76] 朱光磊 . 三相笼型异步电机故障时的定子电流特征分析与实验研究 [D]. 广州：华南理工大学 ,2018.
[77] 华越权 . 基于 LoRa 网络高压电缆护层环流检测装置的研究 [D]. 南京：南京师范大学 ,2018.
[78] 郑淳允 . 乘用车多功能空调控制器的设计与实现 [D]. 广州：华南理工大学 ,2017.
[79] 程仕峰 . 纯电动汽车动力传动系统参数设计及仿真优化 [D]. 武汉：华中科技大学 ,2017.
[80] 雷意 . 串联式柴电混合动力拖拉机加载试验台的设计与试验 [D]. 南京：南京农业大学 ,2017.
[81] 张鑫 , 贾二炬 , 范兴明 . 电动汽车无线充电系统线圈参数的仿真与设计 [J]. 电子技术应用 ,2017,43(03):132-136.
[82] 焦建刚 . 纯电动汽车结构与原理介绍 [J]. 汽车维修与保养 ,2017(01):94-97.
[83] 王佳 . 车载充电机产业发展现状及趋势 [J]. 汽车工业研究 ,2016(12):23-27.
[84] 付东 , 张贺朋 , 吴航 . 新能源汽车底盘设计方向分析 [J]. 艺术科技 ,2016,29(08):277.
[85] 穆浩 . 电动汽车锂离子动力电池荷电状态鲁棒性估计方法研究 [D]. 北京：北京理工大学 ,2016.
[86] 王凯 . 纯电动汽车整车控制器测试系统研究与实现 [D]. 武汉：武汉理工大学 ,2016.
[87] 陈昊 . 电动汽车电池热管理的参量特性实验研究 [D]. 长春：吉林大学 ,2016.
[88] 史东杰 , 王连波 , 刘对宾 , 等 . 汽车底盘轻量化材料和工艺 [J]. 热加工工艺 ,2016,45(03):16-18.
[89] 周振响 , 张琦 . 电动汽车驱动系统的参数设计与仿真 [J]. 汽车实用技术 ,2015(11):64-66.
[90] 百川 . 发动机新技术及 9 大发展趋势 [J]. 汽车工艺师 ,2015(09):26-31.
[91] 张剑楠 . 锂离子动力电池健康状态估计算法研究 [D]. 长春：吉林大学 ,2015.

[92] 张若谷 . 蒸汽锅炉燃烧系统不同工况特性分析及控制方案研究设计 [D]. 南宁：广西大学 ,2014.
[93] 吴敏 . 电动汽车整车控制器基础软件开发及控制策略研究 [D]. 长春：吉林大学 ,2014.
[94] 黄业伟 . 电动汽车锂离子动力电池健康状态估计方法研究 [D]. 合肥：合肥工业大学 ,2014.
[95] 李强 . 城市客车同轴并联混合动力系统建模与仿真研究 [D]. 秦皇岛：燕山大学 ,2013.
[96] 覃献峰 . 基于 EMT 的插电式混合动力城市公交车动力系统设计与研究 [D]. 武汉：武汉理工大学 ,2013.
[97] 葛卫林 . 混联式混合动力汽车动力总成控制系统研究与开发 [D]. 南京：南京林业大学 ,2012.
[98] 申士娟 . 未来电动汽车造型设计研究 [D]. 济南：齐鲁工业大学 ,2011.
[99] 陈可亮 . 并联式混合动力电动汽车能量管理系统智能控制策略研究 [D]. 长沙：湖南大学 ,2011.
[100] 孙远涛 , 张洪田 . 混合动力汽车研究状况及发展趋势 [J]. 黑龙江工程学院学报 (自然科学版),2011,25(02):13-16.
[101] 张庆森 . 电火花成型加工多路信息检测技术研究 [D]. 淄博：山东理工大学 ,2011.
[102] 张海亮 , 牛胜福 , 芦勇 . 汽车底盘技术发展趋势 [J]. 上海汽车 ,2011(04):32-35.
[103] 朱剑超 . 插电式混合动力车电池的试验和充电方法 [D]. 上海：上海交通大学 ,2011.
[104] 罗爱华 ,Anil K.Sachdev,Bob R.Powell. 汽车轻量化先进铸造技术 [J]. 铸造 ,2011,60(02):113-119.
[105] 施善 . 谈汽车底盘设计理念 [J]. 商用汽车 ,2010(10):107-109.
[106] 吴军座 . 混合动力电动汽车动力驱动系统的方案设计和仿真研究 [D]. 西安：长安大学 ,2010.
[107] 丰志平 . 混合型动力汽车电驱动系统的分析与设计 [D]. 北京：中国地质大学 ,2009.
[108] 陈俐霞 . 内置式高效永磁同步电机的设计研究 [D]. 哈尔滨：哈尔滨工业大学 ,2008.
[109] 王国海 . 混合动力汽车动力总成智能控制系统研究 [D]. 青岛：山东科技大学 ,2008.
[110] 戴海峰 , 魏学哲 , 孙泽昌 . 基于扩展卡尔曼滤波算法的燃料电池车用锂离子动力电池荷电状态估计 [J]. 机械工程学报 ,2007(02):92-95+103.
[111] 陈祯福 . 汽车底盘控制技术的现状和发展趋势 [J]. 汽车工程 ,2006(02):105-113.
[112] 赵涛 . 一种新型混合动力电动汽车的动力系统设计、仿真及电机驱动系统的研究 [D]. 合肥：合肥工业大学 ,2005.
[113] 曹文明 . 燃料电池 / 蓄电池双能源电动汽车动力系统匹配的研究 [D]. 重庆：重庆大学 ,2004.
[114] 杨祖元 , 秦大同 , 孙冬野 . 电动汽车动力传动系统参数设计及动力性仿真 [J]. 重庆大学学报 (自然科学版),2002(06):19-22.